IT 项目经理成长手记

潘 东　韩秋泉　著

十周年纪念版

机械工业出版社
CHINA MACHINE PRESS

本书以作者经历为原型,以虚拟人物小 M 的案例故事为线索,从一个项目管理实践者的角度介绍了 IT 项目管理的实用工具和实战经验。本书围绕小 M 从一个技术人员走上 IT 项目经理岗位,并逐步成长为项目总监的过程,以 IT 项目经理岗位为主,介绍了在项目管理的不同职业阶段遇到的问题和挑战、解决过程和经验教训。在每个阶段,围绕小 M 经历的实际案例,分别从项目管理、质量管理和软技能三个方面进行说明,并将侧重点放在了将理论"落地"的实战经验,以及管理组织和人际关系的"软技能"上。本次修订新增组织级敏捷项目管理和项目管理的发展趋势。

本书非常适合作为国内众多 IT 企业中的项目经理、质量经理、项目总监,以及主管交付的总经理或公司高管提升管理技能的案例教程,同时也为有志于向项目经理方向发展的软件开发和测试人员提供了一条极具参考价值的职业发展路径,并有助于读者从组织级高度理解项目管理,拓展更广阔的职业发展空间。

图书在版编目(CIP)数据

IT 项目经理成长手记:十周年纪念版 / 潘东,韩秋泉著. —北京:机械工业出版社,2024.4
ISBN 978-7-111-75303-2

Ⅰ. ①I… Ⅱ. ①潘… ②韩… Ⅲ. ①IT 产业-项目管理 Ⅳ. ①F49

中国国家版本馆 CIP 数据核字(2024)第 051534 号

机械工业出版社(北京市百万庄大街 22 号 邮政编码 100037)
策划编辑:孙 业　　　　　　　责任编辑:孙 业
责任校对:韩佳欣 陈 越　　　责任印制:常天培
北京科信印刷有限公司印刷
2024 年 4 月第 1 版第 1 次印刷
169mm×239mm・22.5 印张・3 插页・388 千字
标准书号:ISBN 978-7-111-75303-2
定价:109.00 元

电话服务　　　　　　　　　　网络服务
客服电话:010-88361066　　　机 工 官 网:www.cmpbook.com
　　　　　010-88379833　　　机 工 官 博:weibo.com/cmp1952
　　　　　010-68326294　　　金 书 网:www.golden-book.com
封底无防伪标均为盗版　　　　机工教育服务网:www.cmpedu.com

序 一

潘东提出让我给他的书写点什么。我犹豫了一下，还是答应了。

犹豫的原因，我不是项目管理专家，无法给出专业的评价。一怕辱没了潘东的成就，二怕误导读者。

答应的原因，我们是战友，曾经一起艰苦奋斗。由于年长，也见证了潘东毕业后的成长历程。他把自己的经验和心得写出来，我很高兴。

读了周教授的序，我就释然了。周教授的评价是中肯的。有了专家的评价，我就不用担心我有误导的嫌疑了。

第一次见到潘东，是我们在一个大型银行的项目上，因为需要同另一家国际知名的IT企业合作，所以压力来自两方面。整个项目经历了两年，三方演绎了一场三国演义，虽然过去快十五年了，但记忆犹新。这也许就是我和潘东一起真正体会什么是项目管理的开始。

神州数码的转型，很重要的一点就是核心能力的改变。作为IT服务的综合提供者，项目管理是核心能力之一。而其他核心能力的积累也往往依靠项目管理能力的转化。譬如，核心技术的积累，首先是基于最佳实践，而最佳实践只有依靠强有力的项目管理能力才能脱颖而出。而把最佳实践转化成解决方案，也是靠项目管理能力的支撑。最后再通过项目管理，把解决方案转化成核心技术产品或平台。

潘东的作品是对我们过去项目管理工作的总结和提升。作品中甚至用了很多我们的习惯用语和案例。在读的过程中，很多画面跃然纸上：我们对方法论的争论，我们被合作伙伴挤兑的痛苦，人员流失的烦恼，项目经理权限的讨论……项目管理不仅会涉及内部员工，还有客户、合作伙伴。它是典型的系统工程。如果没有系统思维是无法理解和完成项目管理的全部内容的。

在工业化的过程中，中国最缺少的就是流程化和项目化。而两化融合的过程中，我们又往往忽视了信息产业的工业化。因此从一个实践者的角度，完成这样一部作品，可贵，可敬。本书对从业者具有很强的指导意义。

神州数码控股有限公司董事局主席　郭为

2012 年 12 月 7 日

序 二

目前我们所处的信息化时代，是人类进入综合利用物质、能量和信息三种资源的知识经济时代，许多组织的未来，将取决于它们驾驭信息技术的能力，与之相应的 IT 项目管理已经成为一个热门的前沿领域。在这方面的理论著作很多，有描述经典软件开发的项目管理[⊖]；有描述新型软件开发的项目管理[⊖]；还有描述迭代增量式开发的统一软件开发过程[⊖]。

在总结项目管理最佳实践方面，最具有代表性的有美国项目管理协会组织编写的《项目管理知识体系指南》（PMBOK® GUIDE），以及美国 CMU/SEI 主持编写的《能力成熟度模型集成》（CMMI DEV V1.3）。项目管理是把知识、技能、工具和技术应用于项目活动，以达到项目的要求，前者通过合理运用和整合启动、规划、实施、监控和收尾 5 个过程组的 42 个项目管理过程来实现，后者则从直接涉及项目管理的需求管理、项目策划、项目监控、集成项目管理、定量项目管理、供应商协议管理以及风险管理等 7 个过程域的 59 个实践的优化组合来实现。

但是，迄今为止，系统介绍一线实战经验的项目管理书籍很少，因此，《IT 项目经理成长手记》一书就显得特别珍贵。我有幸率先拜读了这本著作。本书以项目管理、质量管理、软技能三个方面进行组织的案例为基本单元，采

⊖ Bob Hughes, Mike Cotterell. 软件项目管理［M］. 周伯生，廖彬山，任爱华，译. 北京：机械工业出版社，2004.

⊖ Walker Royce. 软件项目管理［M］. 周伯生，廖彬山，译. 北京：机械工业出版社，2002.

⊖ Ivar Jacobson, Grady Booch, James Rumbaugh. 统一软件开发过程［M］. 周伯生，冯学民，樊东平，译. 北京：机械工业出版社，2002.

用叙事的风格，首先结合 IT 项目的特点介绍项目经理应具备的知识和职业规划，接着介绍单项目管理的实战技能和经验教训，再进一步介绍项目群管理的实战技能和经验教训。其中的重点是介绍实战中如何将理论联系实际，项目经理如何处理好客户关系、人员沟通以及团队建设。

本书不仅可供一线项目经理、质量经理和项目总监阅读，也可供有志于向项目经理方向发展的软件开发和测试人员，以及公司的各级高管阅读，当然还可以供对项目管理领域感兴趣的其他读者阅读。

北京航空航天大学计算机学院教授

周伯生 于北京

2012 年 6 月 19 日

自序

我 1998 年博士毕业后加入联想，后随集团的分拆转入神州数码。十多年来一直从事应用软件领域的项目管理工作，从一个普通技术人员开始，踏上了项目管理的职业生涯。

从最初负责几个人的小型项目都很吃力，到慢慢地能硬着头皮顶住 60~70 人的大项目，再到后来逐渐成为一名管理十几个项目的项目总监。2005 年初，我担任了神州数码融信软件有限公司副总裁，开始全面管理西安开发中心，这是我项目管理职业生涯的最高点。这期间虽然工作压力非常大，但我有幸亲历了一个开发中心从小变大的全过程，也有机会从公司的角度思考项目管理的一些问题。

2007 年底，我调任神州数码的一个合资子公司任 COO，开始负责公司的整体经营，也离开了我熟悉的项目管理领域。本来以为一些项目管理的经验教训只会成为一段回忆了，但是一个偶然的机会促成了我写此书的想法。

2009 年我在软件协会过程改进分会的大会上作了一个关于组织级项目管理实践的演讲，引起了圈内很多朋友的兴趣；后来，又多次以沙龙的形式与同行朋友们分享。交流中我发现很多问题都是我曾经遇到过的，一些经验教训对大家很有帮助。在一次沙龙活动之后，一位资深的 IT 圈朋友向我提议："为什么不把你遇到过的问题整理成一本书？现在国内的理论书籍非常多，但是关于实战经验的书籍就太少了。"

我觉得这是个很好的提议，但是写书对我来说却是件非常有挑战的事。因为自己虽然有一些实践经验，但理论水平有限，写出来的东西都很"土"，与主流的项目管理书籍相比实在拿不出手。

犹豫中想起了发生在郭为先生（神州数码董事局主席）身上的一个小故事：有一次郭总带领神州数码一些干部参观西安开发中心，在了解了开发中心的情况之后非常开心。同行的人员中一部分很振奋，但是也有一部分不以为然，觉得与国际化的开发中心相比，西安开发中心无论规模上、水平上都有很大的差距。

当时正值神舟五号载人航天任务圆满成功，听到这些意见之后郭总就问了个问题："虽然神舟五号载人航天比美国晚了三十多年，你们感觉高兴吗？"

在座的人异口同声地说："当然高兴了！"

郭总继续又问道："为什么高兴呢？"

"因为这次是我们自己的！"

是的，国际的先进经验再好，那是别人的；我们的管理经验再"土"，但是毕竟是我们自己的！想到这个故事，便有了如何写这本书的思路：我虽没有能力写一本理论水平很高的著作，但可以将一个项目管理实践者所经历的、看到的案例整理成"手记"，如实地告诉大家我们曾经遇到了什么问题、采取了什么解决方法、获得了什么经验和教训……这样，对于遇到类似问题的读者来说就有了一条可以参考的路径，至少可以多一个选择、少走些弯路。

于是，从2010年初开始我就和共事多年的好友韩秋泉一起着手撰写本书。其中，韩秋泉负责质量管理相关的第6章和第9章，我则撰写了其他章节。在撰写的过程中，重点从三个方面分享了我们个人的一些实践体验。

第一，项目经理的职业生涯规划。对很多从事技术工作的朋友来说，项目经理不仅是个"光环笼罩"的职位，也是走向管理的一条"捷径"。但是，"捷径"并不代表最快，更不代表最容易。回想我刚刚满心欢喜地成为项目经理的时候，前任曾经意味深长地对我说："以后无论多难，都要记住一点：只要别人不赶你走，你就厚着脸皮待下去，这样你才有可能熬到项目成功。"后来发现，项目经理其实是个实实在在的苦差事，在这个过程中我曾经几度想要放弃，但正是前任的这句话支撑着我"熬"了下去，并走到今天。为了给想做项目经理的朋友一些职业规划的参考，本书开头花了一些笔墨，说明了项目经理是干什么的，什么样的人适合做项目经理，项目经理的知识和技能要求，以及今后可能的发展路径。希望读者在了解了这些之后再慎重做出职业选择；而一旦选择，也必须要有"熬"下去的心理准备。

第二，如何跨越理论到实践的距离。在我踏上项目管理岗位之前，就看过一些项目管理的书籍，接受过一些培训；对如何制订计划、如何管理项目"胸有成竹"。但是进入项目之后才发现，理论好比是教人如何在地图上规划一条路，而实践则好比是要在现实中一步一个脚印地走完这条路。虽然从地图上也能看到山川河流的标记，但是和实际的跋山涉水、翻山越岭比起来有天壤之别；不仅地面上荆棘丛生、沟壑纵横等情况在地图上看不到，而且突然从山上滑落的巨石更是制订计划时想不到的。理论和实践之间的这个距离，是成为一名成熟的项目经理所必须跨越也是最难跨越的。为了帮助读者尽快跨越这个阶段，本书结合自己的成长经历，按照时间顺序记录了从初出茅庐开始所遇到的各种困难和挑战。这样的案例组织方式可能最接近读者们的实际体验，希望这些案例能帮助刚刚涉足项目管理的朋友尽快进入实践，帮助已经遇到了困难的朋友得到启发、找到方法。

第三，项目经理的软技能。项目经理中的"经理"二字就像班主任中的"主任"二字一样，不是什么官职，项目经理更像是个专业岗位，没有什么权力，更不能振臂一呼，应者云集。因此，项目经理更多需要靠领导力来影响和激励团队，靠沟通和协调推进项目，甚至需要一定的政治和文化意识才能获得支持。这些软能力很难通过理论教导获取，但或许可以通过案例学习和借鉴。因此，书中设置了几个具有代表性的角色并贯穿于各个案例故事，这些角色之间有时冲突、有时合作，案例中还描述了他们之间的沟通、协调和谈判的过程。希望通过这些情景能够帮助读者了解在一个由"有血有肉"的人组成的组织中，如何通过"软技能"去获取支持、解决问题和建设团队。

我们自知水平有限，疏漏错误之处难免，之所以仍愿意将这些最基层的经验教训与读者分享，是因为我们觉得：虽然自己刚从一条崎岖的小路上蹒跚穿过，虽然自己还满身伤痕，但只要将我们在小路上经历的或看到的各种困难告诉他人，就可能帮到他人。这就是我们写此书的目的和最大心愿。

特别要感谢我的良师益友周伯生老师。他在健康欠佳的情况下仍细致地审阅了全书，提出了很多中肯意见和宝贵建议，并特别为此书作序。让我印象深刻的是周老师还特别指出了原书稿中的一些文字错误，让我对一位前辈学者的严谨风范肃然起敬，也为自己的疏漏而汗颜。

最后，想把此书作为送给女儿的一个礼物。她出生不久我就离开家到西安工作，一眨眼的工夫她就长大了。希望通过此书让女儿知道，不在她身边的日子里，我还是做了一些有意义的事情。

潘　东

2012 年 11 月

十周年纪念版前言

写十周年纪念版的想法源自一个"十年之约":十年前新书发布的时候,孙业编辑约我和韩秋泉十年之后再聚一次,看看我们都在做什么。如果届时本书仍在售,就进行一次修订以示纪念。

十年一晃而过……秋泉仍在做他喜欢和擅长的项目管理工作,并且把这项工作做成了年收入数亿元的业务;而我则成为一名创业者,坚持在技术前沿追寻着自己的"软件梦"。

因为我们两个都负责业务,聚会时自然而然会围绕项目管理对业务的"价值"这个话题聊了起来。只不过项目管理对我来说是工具,对秋泉来说就是"业务"本身;聊天时他总是想说服我买这个、建那个……这情景似曾相识,仿佛又回到了当年搭档时各自的角色。

我们首先聊到了企业为什么会选择某个体系。例如,新产品开发时为什么常选择敏捷方法。实际上,往往是因为传统方法无法满足"速度"和"变化"的要求了,企业"自然"地选择了敏捷。敏捷不是没有问题,但能解决主要问题;换个角度看,为企业的目标服务才是体系"必然"的选择。

对创业者来说,管理是花钱的,体系是"奢侈品",所以我们接着讨论了管理体系对企业的价值到底是什么。正好谈到了秋泉 TMMi(测试成熟度模型集成)的实施咨询业务。我说:如果我是甲方,你用大白话告诉我为什么花钱实施 TMMi?他的回答有三点确实打动了我:买测试工具比增加人力便宜,防范风险和缺陷比事后挽救便宜,量化管理挤出来的"水分"比投入大得多。

确实,企业以前认证可能为了形象和资质,现在则要看到实际价值,这推动着体系越来越关注效能了;企业为了目标博采众长、兼收并蓄,这导致了体系的不断融合;伴随着 IT 技术的发展,体系过程规范的落地不再需要大量的人力和文件,取而代之的普遍采用 IT 系统进行支撑,这不但便于管理,而且利于沉淀数据、量化管理和持续改进。

  十年间新技术层出不穷，软件行业发生了巨大变化。一方面对项目管理提出了新要求和新挑战；另一方面这些技术本身已在为项目管理所用，因此，对项目管理者也提出了新的要求，必须在专业化的基础上，学习新技术和新知识，掌握新工具，成为复合型人才方能胜任越来越复杂的工作。

  十周年纪念版围绕以上话题、分享了我们的实践体验。如今，小 M 已成"老 M"，老 Q 则成了"老老 Q"，虽然我们也已经不在一起工作了，但为了本书的价值得以延续，还是决心让小 M 和老 Q 继续他们的故事。

  我们自知水平有限，错漏之处在所难免。但谨以实践者角度分享自己的真知"拙"见、回馈读者们持续了十年的厚爱。

潘　东

2023 年 12 月

第 2 版前言

承蒙各位读者厚爱，本书第一版已经陆续印刷了十次，电子书在亚马逊的排行榜上也名列前茅！两个毫无名气的项目管理实践者的"手记"能获得这么大的反响——这是我们绝对没想到的！

网络极大地拉近了作者和读者的距离，我们可以随时关注读者评价，甚至与一些读者直接互动，从中得到了许多非常有价值的意见和建议。因此，新版希望能根据读者的反馈做出一些调整、解答一些疑惑，这是本次改版最初的动因。

另外，近年来项目管理理论本身也有新的发展变化，例如：越来越重视"人"的作用，PMI 理论模型已经将干系人管理能力提升为项目管理的第十大能力；越来越重视多项目的管理，继项目群管理之后又推出了项目集管理，提高了体系的适用性，也提高了理论的复杂性。当然，研究项目管理理论与项目经理能力之间的映射关系，制定项目经理的能力模型也变成一个重要方向。因此，新版希望能在这些新的方向上分享一些实际案例，以便让本书更加贴近实战的需求。

本次改版主要涉及以下几个方面：

首先，原版"第 2 章 项目管理的那些事——入门知识"类似书籍已非常多，加在本书中不仅累赘，还影响了整体风格。因此新版将此章替换成了"当个小组长——项目管理初体验"。该章节通过讲述小 M 第一次涉足项目管理的一段切身经历，帮助读者了解从技术到管理的"角色转换"过程中可能遇到的各种困难，以及克服和解决这些困难的方法。

其次，增加了一个建立项目人才培养体系的案例，"临渊羡鱼不如自己养鱼——天梯计划"。这是我和秋泉负责过的一个大型人才培养计划，目标是将高校学生快速培养成合格的开发人员。该项目历时多年、培养数百人，不仅成功地支撑了开发中心的人才需求，还因架设了"高校到企业的绿色通道"而被当地电视台专题采访报道。

再次，多项目管理是目前一个理论热点，也是实践难点。新版中"我们的兄弟连——项目集管理尝试"分享了一个产品运维服务项目集的实际案例，帮助读者了解项目集管理落地的过程，从成果共享和复用机制、配套的技术标准和实施方法、资源共享困难和障碍，以及设计激励考核指标等多个方面分享了实施细节。

最后，招聘和选拔项目经理是几乎所有企业面临的一个难点，"刨根问底——项目经理面试宝典"从考官的角度讲述了如何设计面试题、如何应对面试者的反应、如何评价面试者的回答。在"第六届中国项目管理应用与实践论坛"，以及2013年在上海举行的PMI大会上，我和秋泉都曾在会场进行过模拟面试和即兴评价，当时的场面颇为热烈。直至今天，很多参会人员仍在困惑那道令人抓狂的面试题该如何回答——"当公司利益和客户利益发生冲突时，你会保护谁的利益？"新版中给出了这个问题的"标准答案"。

再次由衷地感谢各位读者的热忱支持，希望新版能以新的价值回馈读者的厚爱。

潘　东

2016 年 11 月

第1版前言

伴随着信息时代的到来，我国IT行业飞速发展，IT项目的投资已经位居全国各个行业的前几名。多年来我国对于IT项目管理人才的需求日益增长，IT项目经理也已经成为国家急需的热门职业，正面临着前所未有的良好发展机遇。

现在项目管理理论方面的书籍比较多，但系统地介绍一线实战经验的并不多。本书以虚拟人物小M的成长路径为主线、案例故事为引导，从一个实践者的角度介绍项目管理的实战技能和经验教训。

围绕小M在职业生涯发展的不同阶段所遇到的不同挑战，本书的内容分成了三个部分：

1) 第一部分介绍了技术出身的小M选择和规划项目经理的职业路径的过程，并结合小M经历的一个内部研发项目介绍了IT项目的一般过程和主要特点。

2) 第二部分介绍了小M担任了项目经理之后，从四处碰壁到能够独立管理一个大型项目的成长过程，介绍单项目管理实战技能和经验教训。

3) 第三部分重点介绍了小M升任项目总监之后，在管理一组相互关联的项目群的过程中遇到的各种问题以及解决的过程，分享项目群管理的实战技能和经验教训，帮助读者从组织级角度思考项目管理体系建设的要点。

本书以案例为基本单元，案例从项目管理、质量管理和软技能三个方面进行组织。每节均以主人公小M的一个案例故事开头，之后结合案例进行分析和讨论，介绍问题解决方法和经验教训。

本书的重点是介绍实战中如何将理论"落地"的方法。因此，除了必要的解释不涉及大量的理论知识。"落地"的方法聚焦在两个方面：

1) 理论到实践的最后1公里。掌握了项目管理理论还不能立刻成为项目经理，还需要掌握一些必要的工具、方法和具备一定的经验，提高实践技能才能胜任。

2) 人际关系的"软技能"。项目涉及客户、团队、上级和伙伴等，项目经理都是在与人打交道。同样的事情，"软技能"不同执行的效果则完全不同。本书重点介绍客户关系、人员沟通以及团队建设方面的软技能。

本书的预期读者一是工作在一线的项目经理、质量经理、项目总监；二是有志于向项目经理方向发展的软件开发和测试人员；三是主管交付的总经理或公司高管。希望本书可以在以下方面为读者提供帮助：

1) 为那些有志于向项目管理方向发展的技术人员，提供一条可以参考的IT职业发展路径；帮助他们了解项目经理的发展前景、要求和方法，明晰职业规划。

2) 帮助读者通过案例了解理论怎样"落地"，提升实践技能和软技能，以便在项目管理的职业路径上更好、更快地成长。

3) 帮助读者从组织级角度思考项目管理体系，以便拓展更广阔的职业发展空间。

4) 本书分享了一些简单实用的项目管理工具，可以拿来在工作中使用，帮助理清思路、提高效率。

最后需要说明，书中的案例故事尽管来源于实践，但为了方便读者阅读，进行了必要的改编。书中主要人物也是虚拟的，切勿对号入座。主要角色有以下几个：

1) 小M：主角，本书主要以其职业生涯的历程为线索。

2) S总：事业部总经理，小M的顶头上司和导师。

3) 老Q：小M的搭档，主管质量，与小M是好朋友，但工作中也会经常发生争执。

4) G总：客户方的项目负责人，小M的客户接口人。

潘　东

韩秋泉

目 录
CONTENTS

序一
序二
自序
十周年纪念版前言
第2版前言
第1版前言
第1章 "迷你"CEO——项目经理不简单 /1
  1.1 项目经理是干什么的 /1
  1.2 我适合做项目经理吗 /3
  1.3 项目经理的知识和技能 /6
    1.3.1 专业知识 /7
    1.3.2 实践技能 /8
    1.3.3 软技能 /8
  1.4 项目经理的职业规划 /10
    1.4.1 涉足项目管理 /11
    1.4.2 成为项目经理 /12
    1.4.3 成为资深项目经理 /13
    1.4.4 成为项目总监 /13
第2章 当个小组长——项目管理初体验 /16
  2.1 机会是自己创造的 /16
  2.2 领导要有领导样 /17
  2.3 先定规则再做取舍 /19
  2.4 让我回去商量一下 /21
  2.5 一图胜千言 /24
  2.6 过程为实践服务 /27
  2.7 惊人的混乱、惊人的效率 /30

2.8 "小问题"卡住大部队 /32
2.9 不会总结就不会进步 /35

第3章 初为项目经理 /38

3.1 项目经理难当——理想和现实 /38
   3.1.1 "研发"和"商务"项目的差异 /39
   3.1.2 "理论"和"实践"的差距 /40
   3.1.3 "对事"和"对人" /41
   3.1.4 经验与教训 /41

3.2 最忙乱的第1周——项目启动 /42
   3.2.1 第1周的工作计划 /42
   3.2.2 第1天的工作成果 /44
   3.2.3 启动的准备工作 /46
   3.2.4 项目启动会 /49
   3.2.5 培训开始了 /49
   3.2.6 经验与教训 /50

3.3 甲方乙方——商务项目全过程 /50
   3.3.1 需求背后的需求 /51
   3.3.2 双方眼中的不同生命周期 /52
   3.3.3 客户为什么做这个项目 /54
   3.3.4 经验与教训 /55

3.4 都是婆婆——认识项目干系人 /55
   3.4.1 项目的组织关系 /56
   3.4.2 项目打破了组织的平静 /57
   3.4.3 婆婆也能帮你 /58
   3.4.4 经验与教训 /59

第4章 理论到实践——"落地"的那几招 /60

4.1 做不完的项目——目标和范围 /60
   4.1.1 目标和范围 /60
   4.1.2 "增加范围"还是"减少范围" /61
   4.1.3 为什么会产生分歧 /63
   4.1.4 重要的文档——范围说明书 /63
   4.1.5 经验与教训 /65

4.2 三个臭皮匠——制订计划的方法 /66
   4.2.1 计划的"计划" /66

4.2.2 形成活动清单 /67
4.2.3 排序和网络图分析 /73
4.2.4 资源和进度计划 /77
4.2.5 项目预算 /88
4.2.6 经验与教训 /92

4.3 计划还是计"画"——执行和检查 /93
4.3.1 计划怎样"落地" /93
4.3.2 任务的分解和委派 /95
4.3.3 检查和调整 /97
4.3.4 经验与教训 /99

4.4 赚钱比花钱难——被忽略的成本 /100
4.4.1 用真实数据套概念 /100
4.4.2 绩效指数的含义 /102
4.4.3 怎样预测成本 /103
4.4.4 活学活用的实例分析 /104
4.4.5 经验与教训 /106

4.5 提心吊胆的那些事——正视风险 /106
4.5.1 风险管理流程 /107
4.5.2 识别风险 /108
4.5.3 风险分析 /111
4.5.4 风险计划 /112
4.5.5 风险监控 /114
4.5.6 经验与教训 /115

4.6 什么都改,客户就满意了吗——如何管理变更 /115
4.6.1 为什么会变更 /116
4.6.2 变更失控的后果 /116
4.6.3 变更控制的流程 /117
4.6.4 经验与教训 /119

第5章 项目中的沟通 /120

5.1 不要所有问题都自己扛——沟通的层次 /120
5.1.1 沟通不畅惹的祸 /120
5.1.2 事半功倍的高层沟通 /121
5.1.3 沟通的层次 /122
5.1.4 经验与教训 /123

5.2 开会也是任务——有计划地沟通 /123
　　5.2.1 项目沟通计划 /124
　　5.2.2 项目与外部的沟通 /125
　　5.2.3 非正式沟通的利与弊 /127
　　5.2.4 经验与教训 /128
5.3 需求和需要——如何与客户沟通 /128
　　5.3.1 了解需求的"为什么" /128
　　5.3.2 满足"需要"才能满意 /129
　　5.3.3 真诚比技巧更重要 /130
　　5.3.4 经验与教训 /130

第6章 质量"基本功" /131

6.1 质量经理该管什么——质量管理几件事 /131
　　6.1.1 项目经理的冤家 /131
　　6.1.2 质量管理管什么 /132
　　6.1.3 质量经理的温柔一面 /133
6.2 摸不着的财富——项目配置管理 /134
　　6.2.1 什么是配置管理 /135
　　6.2.2 配置管理的准备工作 /136
　　6.2.3 配置管理的日常工作 /139
　　6.2.4 项目结束时的配置管理工作 /141
　　6.2.5 经验与教训 /141
6.3 你是来找茬的——改变对评审的观念 /142
　　6.3.1 为什么要做评审 /142
　　6.3.2 怎样组织评审活动 /144
　　6.3.3 一次有效的评审 /146
　　6.3.4 经验与教训 /147
6.4 别让别人揭家丑——让测试深入人心 /148
　　6.4.1 悲壮的"验收测试" /148
　　6.4.2 为什么要设这么多道"网" /149
　　6.4.3 如何组织测试活动 /152
　　6.4.4 紧张的"对抗" /153
　　6.4.5 经验与教训 /156
6.5 找出问题之后——缺陷跟踪 /156
　　6.5.1 为什么要进行缺陷跟踪 /157

6.5.2　怎样进行缺陷跟踪　/157

6.5.3　使用缺陷跟踪工具　/160

6.5.4　缺陷的分析与度量　/162

6.5.5　经验与教训　/164

第 7 章　团队建设基本功　/165

7.1　没权就不能管好团队吗——项目经理的领导力　/165

7.1.1　权力之外的招数　/165

7.1.2　项目经理的双重角色　/168

7.1.3　领导力过头的错误　/168

7.1.4　经验与教训　/171

7.2　谁是谁（Who is who）——如何让项目组快速热身　/171

7.2.1　事前准备——个人自画像　/171

7.2.2　个人介绍——简直是一次才艺秀　/172

7.2.3　自由组队——形成兴趣小组　/173

7.2.4　项目大家庭的档案　/173

7.2.5　经验与教训　/173

7.3　我不是超人——渡过团队的震荡期　/174

7.3.1　同舟共济的团队　/175

7.3.2　自己的问题自己最清楚　/175

7.3.3　改变团队　/176

7.3.4　团队才是超人　/177

7.3.5　经验与教训　/178

7.4　别人眼中的你——怎样与"个性员工"沟通　/179

7.4.1　项目组中的个性员工　/179

7.4.2　团队会议的作用　/180

7.4.3　一次团队会议　/181

7.4.4　经验与教训　/183

7.5　饭桌上的话题——如何让聚餐更有意义　/184

7.5.1　提前设计的话题　/184

7.5.2　饭桌上的"表白"　/185

7.5.3　感人肺腑的留言　/185

第 8 章　身为项目总监　/187

8.1　忙！不知道忙什么——项目总监是干什么的　/187

8.1.1　项目总监的生态环境　/188

8.1.2 从哪里入手 /189

8.1.3 新官上任三把火 /190

8.1.4 经验与教训 /197

8.2 项目经理怎么知道每天该干什么——《项目经理手册》的诞生 /197

8.2.1 问题的原因 /198

8.2.2 解决问题的思路 /198

8.2.3 《项目经理手册》的诞生过程 /200

8.2.4 如何推进《项目经理手册》 /207

8.2.5 经验与教训 /207

8.3 三分钟怎么说清项目进展——三层计划方法 /208

8.3.1 从"全局"看到"个体" /209

8.3.2 三层计划的分层 /210

8.3.3 三层计划的制订过程 /211

8.3.4 三层计划的跟踪 /215

8.3.5 经验与教训 /216

8.4 总经理的肩膀——怎么创造项目 /216

8.4.1 跟客户谈什么 /217

8.4.2 如何整合资源 /218

8.4.3 怎样签新项目 /219

8.4.4 经验与教训 /220

第9章 项目群的质量管理 /221

9.1 将交付物集中起来——组织级的配置管理 /221

9.1.1 从"分散"到"集中" /221

9.1.2 从"文件"到"任务" /224

9.1.3 从"手工"到"自动" /227

9.1.4 经验与教训 /229

9.2 再好的过程不执行也没用——如何进行过程审计 /230

9.2.1 怎样确保过程规范"落地" /231

9.2.2 怎样进行过程审计 /232

9.2.3 怎样让审计深入项目 /235

9.2.4 找出问题是为了改进 /236

9.2.5 经验与教训 /237

9.3 捂不住的问题——如何让交付过程透明化 /238

9.3.1 项目经理为什么想"捂"问题 /238

9.3.2　怎样让项目经理愿意"亮"问题　/239

9.3.3　敢不敢把问题"亮"给客户　/241

9.3.4　经验与教训　/243

第 10 章　组织级的资源管理　/244

10.1　败则拼死相救——资源规划和调配　/244

10.1.1　为什么要人总这么急　/245

10.1.2　报工到报派工系统　/245

10.1.3　执行中的问题　/246

10.1.4　资源调配和协调　/248

10.1.5　人力资源规划　/249

10.1.6　经验与教训　/251

10.2　刨根问底——项目经理面试宝典　/251

10.2.1　有标准答案的问题没价值　/252

10.2.2　第一部：面试在"面试"之前开始　/253

10.2.3　第二部：问题藏在"问题"后　/254

10.2.4　第三部：阳光总在风雨后　/257

10.2.5　项目经理的"成熟度模型"　/258

10.2.6　经验与教训　/259

10.3　项目经理的摇篮——项目经理的社区　/259

10.3.1　为什么建立项目经理社区　/260

10.3.2　什么是项目经理社区　/261

10.3.3　活动的内容安排　/261

10.3.4　几次经典的活动　/262

10.3.5　经验与教训　/263

10.4　我们的"兄弟连"——项目集管理尝试　/263

10.4.1　人人为我、我为人人　/265

10.4.2　一个高手镇四方　/268

10.4.3　同一跑道内的比赛　/271

10.4.4　经验与教训　/272

第 11 章　组织级敏捷项目管理　/274

11.1　组织级的管理体系是怎么建起来的　/274

11.2　敏捷开发——让产品"随需而动"　/277

11.2.1　当"僵化"面对"变化"　/278

11.2.2　激情澎湃话"敏捷"　/280

11.2.3 "敏捷"如何落地开花 /291

　　11.2.4 敏捷的优势和不足 /299

　　11.2.5 经验与教训 /300

11.3 TMMi——基于风险的敏捷测试 /301

　　11.3.1 什么是 TMMi /302

　　11.3.2 为什么用 TMMi /305

　　11.3.3 TMMi 能带来什么 /309

　　11.3.4 TMMi 如何落地 /310

　　11.3.5 测试建模和手自一体 /312

　　11.3.6 缺陷预防——"多发现"到"少产生" /314

　　11.3.7 质量控制量化——看得见的效率和质量 /316

　　11.3.8 经验与教训 /321

第 12 章 面向未来——可见的项目管理发展趋势 /323

12.1 新技术对软件行业的影响 /323

12.2 项目管理的变化和趋势 /324

12.3 人才的专业化和复合化 /330

附录　IT 项目管理工具索引 /332

参考文献 /336

第1章

"迷你" CEO——项目经理不简单

1.1 项目经理是干什么的

小 M 是一名毕业于名牌大学软件专业的研究生,在校时随导师参加过一些国家级的科研项目。毕业后,小 M 如愿加入某知名 IT 公司。

为了适应管理要求,该公司已经引进并实施了"项目型"管理模式,企业内按行业划分成事业部,项目是事业部最基本的业务运作单位;各事业部内设专职的项目经理,项目经理对项目的全过程负责,因此是公司最重要的基层管理角色之一。

小 M 觉得,项目经理受人尊重、令人羡慕。不仅羡慕他们每次完成一个项目回到公司后受到英雄般的欢迎,跟公司高层可以面对面直接沟通,还有老客户、老同事经常寄来的土特产。就拿小 M 的顶头上司事业部总经理 S 总来说,原来是做技术的,后来成了项目经理,之后连续做了几个大项目,就成了领导眼里的"红人",在客户那里也有很高威信。现在,年纪轻轻已经成了一名总经理,独立负责公司的一大块业务。

项目经理也是公司的稀缺资源。由于公司的项目技术性比较强,需要既懂得 IT 技术又具备项目管理技能的人才,因此鼓励技术人员转型做项目经理。小 M 觉得自己符合项目经理的要求,但是,做一名项目经理是个严肃的职业选择,在进入亮丽的光环之前,首先需要弄清楚,项目经理是干什么的?

于是,小 M 找到了 S 总,谈了自己的想法,希望得到 S 总的指导。S 总热情接待了小 M,并回答了小 M 的问题。

小 M 首先问:"S 总,请问项目经理是个什么样的角色呢?"

S 总答道:"项目经理是公司委派的负责实现项目目标的个人,是公司授权的项目负责人,是项目的直接组织者和领导者。项目经理对外代表公司与客户和分包单位进行联系,处理合同有关的商务事宜;对内全面负责项目的实施。一些企业中由职能经理代替项目经理,项目经理是兼职和客串的角色。这种兼职的项目经理实际上并不承担上述职责。"

小 M 接着问:"那项目经理的具体职责是什么呢?"

S 总答道:"公司里的项目经理的职责有三个方面:

- 对项目全过程进行组织和管理,按预期交付项目的成果;
- 管理客户关系,以取得客户对交付的成果及过程的最满意评价;
- 管理项目团队,使之高效而又愉快地工作,并获得最满意的工作体验。

也就是说,一个合格的项目经理必须同时做到'按预期交付成果''让客户满意''让员工满意'。"

小 M 又问:"那 IT 项目经理的主要任务是什么呢?"

S 总说:"第一,支持售前过程。IT 项目一般比较复杂,交付风险比较大,需要在合同中约定工作范围、进度计划,要估算成本和人力资源。项目经理近距离地了解需求、资源等约束,制订的项目实施方案才会切实可行。参加售前过程不仅有助于项目经理深入了解客户需求,也可以帮助客户了解项目经理的能力。有的时候,客户会因为相中'项目经理'而促成合同的签订,甚至要求将锁定某位项目经理作为合同的条件。

"第二,负责项目交付。签订合同之后,项目经理负责围绕预期目标、遵循确定的规范执行项目。项目经理不仅要制订思路清晰、考虑周密的计划,还要调集资源、委派任务、推进计划的执行;过程中,还要及时处理出现的问题,定期向有关人员汇报进展,保证在规定的时间和预算内交付项目成果。

"第三,完成项目收尾。完成交付成果之后,要将成果移交给客户,确保客户可以稳定地使用系统。然后,将后续服务移交给服务部门,确保客户得到持续的服务保障。项目经理交付的成果直接决定客户满意度、影响客户是否愿意付款,因此公司还要求项目经理负责完成收款工作。

"第四,管理干系人的关系。一个 IT 项目可能涉及投资方、客户、分包单位、合作伙伴,甚至可能包括政府、社会等各方面的关系;面对的'客户'也不是一个人,而是一个群体。项目经理作为各方的桥梁和纽带,要随时处理各方信息,保持密切沟通,解决矛盾冲突,只有这样才能让'客户'满意。

"第五,管理项目团队。由于项目团队的临时性,项目经理需要花费很大的精力寻找合适的资源,优化资源配置,建立合理的组织结构,确定清晰的职责分工。项目过程中还需要通过各种措施进行团队建设,打造高效团队。"

"从这些工作任务的性质来看,项目经理是项目的推动者,也是关系的协调者。"S总边说边画了一张图(见图1-1),描述了项目经理前前后后、上下左右的关系。

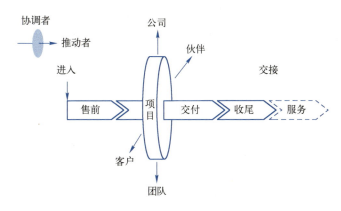

图1-1 项目经理的角色

小M感叹道:"原来项目经理要面对那么多人、负责那么多事,还要确保项目的成功,这是多么有挑战的一件事啊!"

S总说:"确实,项目经理往往是决定一个项目成败的关键人物,要求素质高、综合能力强、职责范围广,几乎涵盖了一个CEO的范畴。所以,项目经理也被戏称为'迷你CEO'。"

1.2 我适合做项目经理吗

小M了解了项目经理的职责,虽然觉得非常有挑战,但这些事情都是自己感兴趣的。因此,更加坚定地想成为一名项目经理。

但是,项目经理是条无悔路,后面可能遇到的困难无数,如果半路发现实际情况和最初想象有很大的差距,觉得自己不适合做项目经理,那问题可就大了。因为,这不仅对客户和团队会造成非常大的不利影响,对自己也非常不利,毕竟技术的发展实在是太快了,再想退回到技术路线的难度也很大。

小M非常想知道:到底自己适合做项目经理吗?于是再次找到了S总。

S总说:"是否适合首先考虑的是个人素质。具有不同素质的人对同样的事情会采取完全不同的反应。项目经理是项目中的瞩目人物,一旦做出失当的反应，会影响多方人员，因此对素质有比较高的要求。

"素质包括性格特征、能力倾向和处事态度等。尽管谁都可以做项目经理，但真实的情况是可能某些人更适合做项目经理，甚至IT圈子里很多人都认为项目经理是天生的。当然，'天生项目经理'并不是说他们不需要学习和实践，而是说具备某些素质的人员担任项目经理可以充分发挥特长，从而比较自信，发展得也比较顺利。

"反过来，有些人确实不太适合做项目经理，所以需要慎重选择。例如，一个人天生就不善言辞，不愿意与人打交道，如果让他去跟客户谈判，不停地'讨价还价'，他的心理就会承受很大的压力。一旦突破了心理承受能力极限，可能会放弃最初的选择。当然，这也不是说不善言辞一定就做不了项目经理，只是要比其他人付出更多的努力，可能在成长的路上会艰苦一些。"

小M问："那么'天生的项目经理'具备的素质是什么呢？"

S总答道："可能很多素质都是必要的，但有几个基本素质不仅重要，而且先天赋予的成分较多。

"第一，领导力。领导力是指通过他人来完成工作的能力。项目经理虽然是项目领导核心，但需要依赖团队完成任务。由于项目组的动态性和临时性，项目经理对于团队成员并不具备完全的管理权力，更多需要将一组成员凝聚成一个团队，激发和影响他人为了一个共同的目标而努力工作。

"领导力重要并不意味着'领导'是'官'，领导应该是个'领头的'，跟大家是平级的，但是却走在别人的前面。不仅要求别人做到的事自己先做到，而且知道'下一步'应该干什么，下一个目标在哪里。项目经理的口号应该是'跟我冲'，而不是'给我上'。

"'领导力'其实很好判断，如果让一组人在一个封闭的环境中让他们共同去完成一个任务，但是不说明谁是这组人的负责人。不用多长时间就会发现，这组人中有一个人（或几个人）会自然而然地成为领导者。

"第二，责任心。项目执行过程中，会遇到很多困难，经常会超出原先的想象。这个时候，能够帮助项目经理坚持下去的可能只有'责任心'。

"具备强烈责任心的人，出于对承诺的负责，会倾尽全力达成目标而不言放弃，因此也是可靠、可信的人。这样的人，公司、客户和团队才会对其放心，才会全力支持。

"具有强烈责任心的人，还有个特点，会非常注重细节，能主动发现问题。他会不自觉地在脑子中模拟一件事的执行过程，设想各种意外情况，考虑如何应对。这样的人就是我们常说的'操心命',但这样的品质在项目管理中特别有用,有助于发现潜在问题、防范潜在风险,这样的人也比一般人看得远,想得透。

"第三,积极主动。桌子上放着半杯水,消极的人会说,唉!只剩半杯水了。而积极的人会说,耶!我们还有半杯水。项目经理需要成为后者,总是能同时看到事情'有利'和'不利'的两个方面,善于利用自身的优势转变局势。

"积极主动的人最大的特点是不抱怨。项目经理是'主心骨',主心骨乱了,项目也就乱了。项目经理必须时刻保持好的心态,如果团队始终看到一个信心满满、镇定自若的项目经理,大家也会充满信心。如果团队总是看到一个整天愁眉苦脸、满腹牢骚的项目经理,大家可能担心他随时会撂挑子,士气可想而知。

"积极主动的项目经理会积极寻找方法,相信'方法总比问题多'。他们能够引导大家集思广益寻找方法,领导团队走出困境。

"积极主动的人会提出建设性意见,从而更容易获得帮助和支持。被敌人包围了,一个指挥官报告说:'我被包围了,该怎么办?'而另一个指挥官报告说:'我被包围了,需要空中支援。'哪个更容易获得帮助?显然是后者。因为,向司令部解释清楚复杂的状况就不是件容易的事,还要他们帮你做出决策,贻误战机不说、决策也不一定正确。其实,最能提出正确建议的人正是掌握丰富信息的一线指挥官。

"第四,压力承受。项目中会出现各种突发事件,有时需要忍受极大的压力。有压力承受能力的人当困难来临的时候仍能镇定自若,仍能冷静思考,即使在无能为力的时候,还能保持'风度'和'幽默感',从而稳定军心、解决问题。"

S总接着说:"有一个项目经理在半夜3点、离系统正式运行4个小时前发现一个凭证打印错误,可能直接影响第二天业务的正常运行。他连夜把程序员叫过来修改程序,在别人忙得焦头烂额的时候,他自己却在旁边的椅子上呼呼大睡。别人问他:'这个时候你还能睡得着?'他说:'我现在帮不上忙,现在能做的事就是让大家放松点。明天才是我该紧张的时候。'这时候能睡着,才需要真正的抗压能力。"

小M听得非常入神,但是仍不知道自己是否满足这些素质要求。S总拿出了一张表,告诉小M这是从公司一些优秀的项目经理身上抽取的行为特点和思维习惯，你可以参考看看，自己是否是这样的人：

- 对复杂问题，会去考虑"怎么思考"，再去思考要思考的问题。
- 能够从操作层面、细节层面考虑计划的可行性，并主动征求他人意见。
- 时刻关注质量，深信质量是决定成败的要素。
- 众说纷纭的时候，会选择到现场获得一手资料，独立思考和判断。
- 先设想事情最坏的结局是什么，再努力避免无法挽回的错误。
- 遇到困难时积极寻找解决问题的方法，而不是找"行不通"的借口。
- 失败时勇于承担责任，而不是急着解释原因和推卸责任。
- 犯了错误之后一定会总结经验教训，保证不犯重复的错误。
- 与人沟通时会有意识地换位思考，试图理解如果我是对方会怎样。
- 倾听时脑子想的是"对方的想法是什么"，而不是想怎么给对方一个回答。
- 评价他人的时候会先看优点再看不足。
- 有问题当面谈，背后不飞短流长。
- 有人向你抱怨和指责他人时，第一反应是为不在场的人说好话。
- 如果有两方在你面前争执，不听完双方的表达绝不下结论。
- 谦虚认真、不懂就问，不会为了面子装内行。
- 认可别人比自己强，认为需要别人帮助。
- 至少有一项业余爱好可以让自己放松。
- 能够忘却烦心事，不将烦恼带出办公室。
- 一旦开始项目就必须看到结果，没人赶你走就坚决不离开项目。
- 泰山压顶的时候，至少可以做的一件事是保持"风度（镇定）"。
- 对无能为力的事，仍能保持乐观和幽默。

S总说："如果你对这些问题80%以上的回答都是肯定的，说明你具有一名优秀项目经理的潜质，选择项目经理作为自己的职业方向，就会有比较顺畅的路径和光明的未来。"

1.3 项目经理的知识和技能

几次谈话之后，S总通过观察觉得小M是个好苗子、"天生项目经理"；小M成为项目经理的意愿也非常强烈，恨不得立刻买本书，投入项目管理的学习中去。

S 总向小 M 推荐了几本项目管理方面的书，但同时强调："项目管理是实践性很强的学科，项目经理不仅要掌握项目管理知识，还要掌握实践技能和人际关系的软技能，而且这些知识和技能不是光从书本上就可以得来的，需要通过多种途径学习和掌握。"

"专业知识、实践技能、软技能？"小 M 没有想到项目经理要知道这么多的东西。因此，请 S 总先做个整体的介绍，以便心里对需要学习的内容和方法有个底。

1.3.1 专业知识

项目经理需要熟悉和掌握的专业知识包括项目管理知识、IT 专业知识以及行业知识。

第一，项目管理的专业知识。项目管理知识比较成体系，有很多专业书籍，内容涉及项目和项目管理的基本概念，项目的生命周期、组织结构、管理过程、知识领域，以及整个管理框架。只要参加必要的培训或通过看书学习便可以掌握。对软件领域的项目经理来说，软件工程方面的过程知识也非常必要，没有这些知识就像一个厂长不知道产品的生产过程一样不可思议。

第二，IT 专业知识。也许有人认为，项目管理是一种通用的理论，适用于各个领域，所以项目经理可以不懂 IT 专业知识。但是，要制订合理的计划、解决实际问题，就必须掌握必要的 IT 专业知识。不仅如此，由于 IT 技术发展迅速，项目经理还应该不断加深、加宽专业背景，这样才能做出正确的决策，才能有效领导团队。想想看，建筑行业的项目经理如果到 IT 行业可能就会遇到很多困难，反之亦然。实际上，IT 行业多数项目经理都是从技术线转过来的，也是这个道理。

第三，行业知识。做技术的人有时候更关心的是"如何实现系统"，其实并不关心系统干什么用。而系统是为客户的业务服务的，项目经理必须理解客户的需求，知道客户的业务需求，才能做出正确的取舍。特别是从事应用系统开发的项目经理更是如此，如果不了解客户的基本业务流程，甚至连一些客户的术语都听不懂，又怎么与客户沟通呢？从职业发展角度来看，行业知识也是项目经理"增值"的重要方法。项目经理要想继续成长发展，可能需要独立拓展业务，这时必须有一定行业知识才能理解客户的需求，才能说清项目对客户的业务的价值。

1.3.2 实践技能

相对专业知识而言，实践技能比较难获得，需要一定的时间积累才能逐步掌握。知识就像拳谱，但想要变成拳师，还必须练习和实战。因此，仅理解公认的专业知识还不足以实现有效的项目管理，还必须掌握 IT 特定应用领域的工具、方法和技术，以及操作级别的流程，才能达到管理目的。

就拿接手一个具体项目来说，进入项目时有两项技能就很关键：

第一，商务技能。项目经理代表公司管理项目、履行合同，需要熟悉商务环境，具备基本的商务技能。例如，必须具备起草方案、商务谈判的能力。技术线出身的项目经理刚开始可能很不适应这一点，因为既不习惯咬文嚼字的文字工作，也意识不到商务合同的法律效力。

第二，项目启动。真正进入项目的第一周是最慌乱的，因为你不知道到底每天该干什么，而这时客户正好在看着你，一旦手忙脚乱客户就会形成不好的第一印象，直接影响你在客户那里的威信和话语权。因此，实践中的"启动"阶段必须知道每天该做什么，才能有条不紊地展开工作，体现一个成熟项目经理的能力。

再来说说计划。项目管理知识介绍了项目计划的一般方法，但项目中涉及的人员可能很多，需要团队一起制订计划。在这样的情况下，不光要有方法，还要有合适的工具，具体的步骤，以及合理的约定。否则大家根本不在一个层面谈事情，计划会变成天书一样，更别谈执行了。

到了执行阶段，计划制订好了挂在墙上并不会自动执行下去。如何让每个人知道该干什么，如何知道每人干得怎么样，如何检查是否完成了工作，如何进行工作调整，只有这些操作层面的问题解决了，才能做到对项目状态了如指掌，才能将计划用于每个团队成员的时间管理。

还有质量问题，大家都知道质量管理是项目管理的一部分，都知道质量管理的重要性。但项目中质量管理人员到底应该做什么，什么情况下有权喊停，这些必须明确。如果没有制度上的保障，质量管理就会不断让路，最终的后果是质量管理变成了摆设，效果可想而知。

1.3.3 软技能

项目管理需要大量的沟通协调工作，涉及客户、伙伴、项目团队、项目干系人等多方面人员。是"人"在确定项目目标、推动项目进程，使用项目成果创造价值。因此，处理人际关系的各种"软技能"是项目经理的一项重要修炼。

而软技能"软"在没有标准的工具和方法可循，仅有一些原则，更多依赖于项目经理的素质和经验，因此是最难掌握的技能。有时会发现两个人使用同样的方法，取得的成效却不同，就是因为软技能水平的差异造成的。

软技能包括很多方面，例如沟通和协调、团队和激励、政治和文化意识。

1. 沟通和协调

沟通和协调一直被认为是决定项目成败的最重要的因素之一。事实上，只有少部分项目是因为技术的原因失败的，有的项目经理甚至本身就是一个技术专家，但是因为沟通出现了问题，所以无法获得客户和团队的支持，从而使周密的计划变成了废纸，最终导致项目失败。

沟通包括识别沟通对象、建立沟通渠道和明确沟通信息。其难点在于要根据不同的沟通对象的性格和背景采用适当的沟通方法和谈话角度，才能进行有效沟通。有个误区认为能"说"的人才是会沟通的人，其实"倾听"才是沟通最重要的环节之一，出色的沟通者会首先掌握他人的意愿及需求，然后才洞察问题所在，最终达成共识。谈判也是沟通的一种，目的是与利益相同或相背的人进行会谈以期达成妥协或协议[4]。谈判不仅是信息的交流，还要涉及利益的交换，几乎是项目经理的一项生存技能。

项目中的协调同样重要。项目需要满足一群人的期望，这些人员往往拥有不同的行为规范、背景和利益。弄清谁是干系人并不困难，困难的是要满足不同干系人的期望。如果各方对利益没有达成共识，会使项目从一开始就暗藏危机。

因此，巧妙地运用沟通技能协调各方关系和利益，找到各方共同点，将各方的关注点聚焦在同一个目标上，最终实现共赢，这是对项目经理最大的挑战之一。

2. 团队和激励

"找一些优秀的球员并不难，但让他们一起打球就困难了"。找到各方面的专家还不能保证项目成功，项目经理必须分享权力，让成员能够团结协作，为了共同的目标而努力工作。

团队建设需要员工之间的沟通，解决成员之间的冲突，营造和谐的氛围；

但最重要的是迅速凝聚成员，建立相互之间的信任和依赖。团队建设的难点在于团队成员都是活生生的人，"人"的工作态度，责任心和满意度直接影响项目的质量和效率。因此，项目经理个人能力多强并不重要，让团队具备超强的能力才是重要的。

有的项目经理虽然具备多方面专业知识和技能，但因为缺乏团队建设能力，因而团队人际关系紧张、骨干流失，甚至团队分裂，从而带来惨痛的损失和项目动荡。

项目经理有时觉得自己担负了这么多的重任，却好像没有什么权力进行奖惩。其实，项目经理更多时候需要靠领导力进行管理，需要靠决策过程透明、巧妙使用影响力来激发个人积极性。例如，员工满意度的最大来源之一是通过项目学到新的东西，项目经理分配有挑战性的任务，激发员工的学习热情，指导和鼓励他们成长，可能获得比经济激励更好的效果。

3. 政治和文化意识

组织中的政治因素是无法避免的，为此而失败的项目也不在少数。例如，出于"政治"目的而提出无法达到的目标（一般是过高的时间要求），或者为了遵从不同"上级"的意图而不断"折腾"造成动荡，或者高层的人事变动直接造成项目被迫终止。

政治因素可以带来冲突和压力，但也可能带来动力和契机。具备政治和文化意识，能巧妙利用"势能"影响决策过程，或者在正常组织关系难以驱动的情况下取得支持，可以帮助项目经理在困境下获得成功。反之，如果忽略或回避项目中的政治因素并且不恰当地运用权力，则会使项目经理陷入"四面楚歌"的困境。

1.4 项目经理的职业规划

小 M 想知道，如果做出了职业选择，成为一名项目经理，在工作中应该怎样开始自己的职业生涯呢？成为项目经理之后，又可以走向什么样的岗位呢？

S 总结合公司的职位体系，给出了一条可以参考的职业生涯路径，从助理项目经理开始，到项目经理、资深项目经理，直到项目总监，如图 1-2 所示。

知识技能	岗位			
	助理项目经理	项目经理	资深项目经理	项目总监
专业知识				
项目管理	★	★	★★	★★
技术知识	★	☆	☆	☆
行业知识			☆	★
财务知识			☆	★
实践技能				
项目管理	☆	★	★★	★★
商务技能		☆	★	★
客户关系			☆	★
需求理解			☆	★
业务策划			☆	★
软技能				
沟通协调	☆	★	★	★★
团队建设	☆	★	★★	★★
政治文化	☆	★	★	★★
传授指导		☆	★	★★

☆—学习；★—掌握；★★—精通

图 1-2 项目经理的发展地图

1.4.1 涉足项目管理

涉足项目管理可以从一个助理项目经理——项目经理的"助手"开始。在一个项目中，除了本职工作，可以向项目经理要求分担一部分项目管理工作。对于上级的项目经理来说，有人愿意主动帮他分担工作自然十分乐意，也会愿意进行指导和帮助。

在这个阶段的重点是"掌握知识"和"学习技能"。

第一，系统地阅读书籍和参加培训，掌握项目管理的知识，技术最好不要放手。

第二，学习项目管理技能。可以在项目经理指导下学习使用各种管理工具，了解工作流程。比如，组织一个会议，会前需要什么准备？怎么确定日程？怎么协调多人的时间？会议上怎么形成决议？事后怎么进行跟踪？这些执行中的问题在理论体系中可能不会提及，也可能只是短短的几句话，但在实践中却是形成执行力的基础。

第三，学习软技能，体验项目经理的角色。观察项目经理每天都做什么、处理问题的方法、与人接触的技巧。如果有机会独立管理一个小组，就借机学习如何进行团队管理。如果有机会帮着项目经理处理一些外部关系，也可以学习如何与客户和合作伙伴打交道。

这个阶段工作起来可以放松一点，因为还有老项目经理帮着补台，所以不必过于担心。如果觉得自己不适合做项目管理，还可以果断地退出，对自己和项目都不会造成太大的损失。

1.4.2 成为项目经理

在掌握了基本知识、熟悉了基本技能之后，一旦开始独立负责一个项目，就正式踏入了项目经理的职业生涯了。哪怕是担任一个小型或中型项目的项目经理，都不能再想"撂挑子"了，否则对于项目、客户和团队都有重大的影响。

这个阶段的重点是掌握"实践技能"和"软技能"。

第一，实践技能。独立负责一个项目时就会发现，项目的情况千变万化，照搬书本上的知识一定不够，只有根据实际情况选择适当的方法，将理论知识和具体实践相结合，才能处理各种情况。在实践中要不断积累经验，举一反三，将项目管理知识变成项目管理技能。

第二，软技能。这时可能会体会到：一把手和二把手的区别是很大的，遇到事情没有退路，遇到冲突没人补台。因此，需要学会韧性和斡旋，通过沟通解决问题，需要努力锤炼沟通和协调能力，勇敢面对"谈判"。

项目经理虽然已经成为全权"负责人"，但是需要通过他人完成工作，团队建设、激励鼓舞的能力就成为必备的能力。虽然软技能很难从书本上学习，但也并非没有经验可循。如果希望能有个可以商量和请教的人，原来的"教练"——老的项目经理的重要性就显示出来了，可以向他请教一些具体的问题。

在做项目的过程中，也是学习一些专业知识的好机会。项目一定属于某个行业，项目经理的周围往往就有行业内各方面的专家，朝夕相处的日子也是难得的学习机会。积极参加各种方案论证和评审，深入一些专业小组工作，不但可以增长行业知识，还能加深对项目细节的了解，增强对项目的把控。

另外有两点需要注意：第一，不要放松对技术知识的学习和更新，这样才能与项目成员顺畅地沟通。第二，财务知识的要求是无法回避的，尽管不需要很深入的了解，但至少应学会"算账"，否则无法对项目的损益负责。

1.4.3　成为资深项目经理

在项目经理的道路上经过不断地经验积累，对于各种实践技能和软技能"精通"之后，就算是该领域的"专家"了，暂且称之为资深项目经理吧。资深项目经理与项目经理的区别在于有能力管理大型复杂项目，这类项目往往由若干子项目构成，各个子项目被相对独立地进行管理，但子项目之间的依赖关系密切。

这个阶段的成长主题是"传授和指导"。对子项目不能通过命令进行管理，更多需要的是经验传授和案例指导。例如，帮助解决子项目中的具体难题，预见风险并提前帮助项目经理进行防范，指导团队建设和塑造氛围，在项目组中传递"企业文化"。

善于在项目中培养和指导新入行的项目经理，可以让自己的项目有吸引力，很多人都愿意加入这样的项目，主动当助手，谁不想跟着大师好好学习一下。传授的过程也是自我提高的过程，对经验和教训进行系统地总结，会将项目管理知识、技能和经验融会贯通，可以达到理论讲解而不是事例讲授层次。

如果一个项目经理能够走到这一步，已经有相当的成就了，对于单项目的管理已经完全不在话下。如果继续发展可以考虑转向业务。

资深项目经理对于挖掘新的项目机会有得天独厚的优势。他们能够接触到客户的高层，对于客户的业务和组织情况都非常了解，如果具备一定行业知识，了解新产品和新技术，就能够将客户的需求和公司的能力有机结合起来形成新的商机。

1.4.4　成为项目总监

项目总监在不同企业中有不同定位，但是基本都是负责一个（类）客户的项目群，为客户提供长期服务的唯一接口。项目总监与项目经理的区别：

- 管理方式上不再直接管理项目，而是通过项目经理管理项目。

- 时间跨度上也要大很多，从最初的需求理解、业务策划一直到最终的运维服务。
- 从职责上也从单纯的交付，过渡到发现新的机会，提供新的服务，拓展新的客户。

为了达到这些目的，项目总监需要几个方面的成长。

第一，客户关系。项目总监是客户服务的统一接口，在客户面前直接代表公司，必须与客户建立相互信赖关系。客户关系的第一个层次是要把客户的事情做好，没有这个前提就没有信赖可言。第二个层次，是帮助客户个体成功，了解不同个体的期望，通过项目让"客户"体现价值，建立稳固的关系。

第二，需求理解。技术人员往往更关心"系统怎么实现"，其实并不关心系统是干什么用的。但项目总监恰恰要关心"系统需要干什么"，因此，应该对客户的行业进行比较深入的了解，用客户的"语言"谈问题，才能识别客户需求。

第三，业务策划。从项目生命周期的角度看，如果能够与客户一起进行业务策划，进行可行性分析，帮助客户内部立项，不仅有助于承接项目，而且能了解项目对客户的业务运营的价值。这个过程需要项目总监具有一定IT规划的能力，以及对新技术、新产品的了解，将新的业务需求和新的方案相结合创造新的应用价值，不断为客户的IT进程注入新的内容。

第四，财务知识。由于项目总监是业务策划者，需要评估项目的投资收益、估算项目成本、确定收款节奏、最终核算项目损益，以保证项目的成果能够给客户带来预定的业务价值，同时给公司带来合理的利润。

到了项目总监阶段，对于基本素质和软技能也有了更高的要求。

第一，沟通和协调要求更高。随着解决方案的逐步深入和复杂，一个项目可能涉及的内外部资源越来越多，需要大量的沟通和协调工作。过程中，需要取得多方的支持，整合各方力量，平衡全局和伙伴利益，才能顺利完成方案制订、售前支持、合同签订等过程。另外，因为经常要面对众多客户和员工，不仅需要点对点的沟通能力，还要有比较好的宣讲能力，能感染众多的受众。

第二，团队和激励成为必要技能。项目总监作为项目群中人力资源的调配者，除了要从公司中获取资源，很多情况下需要自己获取和组织资源，有计划地培养骨干和建立团队。有些事情要"举重若轻"，尽管自己要承担很大压力,却要在下属面前表现得非常轻松。有的事情要"举轻若重",除了自己要承担压力,还要向下传递压力,让项目团队重视并激发效率。这种"压力"传递还要因人而异把握好尺度,不能把人压垮,也不能没有压力。面对的人抗压能力强就直接把话说透,面对的人比较敏感就只能把话点到为止。

如果经历了上述的过程,知道了怎样开辟一个项目群并进行管理,就可以不断发掘新的项目机会、不断拓展和成长。具备了业务开拓能力,在公司的支持下基本就可以独立负责某一类客户的业务了。沿着这样的轨迹发展下去,距离一名总经理也就并不遥远了。

第 2 章

当个小组长——项目管理初体验

2.1 机会是自己创造的

小 M 立志要成为项目经理之后陆续参加了一系列的项目管理培训。不过，培训只是纸上谈兵，要掌握学到的知识必须通过实践。但是，对于小 M 这样没有管理经验的技术人员来说，要找到一个实践机会谈何容易？

就拿小 M 当前参与的这个项目来说吧，因为是公司最重要的产品开发项目，所以称为"1 号工程"。"1 号工程"分为三大部分，相应地由三个组负责开发：

- 前台组负责开发用户终端上的交互系统，包括屏幕界面、凭证打印、磁条读写等设备上的驱动控制。
- 后台组负责开发服务器上的应用程序，控制业务流程并完成数据处理。
- 平台组主要负责开发前后台之间的通信模块，还负责底层组件和通用模块。

因为"1 号工程"规模很大、关联复杂，所以项目经理由 S 总直接兼任，下面三个开发组的"组长"都是技术扎实、精通管理、身经百战的资深前辈。在这样一个项目里小 M 除了做具体的开发工作，其他的管理事务还真插不上手。

不过，细心的小 M 还是发现了一个机会。在前台组开发的交互系统中，屏幕界面和凭证打印的控制程序虽然逻辑简单，但是数量很多。传统的做法是开发人员对着需求规格在电脑上一个一个地手工"画"组件，虽然只是拖拖拽拽的工作，但是耗时耗力、一不小心也会出错。因此，小 M 和其他一些比较"懒"的工程师就都私下做了一些小工具。有的人将需求规格一部分"抠"出来生成一个屏幕"定义文件"，通过一个小程序就能生成屏幕，然后只要简单调试一下就能完工。还有人写的小程序能直接从数据字典中提取屏幕上各字段的属性和长度，免去了一个一个进行手工设置的烦恼。小 M 想，如果把大家手里的这些零散的工具收集起来，按照开发过程整合为一个"快速开发工具"，不就可以节省大量的重复劳动了吗？

小 M 的想法引起了 S 总很大的兴趣，立刻同意小 M 做一个原型系统验证可行性。小 M 基本功还是比较扎实的，几天工夫就把原型做出来了！S 总最先看到了原型，虽然它界面简陋，功能也很简单，但是能省去很多繁复的重复劳动。

于是 S 总马上安排小 M 向"1 号工程"的三个组长和主要技术骨干进行了演示。看过原型之后参会人员的反应都很积极，决定成立一个独立的"快速开发工具"小组负责将原型扩充完善成一个实用工具。小 M 理所当然地成了这个小组的负责人并可以直接向 S 总汇报。S 总还同意抽调三个人给小 M，期望快速开发工具能在 1 号工程大规模开发的时候投入使用。

就这样，小 M 成了一个小组长！虽然算不上真正意义上的项目经理，但总算有了一个项目管理的实践机会。

2.2 领导要有领导样

对于小 M 这么快就负责一个独立小组，有人赞许，有人羡慕，有人嫉妒。对于来自周围这些千差万别的看法，小 M 心里虽然充满兴奋，但嘴上总是"洒脱又不失谦虚"地说："尽力而为、尽力而为，不行就当练练手吧。"

很快第一个小组成员来报到了。这是位有经验又敬业的开发人员，因为太太刚刚生了孩子不便出差，所以临时从客户现场调回来做产品开发。这位老兄年纪比小 M 大，资历比小 M 深，但对小 M 非常客气；小 M 也不敢怠慢，客客气气地称他为"大师兄"。大师兄虽然人在 1 号工程，但跟客户现场的项目组还经常电话联系。小 M 每次听到他在电话中自然流露出的那种亲密，再联想到对自己的那种客气，不免有些遗憾。

小 M 和大师兄立刻开始与三个小组的代表讨论"快速开发工具"的具体需求。可能是因为快速开发工具对前台帮助最大的缘故，前台组长亲自参加了会议。大家都对这个工具寄予了厚望，你一言我一语地很快就列了 20 多项需求。

看着这么多的需求小 M 渐渐地紧张了起来。凭自己和大师兄，以及另外两个还不知道在哪里的组员，怎么也不可能做完这么多事啊！于是，小 M 小心翼翼地提出是否可以减少一些不"重要"的需求。可是无论要减哪个需求，它的"主人"都会立刻说这是重要需求不能减，并且真能举出应用场景和带来的好处。

会议开了两个多小时仍僵持不下。后来，前台组长提出了一个更"过分"的需求，要求通过屏幕组件反向生成"定义文件"，这样前台组程序员就不用直接写代码了。小 M 刚解释说这个功能实现难度太大，前台组长马上反唇相讥："你行不行啊？不行就别接这活儿啊！"听到这话小 M 终于沉不住气了，站起来吼道："谁能接谁接吧！我不干了！"然后留下会议室里面面相觑的同事愤然离去。

带着一肚子气小 M 来到了 S 总办公室，一把推开门就嚷嚷开了："我不干了！我不干了！"门外的同事看到小 M 这副气急败坏的样子不知道发生了什么事，都纷纷探头往这边张望起来。

S 总愣了一下，站起身来绕过小 M 把门关上说："别急，有话慢慢说。"小 M 将刚才情况原原本本地说了一遍。S 总认真地听着，脸色却越来越难看。小 M 认为 S 总一定是对那三个小组的做法生气了，没想到 S 总却厉声地对小 M 说："你真的想好了吗？如果决定不干了，现在我就换人！"小 M 吓了一跳，这可是他第一次看到 S 总发这么大火！

S 总看到小 M 被吓住了，稍微停顿了一下但仍然非常严肃地说："无论管几个人你都是个领导了！但你现在的样子就像个找老师告状的小学生！前几天就听说你到处嘟嗫说只想用这个项目练练手，今天还真就要撂挑子？你想到过肩上的责任吗？想到过大家的信任么？"

听到这话，小 M 知道 S 总为什么发这么大的火了，这是"恨铁不成钢"啊！自己一没经验二没资历，S 总完全是出于信任才对他委以重任的，自己动不动就要撂挑子，S 总怎能不生气？大师兄怎能不动摇？其他人怎能不怀疑自己的稳定性？

想到这里小 M 真有点不好意思起来，不停地搓着手，然后长出了一口气说："我错了……"看到小 M 接受了批评，S 总略微缓和了一下，认真地说："你的角色已经发生变化了，你发牢骚会影响到很多人，甚至会动摇军心！咱们约法三章：第一，除非真想走人今后不可以再说不干了；第二，任何场合都不许发牢骚；第三，要发牢骚只能关起门来对我发！记住——领导要有领导样!"

2.3 先定规则再做取舍

听了 S 总的约法三章,小 M 冷静了也平静了,开始跟 S 总商量对策。小 M 说:"我也知道不能加人了。但这个项目有两个后墙不倒的条件:第一,时间只有 6 个星期,必须赶在大规模开发之前完成,否则这个开发工具就没有啥意义了。第二,4 个人的编制、6 周能完成的工作也就那么多。可是他们都觉得自己的需求重要,不同意减啊!"

S 总笑了笑:"这几个组长都是'老奸巨猾',都想用你的力量解决他们的问题!你问过他们没有,什么才叫最重要的功能?!"小 M 愣了一下:"这个,还真没问……"

S 总说:"呵呵,之所以做这个项目,是想提高开发的效率和质量,但是这是需要投入的!重要不仅要看能带来多少好处,还要算算需要多少投入!如果投入的工作量是 1 人天,能省的工作量是 5 人天,则投资收益比就是 5;如果投入的工作量是 1 人天,能省的工作量也是 1 人天,则投资收益比是 1,做不做工具没什么区别。站在公司角度,投资收益比大的才是最重要的;站在三个组长角度,他们不需要投入,做什么都稳赚不赔,所以能多争取一点是一点啦!"

小 M 恍然大悟,怪不得三个小组都不让步,看来,应该先把"什么是重要的"这个原则定下来才有取舍的依据。商量之后 S 总让小 M 做两件事:第一,整理个表格,把所有的需求列出来。由小 M 评估投入的工作量;由三个组长评估能省的工作量。第二,通知三个组长明天中午 12 点开会确定需求,而且 S 总会参加。

小 M 奇怪为什么选 12 点这个时间开会,下午 1:00 就要上班了,1 个小时怕来不及吧。S 总笑了笑:"这个时间他们没有理由请假,也没有时间扯皮。"

小 M 准备好表格,为了保险起见亲自拜访了 3 个组长,请他们评估每个需求能节约的工作量,并通知第二天中午 12 点参会。果然,有的组长刚开始推脱不想参会,后来听说 S 总参会,又找不出请假理由就只好答应了。小 M 心里说:S 总果然英明!

晚上 S 总打来电话,让小 M 把整理好的表格先给他看看,又指点小 M 进行了一些修改。小 M 心里非常钦佩 S 总认真细致的工作态度。

第二天中午 12 点大家准时到会。小 M 简单介绍了情况，开门见山地说按照 6 周工期昨天谈的需求不可能全部做完，因此要定夺需求范围。

小 M 话音还没落，几个前辈纷纷表态都说自己小组的需求绝对不能砍。等大家都说完了 S 总才慢慢地说："咱都是做技术的，这个小组才 4 个人，他们 6 个星期能做出点什么大家都应该心里有底吧？不减需求就要从你们的组里抽调人员了，同意吗？"一听要抽调自己的人，三个组长纷纷表示那还是减需求吧！

S 总说："一个星期 5 天，6 周就是 30 个工作日，4 个人干 6 周也就是 120 人天的产能。好钢用在刀刃上，这些产能必须首先完成收效最大的需求，对不对？"看大家都提不出啥异议，S 总说："同意这个原则那就好谈了。"

于是，S 总请小 M 拿出昨晚整理好的表格，上面列出了每个需求的工作量是多少，预计可能节约的工作量是多少，并按投资收益由高到低的顺序排列。大家对小 M 评估的开发工作量虽然做了一定的调整，但是排列顺序没有大的改变，见表 2-1。

表 2-1 投入产出评估表

序号	需求	投入工作量人/天	节约工作量人/天	投入产出
1	生成界面组件	40	300	7.5
2	屏幕事件控制	20	120	6.0
3	报文封装程序	10	60	6.0
4	报文解析程序	10	50	5.0
5	报表驱动程序	20	80	4.0
6	凭证打印程序（兼容打印机）	20	80	4.0
7	凭证打印程序（非兼容打印机）	40	80	2.0
8	反向解析屏幕事件控制代码	50	80	1.6
……	……	……	……	……

接下来小 M 从第 1 个需求开始逐项往下累加投入的工作量，结果加到第 6 个需求的时候工作量就满 120 人天了。S 总说："这就是需求边界啦。"

后台和平台两个组长最先表态说没有问题，但那位难缠的前台组长一直若有所思地没开口。小 M 紧张地盯着他怕他又要发难了。没想到他说："第 7 项需求虽然不能节省太多工作量，但是可以提高开发质量。我们前台组派一个人参加这个小组，把第 7 项一起做了吧。这样我们自己受益，快速开发工具也相对完整。"听到这话小 M 心里一块石头落了地，对前台组长油然产生了敬仰之情。

小 M 看了看表，昨天吵了两个多钟头都没结论，今天一共才开了 30 分钟的会就确定了需求范围，还意外收获了一个组员。小 M 感慨，姜还是老的辣啊！S 总没有去讨价还价，而是先定下共同认可的规则再一刀斩下，如此棘手的问题就这么迎刃而解了。

2.4 让我回去商量一下

下午前台组派来的人报到了，是个穿着西装、留着板寸的帅哥，手边还经常端着一杯咖啡小口呷着。这扮相在 IT 行业还真有点特立独行，所以大家都叫他"发哥"。

紧接着两个刚刚毕业的新员工也报到了。他们在入职培训中表现突出，被 S 总看中后直接截留到了小 M 的小组。两人中一个来自南方，身体结实，不像 IT 男倒是像个武师，大家都叫他"南拳"；另一个是北方人，高高的个子，长长的腿，大家都叫他"北腿"。

大师兄、发哥、南拳和北腿，小 M 转眼之间成了 4 个人的领导！

相互熟悉了一下之后，小组一起讨论了工作计划和分工。商量后决定小 M 带南拳负责第 1、第 2 项需求，主攻界面组件和屏幕事件控制程序；大师兄带北腿和发哥负责第 3~7 项需求，主攻报文处理和各种打印程序。

会后小 M 马上跟前台组长打电话约时间确认功能。电话刚打通，还没等小 M 说完前台组长就痛痛快快地说："你现在就过来吧，我在会议室呢。"小 M 满心欢喜，没想到前台组长对自己的工作这么支持。

到了会议室，小 M 发现除了前台组长，还有后台组长和几个技术骨干。上个会好像刚刚结束，桌子上堆着一大摞文档，白板上画得乱七八糟，明显是激烈地讨论过什么问题。后台组长一边收拾东西，一边神秘地对小 M 挤了挤眼睛说："好的，后面就看你的了！"

小 M 刚坐下，前台组长马上介绍，刚刚前后台两组之间争论了半天，终于确定了功能部署的原则，现在正好该跟小 M 讨论这个问题。"功能部署？"看着小 M 一脸困惑样子，前台组长耐心地跟小 M 解释起来：

"需求规格只会明确需要实现什么功能，至于功能放在前台还是后台实现并无要求。但是，同样功能放在不同的地方实现效果不同。例如，如果把账号和户名的一致性校验功能放在前台，用户输错了账号后系统会立刻报错，用户纠正后才能继续输入；如果将校验功能放在后台，用户需要输入全部信息提交之后，才会接到后台返回的错误提示。从客户体验上看，校验功能放在前台合理；但是，从系统部署和后期维护角度看，校验功能放在后台更简单方便。因此，功能部署必须综合考虑用户体验、系统开销和运行维护等多种因素才能确定最终原则……"

小M正纳闷前台组长为什么这么细心地跟自己说这些呢，突然发现前台组长正"不怀好意"地盯着自己笑，心里立刻涌出一种不祥的预感。果然，前台组长突然拍拍小M的肩膀、充满信赖地说："刚刚跟后台组确定，大部分校验功能放在前台实现。但我觉得你们组用工具实现才最合适！你们肯定行！这样我们前台组的工作就轻松多喽！"

听到这话小M气就不打一处来！光想着前台组轻松了，怎么不想想我们组又要增加工作量呢！看着前台组长那一脸坏笑、顿时一股热血涌上脑门，恨不得冲他大吼一声"没门"。可小M无意间扫了一眼会议室，发现大家都屏着气看着自己呢。突然想到与S总约定："领导要有领导样，什么时候都不能发牢骚"，于是强忍怒火没说话，转而默默地盯着前台组长端详起来。

说实话，对这位前端组长小M总觉得捉摸不透；公司有人说他很"狡猾"，经常连蒙带唬地达到目的；可从他派发哥加入自己小组的这件事上，又觉得他很大气；不过，这会儿刚刚有的一点好感又荡然无存了！

小M仔细品味他那半真半假的微笑，觉得他这是在"将"自己呢！如果自己发火，就是承认不行呗；如果忍耐着接下来，他正求之不得！想到这里小M觉得不能意气用事，应该认真地沟通才行，于是问道："你能先把功能清单给我看看吗？"

前台组长本以为小M又会像以前那样暴跳如雷，发现小M居然没有生气倒是有点意外，于是换了一副相对真实的笑脸，拿起笔记本电脑走到小M旁边，把电脑屏幕往小M方向一转："喏，这就是校验需求的功能清单……"

不看不知道，一看吓一跳！小M发现这个清单不仅内容多，中间有好多名词都不知道是什么意思。这可怎么办？想来想去只好来个缓兵之计："要不你把文件发给我，让我回去商量一下。"前台组长没反对，但是马上追问："什么时候能给我个答复啊？"小M硬着头皮说："明天中午吧！"

拿着功能清单小 M 一路小跑地回到小组，赶紧跟大家商量该怎么办。大师兄和发哥是有实际经验的"老人"，两人看了一遍之后对小 M 说："这活儿咱大部分可以接啊！"

听到这话小 M 心里安稳多了，但嘴上还是着急地问："怎么个接法儿啊？"看到小 M 一副焦急的样子，发哥故意拖着长声卖起关子来："出具体方案的话晚上要加班了，这个……这个……"小 M 自然明白啥意思，马上说："老规矩，夜宵我请，地方你定！"大师兄和发哥笑了起来："这还差不多！"

五个人对着功能清单认真研究起来。遇到不明白的名词，知道的人就解释给不知道的听；遇到搞不清楚的问题，大师兄和发哥就打电话请教各自的朋友。还是人多力量大，渐渐地大家思路就明确了。原来，功能清单的内容虽多，但是整理之后基本上可以归为几类，而每一类的处理方式基本一致：

- 有效性校验。简单的如日期，格式为 YYYY-MM-DD，月份、日期必须在有效范围；复杂一些的如手机号码，格式预置为 000-0000-0000，当输入 13612345678 自动显示 136-1234-5678，这样容易判别是否为有效号码。
- 规则校验。通过明确的业务规则校验数据合法性。比如某种账号的长度 18 位，前 17 位是序列号，第 18 位是校验位；系统可以按照约定规则根据前 17 位计算出第 18 位应该是多少，再与第 18 位实际值进行比对。如果一致就是正确的，如果不一致就说明有输错的地方。
- 双敲校验。通过验证两次输入值是否一致来确保数据输入的正确性。例如设置初始密码的时候，要求两次输入一样才认为设置成功。
- 双人校验：通过验证两个人对于同一字段的输入值是否一致来确保数据输入的正确性。例如，对于某个关键字段，可以在第一人录入之后将凭证转交给第二个人再录入一遍，如果两个人两次输入一致则认为数据有效。
- 授权控制：对某些字段设置一定条件，满足条件之后必须请高级主管授权才能继续进行。例如，交易金额大于某个限定条件时，则主管屏幕上弹出授权请求，主管输入正确密码后才能进行。

……

分类整理之后大家马上一起商量技术方案。讨论后发现，如果校验的流程标准且只涉及一个字段就容易用快速开发工具实现；因为只要标识出对一个字段需要进行哪种校验，就可以在进入或离开这个字段时通过触发一个程序进行控制。大概测算了一下，这类相对标准的校验功能占了清单中总需求的85%以上，看来前台组长希望小 M 他们完成校验功能的想法不无道理。对于剩余的 15% 的需求，因为涉及两个及两个以上字段的组合逻辑，快速开发工具无法确定字段之间的关联，所以实现难度较大，还是前台组自己实现比较合理。

小 M 把这些结论记录下来并整理成文档，大家一起把方案仔细看了一遍，又进行了一些修改，然后兴高采烈地吃大排档去了。小 M 怕有疏漏，吃完夜宵之后又把方案看了一遍，这才放心地睡觉了。

第二天中午 12 点，小 M 准时找到了前台组长。前台组长说"怎么样？都能实现吧！"小 M 没有正面回答，而是说："我们逐条过了一遍需求，整理了一个方案，要不您先看看方案？"前台组长扫了一眼小 M 的文件，有点调侃地说："怎么搞得这么复杂啊？"但是在后来小 M 介绍方案的整个过程中，他却一直非常认真地听着没有打断。

介绍完方案之后，前台组长重点询问了剩余 15% 不能实现的功能的原因，又提了一些具体的技术问题，然后就开始讨论双方的接口标准和实现方式。半个多小时之后，前台组长伸了个懒腰，一脸轻松地说："行了，就这样吧！一起吃饭去！一会儿食堂就没啥好菜了。"听到这话小 M 有点被闪着了，对比昨天他那咄咄逼人的架势，今天问题解决得也太轻松了。小 M 不敢相信又追问了一次："就这么定了？"前台组长说："是啊，你们想得比我仔细多了！"

听到这话小 M 明白为什么很多人说前台组长"狡猾"。昨天，他不断施加压力是为了把小 M 逼到绝处，这样小 M 和他的团队才会重视此事并认真准备！今天，当他看到方案的详细程度就知道这肯定是深思熟虑的结果，他的目的达到了！

"真是老奸巨猾"，小 M 心里笑骂道，回想起来也有点后怕，如果昨天不是及时控制住了情绪可能早已贸然跟他顶撞起来；更可怕的是，自己连问题都没弄清楚，争吵起来不仅不可能有结果，还会伤害大家的感情！

现在，小 M 对自己在这次"事件"中的应对措施很满意。确实，面对抛过来的问题，先别急着防卫，不妨先后退一步，分析清楚之后再去应对。

2.5 一图胜千言

虽然快速开发工具是个内部的项目，但也要确定需求规格。因此在功能范围明确之后随即开始需求调研,因为未来的"用户"既是同事又是技术人员,所以第一天的调研工作非常顺利。

"用户"一张口就滔滔不绝地讲解开来:一个功能的工作流程应该包括哪些步骤,每个步骤应该用什么界面,界面上应该有哪些字段,字段的长度、类型、格式和显示方式应该怎么样,字段之间逻辑关系如何,出了错误怎么处理等等都说得清清楚楚,甚至对界面布局和实现方法都会直接给出建议。

晚上小 M 按照调研的记录整理出了需求规格文档,第二天一早就请对方确认。没想到昨天还滔滔不绝的调研对象看了需求规格之后却连连摇头,表示与自己的描述相去甚远。虽然有点不以为然,但小 M 只好按照"用户"的要求进行修改并再次确认,这样反复了两三次之后才最终完成。

一轮下来小 M 就发现沟通方法有问题了:界面是非常形象具体的东西,说的人其实脑子里都有一个画面。现在的调研方式其实是一个人在描述自己脑子中的画面,一个人再根据听到的描述勾勒还原别人脑子中的画面。这个转换过程有点多余,也容易出问题。

首先,语言描述的歧义性比较大,比如,"三角在圆的上面"这样一句话就可能有两种理解,而且两种都是对的,如图 2-1 所示。因此,沟通的双方虽然说着同样的话,脑子里却可能是完全不同的画面。

图 2-1 语言歧义:三角在圆的上面

其次,语言的传递过程是线性的,不利于表达复杂的结构关系。如果一个功能的工作场景比较复杂,涉及多个画面,用语言就很难描述清楚这些结构关系了。甚至有时说的人已经在描述下一个画面了,听的人脑子里还停在上一个画面中,因此越说越远。

小 M 试着改变了访谈的方式——把语言描述改成"看图说话"。如果想讨论一个界面,就把这个界面的草图用铅笔画出来,然后对着草图边谈边改。界面上有哪些字段、字段的规格和逻辑关系都可以标注在草图上，对着同一个图讨论就不会有歧义了。如果要讨论工作流程这样比较抽象的东西，就画个流程图，将抽象的流程转变成具体的流程图。

比较麻烦的是一些复杂的流程，根据不同的执行情况会跳转到不同画面，因此很难在一张纸上表述清楚。小M想起了电影里指挥中心的那种大型作战图，于是找来了一块巨大的白板，先把完整的流程画在上面，再把每个环节上的界面草图贴在对应的节点上。这样，一个复杂流程的工作场景就尽收眼底了：流程从哪个画面进入，完成一个步骤之后进入哪个画面，出错了切换到哪个画面。因为所有的讨论都集中在一张大图上，所以怎么切换场景都不会跑题，如图2-2所示。

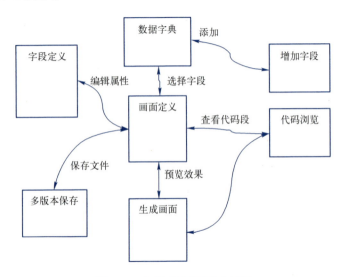

图2-2　白板+草图画复杂场景

这种白板加草图的方式虽然土了点，但因为整体感强、产生歧义少，基本可以一次性地确认需求规格，所以很快成了大家的标准工具。

当然，完成草图之后还需要整理需求规格文档。大家发现，根据草图已经可以进行界面的开发了。而把草图整理成的文档工作量和直接开发出界面的工作量其实差不多，还不如跳过文档环节直接开发界面原型呢！如果在界面原型上增加一些简单的控制，就可以演示流程的执行效果，用户特别容易理解。

小M也觉得这个建议非常好，于是自作主张将需求规格文档省了，让大家拿着草图直接开发界面，以后有空再把草图整理成文档。大家都认可这种事半功倍的创新方法！大师兄虽然有保留意见，但只能提醒小 M 千万保存好那些铅笔草图，否则以后其他人只有通过看代码才能了解最初的需求是什么了。

通过界面原型交流一般只要第二次确认就能精确锁定需求，所以大家逐渐摸索出了"讨论、确认、锁定"的工作三部曲：

第一天，白天讨论需求，完成铅笔草图；晚上，将草图开发成界面原型。

第二天，确认界面原型的执行效果，收集修改意见；晚上进行修改。

第三天，再次演示界面原型的修改结果，锁定需求规格。

如果有多个流程需要调研，滚动起来的工作日历就像表 2-2 这样。

表 2-2 规格确认三部曲

D1	D2	D3	D4	
	确认 A 流程界面	锁定 A 流程界面 确认 B 流程界面	锁定 B 流程界面 确认 C 流程界面	……
讨论 A 流程	讨论 B 流程草图	讨论 C 流程草图	讨论 D 流程草图	……
开发 A 流程界面	修改 A 流程界面 开发 B 流程界面	修改 B 流程界面 开发 C 流程界面	修改 C 流程界面 开发 D 流程界面	……

这种工作方法效率很高，强度也确实很大，每天晚上都要加班。但是团队的工作热情更高，从来没有人抱怨。经过 1 周紧张工作，快速开发工具的界面原型终于完成了。通过实际演示用户对于系统功能甚至以后如何使用都比较清楚了，并对这个图形化的分析方法给予了一致好评。

2.6 过程为实践服务

界面原型顺利完成之后，整个团队都想立刻甩开膀子写代码！但是，进入开发阶段之前必须进行过程审计。公司的质量经理审计之后认为诸多事项与公司的过程规范严重不符，在完成整改之前不同意进行开发。小 M 一下子就郁闷了：

第一，需求规格不符合公司规范。虽然做出了界面原型，但是原始需求除了那些铅笔草图，没有任何电子文档。第二，设计严重欠缺。系统架构、数据库都没有认真设计，每个模块的输入输出、处理流程、数据库接口、异常处理、提示信息等更是没有提及。第三，没有开发规范。按公司要求编码前要确定完整的开发规范，并对所有的开发人员进行培训，现在没有一点准备。第四，工作计划不足。除了有个简单的进度计划，其他如配置管理计划、测试计划、质量保证计划等文档一概没有……

用质量经理的话说这就是个"三无"项目，是个负面典型！小 M 苦苦哀求，以"时间紧、任务重"为由希望网开一面，承诺开发完成之后一定补文档。质量经理对小 M 的这套说辞太熟悉了，根本不予理睬。说实话，以前审计中发现文档偷工减料是常事，如果要求严格项目组还可能会补上，一旦松动，项目结束后人就"一哄而散了"，以后质量经理找谁去？

小 M 也知道，文档不全最苦的是以后接手的维护人员。面对天书一样的代码绝对不敢轻举妄动。现在，公司的管理已经日趋严格，给予了质量经理非常大的权限，审计不合格就是可以暂停项目。看来这个"文档"的槛是过不去了！

质量经理离开小组之后，小 M 和大家一起商量对策。发哥提议做点文档应付检查，从以往的经验看，检查时对形式的关注大于内容，有一些小窍门可以保证审计过关。南拳和北腿对这种糊弄人的做法很不屑，认为糊弄人的东西再少也是浪费时间。大师兄经验多，也吃过没有文档的苦头，建议拣重要的文档好好整理一下，不重要的就糊弄糊弄。

小 M 比较赞同大师兄的建议，但是有个现实的问题：快速开发工具有一定的实验性质，有些实现方法只是设想，需要写代码进行验证；验证通不过的话还要尝试其他方法。也就是说，很多情况下是完成编码才能确定设计，设计文档现在想写也写不出来呀！

小 M 拿不定主意了，只好找到 S 总商量对策。S 总也觉得问题有点棘手，于是带着小 M 一起找主管质量的公司高层领导商量。第一次见高层领导小 M 还真有点紧张，越想注意遣词造句就越是前言不搭后语。S 总听着着急，直接三言两语就把问题说清楚了。

听完两位的解释，高层领导又问了一些问题，然后说："刚刚进行的审计过程确实有一些偏差。根据你的描述质量经理是按照'瀑布模型'的过程规范审计你们的项目的，但我初步听下来你们更像是按'原型法'的过程进行开发。这两种方法的流程和文档要求差别很大。这样吧，我安排一个有经验的过程改进的大拿帮你们梳理一下过程和文档吧。"

听说自己的问题有解，小 M 立刻请那位过程改进的大拿到项目组现场解决问题。大拿先是了解了需求范围和前期工作内容，然后问小 M 怎么选择的开发模型。

小 M 听得一头雾水：选择开发模型？公司的规范不就是那一大本书，哪里有什么好选的？大拿说，就在那一大本里有专门介绍如何选择开发模型的章节啊。这下小 M 有点不好意思了，说实话大家一看到那一大本过程规范就头痛，很少有人认真地看过一遍，自己真不清楚里面还有这些内容。

在大拿的指点下，小 M 才发现过程规范里有好几种开发模型，只是因为大家常用瀑布模型，所以原型法、增量法什么的都没有注意看。通过进一步沟通大拿觉得小 M 他们的开发过程更接近原型法，也就是先构造一个功能简单的小系统，然后不断扩充、逐步完善，直到形成一个满足用户需求的真实系统。如果用原型法，大拿建议大致过程如下：

第一步，做出界面原型演示工作原理和交互的过程，这一步小 M 他们已经完成。

第二步，通过编码验证关键功能的实现方法，然后分别开发各模块。这时系统可以先不连接起来，而是通过一些临时的驱动程序模拟模块的输入和输出，以降低验证的复杂度。

第三步，把各模块连接起来，用真实数据串接整个流程，把原型系统演化成为真实系统。

听到这里小 M 觉得真是遇到救星了，跟自己以前设想的路径几乎一样！但是，其他人似乎更关心能省哪些文档。结合项目的实际情况，大拿对文档进行了裁减并确定了几个必需的文档。

1）需求规格：那些铅笔画的草图可以作为临时的需求规格，只是在项目完成之后必须整理成规范的文档。需求规格不能省略，即使有了界面原型，但如果根据界面原型反向推测原始需求得费多大的精力！

2）接口定义：快速开发工具结构简单，性能要求不高，不需要进行架构设计。但是接口设计还是必要的，必须说明模块相互之间的调用关系和接口标准。

3）设计文件：数据库一定要完成设计，这部分不能省。简单的程序有过程的文字说明——编码前怎么也要先有个思路嘛；逻辑复杂的程序必须画出流程图，否则以后的维护人员得"看着零件猜它是怎么加工出来的"。

4）开发规范：这部分公司有现成的模板和样例，其实不需要写很多东西，只要根据项目实际情况选用就行。命名规范、编码规范、异常处理和提示信息等应该形成统一的标准，而且应该全员培训。特别容易忽略的是异常处理和提示信息规范，如果出错了都只写一行"××××出现错误"，测试时怎么定位错误？用户怎么知道该如何应对？

还有，进度计划也需要项目组自己根据实际情况细化。但是其余的管理文档大拿答应安排一个质量经理帮助整理。

听完大拿的指教小 M 心情豁然开朗，不仅对这位大拿的专业精神赞不绝口，对那一大本过程规范也突然有了几分好感。后来小 M 才知道，那位大拿以前可是位开发高手，为了确保过程规范不脱离实践公司才"忍痛"将他从开发部门调出来的。

随后的几天时间里，项目组紧张地完成了系统设计、文档整理和规范培训工作。其实，磨刀不误砍柴工，虽然多花了这点时间，但大家对整个开发过程和实现步骤清晰多了，对整体架构、调用关系和接口也都确认了，特别是大家觉得开发规范培训对提高后续的开发效率和质量帮助非常大。

正如大拿所说，规范是从实践中产生的，凝结了很多人的智慧和经验，遵守它可以少走很多弯路；同时，规范又是为实践服务的，实践变化了规范也要不断改进，两者只有相辅相成、有机结合才能达成目标。

2.7 惊人的混乱、惊人的效率

进入开发阶段之后小 M 的小组工作异常紧张。为了沟通方便小 M 强烈请求将小组集中在一起办公。公司只有一间朝西的小会议室空着，但那间会议室西晒比较严重，一到下午就比较热，一般人都不愿意用。小 M 他们好像对这些丝毫不在意，毫不犹豫地搬了进去，然后就挤在一起热火朝天地工作了。

开发过程相对顺利，但是联调阶段遇到的困难远远超出了想象，所有成员好像上了发条一样没日没夜地开发、测试、修改、再测试……因为他们上班时间很少走出小会议室，所以他们成了公司里最"神秘"的一个小组。而同事们对这个"神秘"的小组也是褒贬不一：有人觉得这个小组开发质量不高，不停地修改返工；也有人觉得这个小组工作效率很高，出现问题改得极快。有人觉得这个小组有干劲有活力，也有人反映这个小组不守纪律、偷偷在会议室吸烟……听到这些截然不同的声音 S 总觉得有点好奇，于是决定亲自去看看。

这天中午，S 总午饭后"顺便"溜达到了小 M 的房间，一进门就微微皱起了眉头：中午时分气温高外加西晒，使得房间里有点闷热；为防止阳光直射，屋里拉着窗帘，显得有点昏暗。西面墙边乱七八糟地堆着各种测试用的打印机，一团团连线乱成麻花；几条电线横穿房间接到了东边墙边的服务器上，成了一道绊马索;地板上散落着各种打印纸,为了省纸正反面都打印了多次,所以图案光怪陆离的……说实话,工作环境有点儿差。

房间中间的一张会议桌上放着电脑、读卡器和密码键盘等外接设备,另外还散乱地堆放着一摞摞的缺陷跟踪表(用于记录问题并跟踪解决的表格),5 个人就埋在这里面闷头工作。S 总注意到桌子上虽然乱但却没放一个水杯。水杯是要严格远离设备的,否则一旦打翻就是灾难,这点上看来他们还是满守规矩的。

看到 S 总到来,大家都只是象征性地起身打了个招呼,随后又都低头干活了。

S 总一回头,看到门口旁边的一个小桌子上堆着不少吃的,全是典型的"IT"食品,有方便面、火腿肠、咖啡、可乐和饼干等。小桌旁边的垃圾桶堆得冒尖了,都是残留着汤水的方便面纸桶,不用问中午饭他们是在办公室里解决的。但是,细心的 S 总随即发现垃圾桶里有个纸杯虽然用餐巾纸盖着,里面还是露出了几个烟头和褐色烟水,显然有人在办公室里偷偷地吸烟了。办公场所严禁吸烟,何况还有这么多设备!S 总心里有些生气,但忍住没有当场揭穿。

房间里最引人注目的一块白板,上面写着五个人的名字,每个人的名字下面挂着一串数字。S 总问:"每个人名字下面的这些数字是什么意思?"小 M 说:"是缺陷跟踪表的编号,每个人名字后面的列表是今天需要修改完成的清单。那些已经完成了的都划了线,如果有新单子来就加列表后面,每人每天的目标就是清空自己的尾巴!"

小 M	南拳	大师兄	北腿	发哥
~~0011~~	~~0019~~	~~0020~~	~~0021~~	~~0022~~
0012	0023	0024	0025	0026
~~0013~~	~~0027~~	~~0028~~	~~0029~~	~~0030~~
~~0014~~	~~0031~~	~~0032~~	~~0033~~	~~0034~~
~~0115~~	~~0035~~	~~0036~~	~~0037~~	~~0038~~
0066	~~0039~~	0040	~~0041~~	0042
0077	0043	0044	~~0045~~	0046
0078	0047	0048	0049	0050
0051	0053	0067	0069	0071

清空尾巴!这真是个非常简单的目标,但绝对不是个简单的任务。测试中新的问题会不断出现,只有修改的速度大于问题出现的速度才可能清空尾巴,而且还必须保证工作质量,否则可能改好一个老问题又带出两个新问题。看着

大家皱巴巴的衬衣，发哥毛刺丸子的发型，就知道他们的这种工作方式已经持续了一段时间了。

　　一边是惊人的混乱，一边是惊人的效率，看来关于这个小组的各种传闻都是真的。S 总一时倒真不知道是应该批评他们还是表扬他们了。他想了想对小 M 说："大家辛苦了，今天准时下班休息一下吧！"小 M 和大家一起抬头疑惑地看了看 S 总，然后微微点点头算是答应了。

　　第二天早上，大家进入办公室的那一刻，都不大不小的吃了一惊：西边原来的那一堆打印机被码放得整整齐齐，所有连线都用扎带小心地扎在了一起。横跨办公室的那道绊马索用一个弧形线板小心地盖了起来。办公桌上各种设备和缺陷跟踪表都整理得整整齐齐。垃圾桶也清理得干干净净，而且并排放了两个。门口边的小桌子上补充了咖啡、方便面和火腿肠，还新增了水果和茶叶等健康食品。最令人诧异是桌子上放着两包中华烟，但是后面的墙上挂了个大大的禁烟标志。

　　片刻宁静之后大家就奔着自己感兴趣的东西去了。大师兄是老烟枪，先把两包中华全部纳入囊中，觉得不好意思又拿出一包象征性地客套了一下，然后又心安理得地全部"笑纳"了。在大家的"怒视"之下，大师兄指着桌子上面的禁烟标志信誓旦旦地说绝对不会再在屋里吸烟了。发哥打开咖啡罐心满意足地泡上了一杯，表情夸张地享受着。南拳和北腿则好像永远也吃不厌方便面和火腿肠，一起翻看着都有什么口味的。小 M 打开那听茶叶闻了一下赞道："明前茶，高级货啊！你们这些没文化的，这罐茶才是最值钱的！"

　　小 M 知道这些一定都是昨天晚上 S 总安排做的，显然动用了行政部、IT 部和保洁，也是个不小的项目了。以前一直觉得 S 总讲话特别有感染力，今天发现 S 总不说话更有感染力。通过一个"项目"，表扬可以做得这么感人，批评可以做得这么巧妙！

2.8 "小问题"卡住大部队

　　经过 6 周拼搏，快速开发工具终于按期完工，并在"1 号工程"大规模的开发阶段投入了使用。这个工具经受住了实践考验，对提高开发效率和产品质量发挥了很大的作用。听到同事们对工具赞赏有加，小 M 和团队成员们觉得所有付出已经得到了加倍的回报。

渐渐地"1号工程"的产品成型了。为了测试产品性能项目组专门进行了一次压力测试，也就是用程序模拟很多人同时使用系统的情况，看看系统最多能够承受多少人使用。

一般情况下随着压力的提高系统只会越来越慢直到瘫痪。但是这次压力测试的时候出现了一个奇怪问题：系统会出现交互信息错位的情况。例如，前台提交了A交易的数据，后台返回的却是B交易结果；前台提交C交易数据，后台却返回了刚刚A交易的结果，完全是所答非所问。

最麻烦的是这个问题总是偶尔发生。做过开发的人都知道，能"稳定"出现的错误不可怕，因为容易抓住，所以排查起来简单。最怕的就是这种若隐若现的问题，因为很难抓到，所以无法跟踪，当然也就很难排查了。

大家都意识到了问题的严重性，项目组立刻召开紧急会议讨论对策。会上首先由压力测试小组简述了情况，之后S总说明会议目的是尽快确定问题和解决思路，而且动作必须快，因为很多开发工作都已经暂停了。

听完S总的发言所有人心里都沉甸甸的。大家都知道事关重大，而且万一是自己负责的部分有问题责任可就大了。由于有这个担忧，在接下来讨论中各个小组重点都在阐述自己那部分的处理机制如何完善，逻辑怎么严谨，力图排除自己那一段的出错可能性。

S总突然意识到讨论的方向不对，于是把责任扛了下来并重新引导讨论方向。他说，自己是项目的主管，不管出了什么问题都将承担主要责任。所以，请大家不必担心责任问题，而是尽量思考可能是哪里出现了错误。S总重新引导果然奏效，会议的方向猛然转变，各组互相之间开始猛挑毛病。

矛头首先指向了前台组。从最直观的现象看前台组的处理是有一定缺陷的，如果发送的是A交易的数据，接收后台返回结果时应该先检查是不是A交易的结果；如果不是A交易的结果应该直接报错，这样就不会出现错位现象了。前台组长承认前台处理机制有缺陷，但是也提出这不是问题的根源，根本问题是错位而不是错位之后怎么处理。

很快讨论重点又指向了平台组，确实有可能是平台把报文送错了。但是，平台组长解释了平台的报文传送机制，简单说只负责按地址把信送到收信人那里。从目前所有监测到数据看报文都正确送到了。而且，按照最初的设计要求，报文的内容平台不关心也不应该关心，所以平台分不出哪个是A交易哪个是B交易的数据。

快速开发工具也被大家怀疑过，因为很多代码都是自动产生的，不知道其中是否会有不可预知的逻辑错误。小 M 认真分析过产生交互错位的几个交易的代码，从功能上看快速开发工具只是做了某种翻译动作，不会产生意外的不可知错误。

接下来，有人怀疑是操作系统有病毒，建议重装所有系统；还有人怀疑网络受到了干扰，建议调来专用的仪器从传输层查找原因。一时间各种观点层出不穷，但都没有令人信服的核心意见。

刚才在大家激烈讨论的过程中，很多人都没留意 S 总旁边坐着一位上了点儿岁数的老专家一直没说话。现在大家的观点基本都说完了，老专家这才开口发言。他基本认可刚刚大家的分析，不过提醒大家可能忽视了一个重要方面：对一个复杂的系统来说，可能存在"系统性问题"。也就是说各部分之间的合作关系没有设计好，虽然各部分分开看都没问题，但是合起来就有问题。因此，老专家建议从各模块之间接口标准和通信协议等方面查找原因。

老专家的这个建议很快得到了大家的认可。因为这项工作无法由一个小组单独完成，因此成立了一个跨小组的"攻关小组"专门解决这个问题，小 M 也被调入其中。

在专家的带领下，攻关小组确定了两个工作方向：第一，全面梳理各组之间的接口和协议，查找可能的疏漏；第二，压力测试小组重新测试，尝试再现错误并且锁定错误的触发条件。

在攻关小组中小 M 有机会全面了解了"1 号工程"的整体工作原理：系统的前台和后台是通过报文联系的。比方说，前台把要处理的事写成一个电报，然后通过平台将电报传输给后台，后台根据电报的内容处理完之后，再把结果通过平台反馈给前台。这种处理机制的好处是一个后台程序可以同时处理很多前台的请求，比传统的一个前台独占一个后台的方式效率高很多。但是，这样的处理机制要求前台、平台、后台三个部分之间密切配合，如何配合的约定就是老专家所说的"协议"。

就在大家梳理协议的过程中，压力测试小组传来好消息，经过了多次尝试之后终于找到了错位现象出现的规律：问题总是出现在最大超时时间附近。

所谓的最大超时时间，是指前台提交交易数据之后多长时间没有收到反馈就认为出错了。比方说，如果最大超时时间是 60 秒，60 秒之后还没有收到后台的反馈前台就报错。现在压力测试小组发现，交互错位现象总是出现在部分交易等了 60 秒超时报错的时候。

接下来，测试小组就直接在 60 秒这个临界值附近反复测试并跟踪数据。

通过逐笔核对前后台交易数据，很快又有了一个重大发现：在发生交互错位的时候，有些交易前台和后台记录的（成功/失败）执行结果不一致。也就是说，有的交易前台认为失败了，后台却认为成功了。

这可是个重要线索！大家觉得距离问题根源越来越近了，既兴奋又紧张。通过检查那些执行结果不一致的交易的日志文件，终于锁定并再现了问题：

问题的产生过程是这样的。比如前台在第 0 秒时向后台发出来一个 A 交易的请求，后台处理完之后时间是第 59 秒，按照约定后台认为执行成功，于是向前台返回 A 交易的处理结果。但是，由于存在网络延时或时钟差异，前台等到 60 秒时并没有收到返回结果，于是超时报错中断执行。但中断之后 A 交易的返回结果却在第 61 秒时被送到前台报箱里了。过了一会儿，前台又发起了 B 交易的请求，后台处理成功之后前台按顺序从报箱里取报文，显然这时取出的报文是刚刚 A 交易的结果。就这样错位产生了，如果连续积累多次错位之后，系统就彻底凌乱了。

没想到问题原因竟然如此简单，只是前后台的协议没有考虑周全。找到原因后解决起来就比较简单了，而且有多种应对措施。例如，考虑到网络延时和时钟差异，可以让前台多等一会儿，保证超时报错的时后台也认为超时了；还有超时报错之后前台不要立刻进行下一笔交易，而是问问后台刚才最后一笔成功交易是什么，如果是 A 交易就可以继续执行，如果不是则可以确定失败。当然，原来发现的前台那个处理的疏漏也应该完善。

问题解决之后，S 总说新架构下出现的这个疏漏能够早发现是好事，虽然停工几天交了些学费，但改进之后不仅解决了原来的问题，还大大增强了产品的健壮性。

通过这个"小问题"小 M 对全局的"系统性问题"有了形象的认识。即使每个部分分开看都是对的，但是加起来却可能是错的。同样的，对项目团队而言，只保证自己完成任务是不够的，必须从整体出发考虑问题才能实现目标。

2.9 不会总结就不会进步

随着"1 号工程"产品的正式发布，项目也临近结束。快速开发工具作为标准产品的一个附带工具打包销售了，而且成了产品的一个亮点。

就在大家准备结项的时候，小 M 收到了通知说要写一份项目总结报告，并且必须通过评审之后才能正式结项。一听到"评审"两个字小 M 心里就有些反感，脑子里立刻浮现出自己站在台上被一大堆没有参加过项目的人"审问"的场景。况且本来还想这两天稍微放松一下呢，这一下又要额外多出很多工作，想想心里就老大不乐意。

在跟 S 总谈话的时候小 M 有意无意地表达了不满："项目都做完了，大家反馈都很好，还有什么好评审的呢？"S 总看出了小 M 的情绪，没有回答问题而是反问道："你觉得自己这个小组做得好吗？"小 M 没客气，说："当然好啊！定的事都做完了，功能都实现了，有的指标还超过了要求，这个工具都和产品打包销售了！"

S 总说："很好，很好，就把上面几条写下来给我。不过空口无凭，请你对照最初立项文件比较一下，看看当初确定的是哪些功能，其中哪些指标超过了需求，哪些与最初基准有偏差，而且都用数字或事实说话可以吗？"小 M 说"这个没问题！"S 总笑道："这不就是项目总结的第一部分嘛！"

S 总接着说："做项目赢要知道赢在哪里，输要知道输在哪里，你觉得项目中有哪些经验教训可以总结呢？"小 M 想了一下张口就来："范围清楚，需求明确，过程正确，队伍团结，目标明确……"

S 总打断了小 M："行啦行啦，你说的这些都没错，而且是放之四海而皆准的真理，但是这些大道理在实践中没什么用！道理好比是营养，但营养不等于力量；只有把道理消化了、变成了看得见摸得着的方法，才能成为你能掌握的力量。比如，你用白板把每个人任务列出来、每天清空尾巴就是非常好的方法。当你嘴里说起目标明确四个字的时候，脑子里是不是浮现出的是那块白板呢？这才是有价值的东西！"

小 M 认真地想了想，现在还真是能将一些道理和具体实例对上，例如，领导要有领导样——不发牢骚；跳出画面看画——先定规则，再做取舍；依赖团队——有困难回来跟团队商量；提高沟通效率——一图胜千言；领导力——表扬可以很感人、批评可以很巧妙；全局观——小问题卡住大部队。

S 总接着问："你跟团队一起奋战了将近两个月，你是否愿意花点时间谈谈你对他们的看法呢？你一直跟我说两个新人成长迅速，你能具体说明一下他们都有哪些长进吗？如果别的项目需要他们，你会怎么推荐他们呢？"

小 M 使劲点了点头："项目结束了，别的忙帮不了他们，但为这些出生入死的好兄弟认真写个评价肯定是义不容辞了。"

S 总说："这就对了！这几个部分就是项目总结的最重要的几个方面。不会总结做多少个项目也是重复劳动，不会总结就不会进步。"

小 M 理解了总结和评审的意义了，于是认认真真地整理项目总结报告。借着这个机会项目中的一幕一幕又在脑海中回放了一遍，经历过之后回头再看果然感触深刻了许多。

在随后的结项评审会上，几乎所有人都说小 M 的总结报告含金量很高。有具体的数字和图表，有活生生的经验教训的例子，有具体方法和工具的分享。在随后的评审环节，评审小组不仅诚恳地提出了一些可以改进的地方，还发现了一些小 M 本人都没有看到的突出优点。更令人欣喜的是，公司高层领导特地表扬了项目组中一些优秀个人和事迹，这些事迹很多是从小 M 写的团队评价中摘取的。当大师兄、发哥、南拳和北腿听到自己的名字被公司领导提及的时候个个心花怒放，不仅对小 M 推功揽过的行为心悦诚服，也对领导能明察秋毫赞叹不已。

评审会结束之后是项目全员出席的庆功宴。大家心情放松加上几杯酒下肚，都立刻展现出了真实的一面。小 M 发现 S 总不仅酒量好，而且歌唱得也好。大师兄跟自己之间仅存的一点"客气"已经彻底消失了，搂着自己的肩膀非要喝交杯酒；发哥几杯酒下肚已经没有什么形象可言，跟南拳和北腿一起扯着喉咙唱《朋友》。最令人欣慰的是前台组长发现小 M 虽然酒风很好但酒量实在一般之后，硬是像个江湖老大一样处处罩着自己帮着挡酒。

小 M 突然觉得，项目真苦，苦得真值！

第 3 章

初为项目经理

3.1 项目经理难当——理想和现实

小 M 完成了第一个项目之后,又作为助理项目经理实际管理了一个小型研发项目,取得了不错的成绩。鉴于其良好表现,小 M 被提拔为项目经理,并被派入一个具有战略意义的项目组。

初为项目经理,小 M 沉浸在被提拔的喜悦中,踌躇满志地奔赴项目组。在去项目组的路上,小 M 盘算着上任之后如何展开工作,如何开始项目经理生涯的第一站。

首先,要"运筹帷幄",系统地制订一份详细的计划。

其次,要"沉着应战",遇到困难不能在项目组面前表现出丝毫的慌乱。

最后,要"同仇敌忾",搞好项目组的团队建设,共同解决各种问题。

小 M 甚至还设想项目结束凯旋之时,在公司受到英雄般的迎接,然后对项目成员"论功行赏",让他们知道跟着自己没白干。

对未来还没有畅想完,小 M 已经到了项目组。迎接他的是几个满脸疲惫的项目成员,其中两人还是刚刚走出校门的学生,他们对小 M 的到来没有丝毫热情的表示,只是简单地打了个招呼就又各自忙自己的工作去了。就靠这几个人就能完成具有"战略意义"的项目?小 M 的希望开始破灭了。

初步了解情况之后小 M 才知道,这个项目刚刚签约,还没有正式启动。见到第一个客户就听到了抱怨:客户的主要人员已经到位,而公司关键人员还没到位。公司的每一个人都在应付客户。

项目的混乱可想而知,压力下有的成员控制不住情绪经常争吵,项目组内外人际关系都比较紧张,小 M 理想中"同仇敌忾"的团队根本不存在。甚至,当项目组成员听小 M 说起"同仇敌忾"这个词时都笑起来,开玩笑地说:"同仇敌忾？我们这里同床异梦都算好的，一般都是同室操戈。"

进入项目组才两天，内忧外患使得小 M 已经有些"惊惶失措"了，甚至患了"电话恐惧症"，听到电话铃响就心惊肉跳，不知道又有什么情况出现。

刚刚听说公司方面已经接到了客户投诉，认为小 M 没有工作思路，要求换个项目经理。听到这个消息小 M 非常沮丧，没想到成了"替罪羊"。回想起自己在路上对项目的幻想，发现与现实的差距如此之大。苦笑道："项目经理难当啊！"理想与现实的差距如图 3-1 所示。

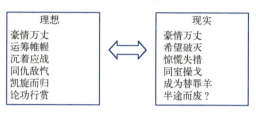

图 3-1　理想与现实的差距

3.1.1　"研发"和"商务"项目的差异

小 M 不是一个轻易认输的人，绝不会中途放弃。不过，仍然很是不解，自己技术出身，不乏项目管理的理论知识，甚至还有很好的沟通表达能力，也有研发项目经验。这次为什么会感觉这么困难呢？

小 M 第一个管理的项目是内部"研发"项目，仔细想来虽然研发项目与商务项目在管理方法上有很多共同之处，但仍然有一些显著的区别：

1. 学费 vs. 官司

以前做研发项目的时候没有客户，"客户"就是自己的领导。如果遇到了挫折，领导总是鼓励说："失败是成功之母。"即使努力后真的失败了，领导也会说："好好总结，积累经验，就当交学费了！"

现在的项目有真正的客户，有商务合同。客户总是拿着合同说事儿，如果失败了就要面对巨额的赔偿，甚至是官司。来项目组之前，领导还特别交代过，这是公司在该领域的第一个大型项目，如果失败了，意味着公司以后可能再也没有机会进入这个领域了。

小 M 觉得，两种项目失败的后果有巨大的差异，在商务项目上自己本身心理承受的压力要大很多。

2. 创新 vs. 规范

做研发项目的时候，不仅允许失败，更允许创新，甚至鼓励创新。小 M 以前都认为文档、流程和规则是一种束缚，因此对团队的管理相对松散，很多工作都是先试验，成功之后再补文档。

但是，看到项目组现在松散和混乱的工作状况，小 M 第一次意识到文档和规范在项目中的重要性。很多事客户说了好几遍也没着落，确定的东西过两天又说忘了，连个记录都没有，自己要是客户也会不耐烦了。

小 M 反省，以前觉得整理文档是浪费时间，现在觉得不仅不会浪费时间，而且能提高沟通效率，不用一遍一遍说，一遍一遍澄清。以前觉得一些打破流程的做法是创新，现在觉得"一个天才的创新可以引起一场技术革命，但在交付项目中的一个创新却可能会引起一场灾难"，项目组必须遵守流程和规则。

3. 花钱 vs. 赚钱

以前做研发项目经费是内部拨付的，成本控制的目的是不要超出预算，最多也就是怎么省钱。但如果真的超出了预算，也可以向公司领导申请增加，只要有相应的理由，都可以通过。

而现在的项目是从客户兜里掏钱，如果超出了预算，项目就不能赢利。如果客户不满意就会投诉、拒绝支付。小 M 以前对"尊重客户、让客户满意"的理解，仅仅停留在要对客户态度好等表面层次上，今天才意识到"客户是上帝"真正的含义是"客户是给钱的"，客户对项目满意了才会心甘情愿地付款，公司才能赢利，自己才有工资、奖金。至于这两者的难度的区别，是一个所有人都应该明白的简单道理："赚钱比花钱难"。

3.1.2 "理论"和"实践"的差距

小 M 作为"懂"理论的项目经理，以前还经常向其他同事传授知识，说起过程组、知识域，一套一套的。而这次到了客户现场，却发觉自己学过的项目管理知识好像用不上了。

首先，客户现场的问题错综复杂，自己深陷其中又没人可以商量，竟然理不出一点头绪。小 M 现在好像已经被打晕了，根本不知道该出哪招、该从哪里下手。小 M 觉得，书本上的知识好比套路，但实战中的情况千变万化，不可能照着书本管理；原来运筹帷幄、决胜千里的想法非常幼稚，就像以为自顾自地练套路就能顺便击倒对手那样可笑。

另外，很多事情仅仅是知道理论上该怎么做，但不知道实际上怎么"动手"。比如当前应该进行需求分析，但一天工作下来几个同事的成果五花八门，有的有书面记录，有的连个文档都没有。而小 M 自己也不知道开发这样的系统业务需求应该写成什么样子。实际上，缺的就是一个实践验证过的模板和流程，但这个差距就像"理论到实践的最后 1 公里"，看着就差一点点，但效果就成了"隔靴搔痒"，收不到实效。要想越过这最后 1 公里，需要的是实践经验，或者是有经验的人的帮助。

3.1.3 "对事"和"对人"

还有个问题小 M 刚刚意识到：学习项目管理时，觉着管理的对象是"事"；但实际工作中，管理或协调的对象全是"人"。

人是活的，是有感情的，同样的事情，不同"人"做，或者用不同的态度应对，得到的结果会完全不同。

例如，项目小组内一个刚刚毕业的年轻同事，能主动找相关客户了解情况，几天时间可以写完一个接口系统调研报告；另外一个老员工，整天坐在电脑前却什么也做不出来，做的一个切换方案也漏洞百出。刚刚在这名老员工提出调离项目组的时候小 M 才恍然大悟，他早就不想干了。这些情况不注意是看不出来的，项目管理书上也没有教过该怎么应对这样的问题。如果还沉浸在"振臂一呼，应者云集"的想象中，距离一个"成熟"的项目经理就还有非常大的差距。

项目中涉及的外部人员也很多，其间利益关系错综复杂。人际关系能力以及对"政治"的敏感与否，都可能造成不同的结果。例如，同样一件事情，A 去说客户会拒之门外，B 去说就会手到擒来。事后才知道，A 受阻的原因是在某个场合上一句不合时宜的话让这位客户在领导前丢了面子，而 B 却在关键时刻帮他渡过难关。

3.1.4 经验与教训

初为项目经理往往豪情万丈，对未来充满憧憬和乐观。但是，必须做好一些准备和调整，才能避免被突如其来的问题搞得晕头转向。小 M 反思下来有几个方面的经验教训。

第一，要调整好心态，做好应对困难的心理准备。

第二，进驻项目前要阅读合同等商务文件。现在对于项目的范围、约束一概不清楚，对客户提出的要求甚至都不知道该不该做。

第三，项目的目标是按期交付，整个项目组必须遵守流程和规则；在项目过程中文档和记录可以节省沟通时间，要不断与客户确认。

第四，团队不是从天而降的，而是需要主动的建设过程。小M从来没有与团队成员好好沟通过；项目组里成员来来去去，每个人并不知道全局，相互之间也不熟悉，确实称不上团队。

第五，面对面与客户沟通，了解他们的想法。小M除了与客户打了个照面和一起开会，没有一对一地与客户认真沟通过，不了解他们为什么不满，不了解他们的期望，因此很多事情没有做到点子上，必然事倍功半。

知道了这些差距，也就知道为什么觉得项目经理难当了。

3.2 最忙乱的第1周——项目启动

小M思考之后觉得客户的投诉说得没错。一周马上要过去了，但这几天自己每天做了什么都不记得，没有一点工作思路。客户需要的不是个应付问题的人，而是指挥若定的项目经理。与其这样像没头苍蝇一样忙乱，不如好好规划下一周每天应该做点什么，抓住几件关键的事情集中解决。

小M整理了自己的工作思路，觉得最重要的有5件事：

1）建立组织和制度。建立项目的组织结构，确定职责分工，确定基本规章制度和工作流程。

2）明确工作思路。应该兵分两路：一路确认工作范围，制订工作计划；另一路确定开发方法，特别是马上要确定需求文档的格式和工作流程。

3）申请专家支持。为了弥补自己经验不足的问题，小M请领导派一个经验丰富的业务专家过来，对工作进行指导和把关。

4）拜访客户。尽快拜访客户的主要相关领导，了解他们对项目的期待。

5）集中培训。召开启动会，随后集中全体成员进行培训，介绍项目的规章制度、工作计划、工作方法、需求分析流程等。

按照上面的思路，小M向S总进行了汇报，S总同意了小M的想法，并答应立刻派业务专家W老师到现场支持，这让小M心里踏实多了。

后面希望有所改变，但究竟会怎么样呢？

3.2.1 第1周的工作计划

经过一个晚上的准备，早晨小M鼓足了勇气找到了客户方的项目负责人G

总。说明了来意,然后拿出一份最近一周的"启动工作计划"征求 G 总的意见;同时说明,公司已经决定派业务专家 W 老师指导启动工作,今天就能到位。

G 总看了看计划,略微思考了一下,询问为什么只有一周的计划,后面的计划呢?

小 M 解释,项目现在多方面工作搅在了一起,所以非常混乱。因此希望先建立组织,然后兵分两路。一路是业务组,负责进行需求分析工作,用一周的时间完成模板和方法的准备,一周之后进入正轨;另一路是项目管理办公室(Project Management Office,PMO),负责进行项目的启动准备,筹备启动会。待工作启动、进入正轨之后,再腾出时间来同步制订后续计划。这样现在的人员就不会窝在一起互相等待了。启动工作流程如图 3-2 所示,启动工作计划见表 3-1。

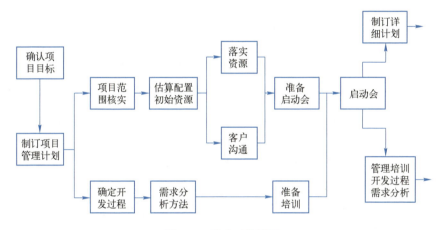

图 3-2　启动工作流程

表 3-1　启动工作计划

	第 1 周				
	D1	D2	D3	D4	D5
PMO	制订项目管理计划: 确定组织结构 确定职责分工 确定管理过程 确认规章制度 本周工作计划	确认项目目标 确认工作范围	确定里程碑 粗略估算 配置资源	相关客户访谈 邀请领导参加启动会	整理启动会资料 整理项目管理计划培训资料
业务组		项目开发过程培训	确定需求分析的模板 确定需求分析的方法	需求分析演练 整理工作样例	整理项目开发过程 整理需求分析培训资料

(续)

第 2 周					
	D1	D2	D3	D4	D5
PMO	召开项目启动会 项目管理计划培训 项目开发过程培训 需求分析方法培训	制订详细工作计划			
业务组		开始进行需求分析			

G 总觉得这样的安排没有问题，但还有一些细节需要考虑。例如，工作范围确认中发生分歧怎么办？会不会让所有的人等待？小 M 认为，确认范围是为了发现问题，有分歧可以先记录下来，然后一项一项地处理；目前无法弄清楚的事情，就作为项目假设记录下来，之后逐步确认。

G 总又问了 W 老师的经验背景，使用的模板和工作方法从哪里来等具体问题。小 M 说明模板是在以前的项目中使用过的，W 老师来了之后会带领大家结合客户的具体情况进行一定修改。听了这些解释，G 总脸上露出了难得的笑容。"好吧，就这样吧，明天开会，晚上请 W 老师一起吃饭。"

走出了 G 总办公室，小 M 心中一块石头落了地，立刻开始准备明天的会议。

晚餐时，G 总、W 老师、小 M 也谈得非常愉快，G 总向 W 老师请教了很多问题，对第二天的会议安排也提前进行了讨论。

回到了旅馆，小 M 觉得前几天的郁闷已经消散了许多，"如果早这样开始就好了，就将明天作为新的开始"。

3.2.2 第 1 天的工作成果

第 1 天，双方的主要骨干到了。除了 G 总、W 老师、小 M 之外，还有公司的架构师、系统工程师，以及客户方面几个业务部门的代表，一共八九个人。

G 总主持会议，宣布当前各位就是项目的核心团队，今天的任务是确定这两个星期的"启动工作计划"，制订"项目管理计划"，确定组织结构和基本管理流程。

小 M 接过 G 总的话题开始讨论。

"启动工作计划"很快通过，大家的问题都是昨天 G 总问过的，小 M 胸有成竹地进行了回答。

"项目管理计划"已经提前起草了草稿,所以问题讨论比较有针对性。这份计划确定了项目的阶段划分和工作方法、每个阶段的交付物、关键里程碑和关闭条件;还确定了项目的组织结构、规章制度、职责分工,以及基本管理流程、沟通和决策机制。

尽管会议一直持续到晚上 8 点多,但是最终全部达成了一致。这一天的会议成效显著,项目管理计划、项目组织结构和职责分工出台了,如图 3-3、图 3-4 和表 3-2 所示。

图 3-3 项目管理计划

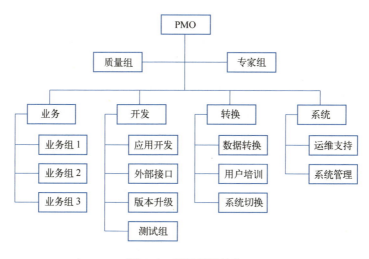

图 3-4 项目组织结构

表 3-2 职责分工表

组织/角色	职　责
项目经理	对项目总体负责，包括项目目标、范围界定、制订项目计划、组织和分派项目任务、控制项目进度、调节项目组工作气氛
PMO	负责制订和监控项目计划，协调项目资源，与项目内外相关组织进行沟通，以及项目日常事务管理，保证项目按计划实施
质量组	负责流程和文档的标准，配置库交付物的日常管理，负责对变更、缺陷的管理。负责对交付物进行评审，以及项目过程的审计
专家组	指导制订项目计划，确定技术和业务方案；对关键交付进行审核；解决项目实施过程中的疑难问题；对项目风险提出预警信息。对差异规格说明书、需求功能说明书进行评审
业务组	负责按照项目计划完成业务需求分析，配合开发和测试，并最终负责验收测试
开发组	负责应用系统、版本自动升级系统、外部接口的开发和测试，负责系统知识转移，确保系统组能够最终接手系统
转换组	负责新旧系统切换，包括新旧系统的切换方案、数据移植、业务流程改造和人员培训
系统组	负责确定项目软、硬件环境的配置，协助规划和采购，并负责安装及配置；为其他小组的工作提供软、硬件环境；最终负责生产系统的运维管理

3.2.3 启动的准备工作

小 M 和 G 总等 PMO 成员，根据《启动工作计划》在随后的几天里紧张地开始工作了。

1. 确认项目范围

项目中范围包括了两大类：一类是产品范围，也就是应该覆盖的业务需求；另一类项目是范围，是为了实现项目目标所需要完成的工作。

第二类项目范围，大多是事务性工作。相对比较好界定，比如开发环境准备、系统安装调试、系统切换等。因为讨论的目的仅仅是界定需要做哪些事情，对于工作范围中理解的偏差，双方记录了下来，列为待决事项希望后续进行讨论，所以还算顺利。初步确定的工作范围见表 3-3。责任矩阵中，P 表示主要负责，S 表示支持。

W 老师建议，产品范围使用统一的功能清单进行确认。为了规范大家的工作，根据经验将功能的层级进行了统一的约定：

- 第一层是子系统，指相对比较独立、完整的一组业务功能。例如存款子系统、贷款子系统等。

表 3-3　工作范围

编号	一级 / 二级 / 三级	状态	类别	工作量/人天	责任矩阵 乙方	责任矩阵 甲方	责任矩阵 第三方	备注
A	软件系统			1025				
A1	应用系统	确认	必须	750	P	S		详细内容见《子系统A需求清单》
A2	外部接口	确认	必须	150	P	S	S	详细内容见《外部接口系统清单》
A3	版本升级系统	确认	可选	125	P	S		详细内容见《版本自动升级系统规格》
B	系统实施			340				
B1	数据移植	确认	必须	65	P	S		
B2	用户培训	确认	必须	95	P	S		
B3	系统切换	确认	必须	180	P	S	S	
C	硬件系统			60				
C1	主机环境	确认	必须	15	P	P		乙方确认配置，安装调试；甲方采购部署
C2	网点环境	确认	必须	45	P	P	S	乙方确认配置；甲方负责改造
D	项目管理			30				
D1	项目启动	确认	必须	20	P	S		
D2	系统移交	确认	必须	10	P	S	S	

- 第二层是功能集，指在子系统内按照业务特性归集的一组操作。比如客户信息管理、利率管理、还款管理等功能集。
- 第三层是执行单元，是指一次完成的一个独立业务操作，比如新增客户、修改客户信息、查询客户信息等。

这个简单的分类方法对于多个小组并行工作帮助很大，讨论不再像以前没有章法，工作成果也非常一致，效率很高。这就是经验啊！

2. 粗略工作量估算

开发的工作量由于需求还没有最终确定，请 W 老师按照经验估算一下最高、最低、最可能三个值，作为基本的估算数据。对于项目范围内的事务性工作，按工作所需人数和大约持续的时间估算了工作量。汇总起来，得到了项目总体工作量。

小 M 向上级书面汇报粗略估算的项目总体人力要求。S 总、W 老师和公司几个专家一起帮助小 M 对估算结果进行审核，认可了估算的结果。

3. 人力资源配置

当前最重要的是确认启动项目的人力需求。小 M 比较详细地测算了启动之后需要的人员数量、各级岗位人员的技能要求、工作开始日期、工作结束日期等信息。S 总确认之后，开始向小 M 的项目中派遣人员。

同时，事业部也开始根据估算数据从公司内协调和寻找资源，为后期工作做准备。客户方面，G 总从各个业务部门调集所需要的资源，并约定下周一参加项目启动会。

4. 客户沟通

《项目管理计划》整理出来之后，G 总让高层领导在上面签字批准，这下项目组可有了"尚方宝剑"。小 M、W 老师在 G 总的带领下，逐个拜访客户各个方面的相关领导。

拜访内容一是让干系人了解这个项目，了解干系人对项目的要求和期待。二是提交《项目管理计划》，说明项目与这些部门的关系，并借此机会邀请他们参加下周一的启动会。

按照公司的要求，小 M 还确定了三名客户主管作为满意度调查对象，获取其联系方式（电子邮件、电话），通知了公司负责调查的部门。

5. 确定开发过程

业务小组在 W 老师的指导下，进展非常有序：

- W 老师与架构师、业务负责人一起，根据项目实际情况对开发过程进行裁剪，制订一个《项目开发过程》文件。按照项目的开发阶段，明确各阶段交付物，制订交付物的模板。
- 对于需求分析过程的模板进行了确认和修改，并选择了几个典型功能作为案例，进行实际使用的演练和改进。
- 经过演练之后，结合客户的特点对需求分析的过程进行了调整，制订了完整的模板、流程；演练的结果做成了"样例"，参加过演练和方法整理的人员成了可以培养和指导他人的"种子"了。

最后 W 老师与大家一起，将这些资料整理成了培训资料，准备启动会之后对所有参加项目的人员进行培训。

3.2.4 项目启动会

经过一周的忙碌,就要召开项目启动会了。但在启动会之前,PMO 召开了一个准备会,确定启动会的议程,审核整理启动会资料。

会议上要说明项目目标、阶段划分、组织结构、管理流程等关键事项,需要大家达成一致;对于关键角色任命,事前也听取了大家的意见。

终于等到了召开启动会的时刻,这是项目的一个重要的标志性事件。参加会议的不仅有双方的高层领导、相关部门负责人,还包括核心团队和新报到的项目组成员。

启动会由 G 总主持,议程如下:
- G 总介绍议程和来宾。
- 小 M 介绍项目目标、阶段计划、管理方法。
- 发布项目的组织结构图和任命。
- 关键角色确认了职责并作出承诺。
- 双方高层领导做项目动员发言,激励和鼓舞士气。
- 各个相关部门领导表态支持项目工作。

会后,会议的内容整理成《项目启动会纪要》。纪要中记录了项目的启动过程,项目组成员的承诺,而且有各级领导的明确表态。这份资料作为项目组的第一份正式公告发布了,同时宣告了项目的成功启动。

3.2.5 培训开始了

启动会之后趁着大家都已经到位的机会,立刻展开了紧张的培训。培训计划根据项目对员工知识和技能的要求设置了一系列课程,以帮助项目组成员尽快进入状态,培训计划见表 3-4。

表 3-4 培训计划

序号	培训内容	培训讲师	培训目的	培训对象	责任人
1	项目管理概述 项目管理计划	小 M G 总	建立和掌握统一的项目管理过程	全体成员	项目经理
2	项目开发过程 需求分析方法	W 老师	建立和掌握方法、工具和模板	全体成员	质量经理

(续)

序号	培训内容	培训讲师	培训目的	培训对象	责 任 人
3	产品知识培训	架构师	掌握项目必需的业务和技术能力	全体成员	项目经理
4	管理工具培训	小M	掌握项目专用工具的使用技能	全体成员	项目经理

为了达到培训的目的，每次培训后还要进行测试和培训反馈，一旦发现项目组在能力上有什么弱点，就要进行补救，或者以后加以注意。

过去的一周好忙啊！现在好了，其他人忙起来了，小 M 终于有时间和 G 总仔细考虑项目长远的事情了。

3.2.6 经验与教训

项目的启动阶段多方面工作混杂进行，容易忙乱，造成项目经理应接不暇。这个时候，最需要的是一个"周计划"，迅速建立组织结构和分工，让大家分头进入工作状态，然后再着手制订后续详细的项目计划。

启动阶段如果有一个有经验的专家指导，帮助项目经理落实很多关键环节，可以让客户信服，还可以让启动工作有序进行。

启动会非常重要，其意义不仅在于宣布项目的启动，而且是要求人员到位的关键时间节点。会议请双方高层领导出席和表态，可以让项目后续的推进获得广泛的支持。

启动之后立刻进行培训，不仅可以统一大家的工作方法，而且可能形成统一规范。

3.3 甲方乙方——商务项目全过程

需求分析已经开始，其中一个业务主管对项目组的抱怨非常大！

事情是这样的：开发工作分成多个子系统，每个子系统有一个小组在分头整理需求。但这名主管还要求安排一名人员跨系统统筹，负责统一各子系统业务规范。

比较强烈的一个要求是统一各个业务子系统的代码表。代码表是一张参数表，例如，凭证种类中"01 代表身份证，02 代表户口本"，操作的时候从小键盘输入数字比鼠标操作快得多,能减少操作时间,便于系统存储和查询。

但原来各个子系统是由不同厂商开发的,编码不同,客户希望改变现状。但是,项目组的技术人员对这样的工作不重视,迟迟没有理会。这让主管非常恼火,多次在会议上强调这项工作的重要性。

为了应付此事,技术人员出了个评估报告,说明如果真的要统一,不光要花大量时间去梳理,而且会多出很多额外的工作。比如,维护各个子系统的对应关系就需要很大的工作量;如果使用动态的参数表,每次操作都从数据库中读取数据可能会影响系统性能等。

客户的业务主管不是技术专家,对这些解释听不太懂,但对这样的反馈非常不满,认为都是在找"借口"。小 M 知道之后找到了这位业务主管进行协商。

3.3.1 需求背后的需求

客户主管终于等到有人关注这个问题,于是打开了话匣子,向小 M 说明了提出这个需求的背景。

原来,这是"综合服务窗口"的要求。以前客户办理不同的业务需要到不同的窗口,这样服务网点里有的队伍很长,有的队伍很闲,工作效率低,客户满意度也低。而"综合服务窗口"要求同一个柜员能够处理多种业务,因此,客户到任何一个窗口都可以办理业务,这样既可以提高工作效率,也可以提高客户满意度。

以前,不同业务系统由不同的厂商开发,业务流程和界面差异较大,代码表也是各有各的标准。但因为一个窗口只用一个子系统,不会有太大问题。但如果改成"综合服务窗口",如果有的业务中"身份证"代码是 01,有的业务中代码是 02,则会引起很大的混乱。

小 M 经常在项目组里听到"综合服务窗口"这个词,不过刚刚才闹明白是怎么回事。为了获得更多信息,忙问业务主管在哪里可以看到这些需求的详细说明。主管很诧异,"这是项目立项的时候就提出的业务流程改进方案啊,你可以去看看招标书,投标的时候你们就承诺了,不会现在不认账吧?"

小 M 只看过合同,还真没看过标书。于是找来了这些文件,发现其中不仅有对"综合服务窗口"的详细描述,还有很多其他方面的业务需求。而几乎所有的功能需求,都是围绕着这些业务需求提出来的,这些"需求"背后的"需求",让小 M 对很多分歧恍然大悟。

这是因为,虽然甲乙双方在谈需求,但出发点不同,造成了双方关注点和思维方式不同。客户关注的是系统如何支持业务流程，背后的需求是"实现业务目标"。技术人员关注的是合理技术方案，背后的需求是"工作量""实现难度"和"系统性能"。就拿这个例子来说：

- 从客户角度考虑，业务目标之一就是"提高工作效率、提高客户满意度"。为了实现这样的业务目标，流程改进方案就是实现"综合服务窗口"。为了支持"综合服务窗口"，就需要业务规范统一，因此提出了"代码表一致""统一维护"和"子系统对应"等需求。
- 从技术人员角度考虑，上述需求只会影响到"界面操作"，不是一件重要的事情，但付出的代价很大：需要在数据库中保存代码表，要为子系统作映射表，还要统一进行维护；而为了实现这个技术方案，需要付出额外的工作量、牺牲系统性能、增加实现难度，如图 3-5 所示。

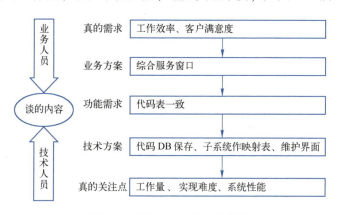

图 3-5　甲乙双方关注点的差异

由于最根本的出发点不同，在双方进行沟通的时候，尽管在谈同样的需求，但是一面的出发点是"提高工作效率、提高客户满意度"，另一方面的出发点是"工作量""难度"和"性能"，不一样的思维，不一样的语言，沟通不畅就可以理解了。

3.3.2　双方眼中的不同生命周期

甲方、乙方眼中的生命周期有什么不同呢？小 M 眼中"项目"的起点，在客户眼中已经是"执行"阶段了。因为在小 M 进入项目之前，客户的"项目"早已经开始了，已经做了大量的论证和分析工作。这个过程有点像接力赛，但是因为遗漏了接棒之前的信息，所以造成了一些偏差。

小 M 按照客户所说的一些项目的关键点，结合项目管理中的生命周期概念重新进行了梳理。发现客户眼中生命周期是这样的，如图 3-6 所示。

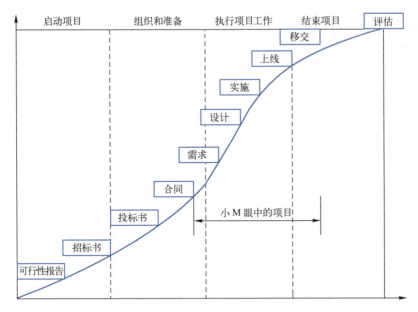

图 3-6　典型生命周期实例

第一，启动项目，目的是识别需求。最初的"需求"是来自业务部门，比如工作效率和客户满意度有待提高等。为了解决这个业务问题，客户内部对需求进行了确认，提出了主要的改进方法和改进目标，计算投资收益比，分析厂商所应具备的条件，最终完成了可行性分析。根据可行性分析结果，客户批准了预算，完成了立项，项目就产生了。之后一个小组与咨询公司一起细化了项目的需求和各种规格，发出了《招标书》。小 M 看到的很多业务需求，就是这个阶段产生的。

第二，组织和准备，目的是确定解决方案。各个符合资质的厂商收到了招标书之后，根据规格提交了《标书》介绍自己的解决方案，以及报价。最终客户根据公司实力、方案优劣和报价情况，选择了小 M 所在的公司，进行商务谈判并最终签订合同。小 M 在这之后才正式开始接手项目，这也是乙方眼中的项目开始。

第三，执行项目工作。目前小 M 要做的就是带领项目组完成合同规定的任务。这时，项目成败的责任通过合同转移到了小 M 的公司头上。小 M 要代表公司与客户确认项目目标和范围，制订计划，协调资源完成需求、设计、实施工作，直到项目顺利上线。上线标志着完成了项目交付成果和执行阶段的结束，但是，项目并没有结束。

第四，结束项目。系统上线之后，小 M 的项目组要移交工作成果，将系统交接给维护人员，结清各种款项。这时对小 M 来说项目可以结束了，项目的责任又重新回到了客户身上。但是，对于客户来说项目还没有结束。客户在接受新的系统之后，要使用系统实现原定的业务目标，根据运行的情况评估"工作效率是否提高、客户满意度是否提高"，从而确定项目的成败。

如此看来，小 M 只是经历了项目中的一段。由于没有参加论证阶段，所以可能遗漏一个非常重要的信息——客户"为什么要做这个项目"。客户一定知道在项目完成之后，"可以解决什么问题，能带来什么价值"，这才是客户心中的项目成功标准。

3.3.3 客户为什么做这个项目

客户为什么要做这个项目？这是最本质的业务需求。需求分析确定的功能需求，都是从业务需求推导出来的，都必须为业务需求服务。

举个例子，客户去买衣服的时候，一定知道自己为什么要买衣服吧？可能是"御寒"，可能是"漂亮"，也可能是"体面"，也可能是因为在打折。

一般的营业员会问客户颜色、款式和面料等方面的要求，拿到一件就努力说明"这件衣服最适合你"，可能一件一件不停地试，但客户始终都会挑出毛病。

而有的营业员会努力弄清楚你为什么要买，问你什么场合穿。然后，再帮助客户做出取舍，如果为了御寒会强调保暖性能，并请你适当牺牲漂亮；如果是为了漂亮，就要找款式新颖、颜色流行的，强调价格是合理的；如果为了"体面"就要找面料和做工好的，就要适当牺牲价格；如果是为了便宜就要强调性价比，并对比以前的价格。

小 M 他们犯的错误，是第一种营业员的错误。上来就聚焦在功能需求上，一下子扎在了功能需求如何实现上，而忽略了"客户为什么做这个项目"。

这样看来，"按期交付"只是项目的最低要求。交付的成果能"解决客户的问题、给客户带来价值"，才能让客户成功，才能让客户满意。

想让客户满意，就一定要站在客户的立场上考虑问题；站在客户的立场上考虑问题，就要了解客户的业务，弄清楚客户为什么有这样的要求；如果弄清楚了这个"为什么"，对于什么是重要的、什么是不重要的就容易判断了。

想到这里，小 M 和技术人员再次找到了业务主管，认真倾听了主管的需求，并一起讨论解决办法。讨论中发现了一些重要信息。例如，其实代码表并不经常改动，所以每次从数据库访问的方式确实不可取。而比较合适的替代方案是帮助客户建立一个数据字典管理各种代码表，并在需求分析的过程中进行维护。而开发的时候，可以通过一个小程序自动根据数据字典产生下拉列表。为了便于项目结束后客户能自己维护，还专门设计了一个使用方便的小工具。

这个方案开发工作量不大，对性能没有影响，主要工作由客户方面承担，还可以保证客户的长期维护。因此，客户的业务主管对这样的结果非常满意。其实，项目组并没有按照客户最初的要求去工作，但是在了解了客户真正的需求之后，提供了一个更好的解决方案，达到了双赢的局面。

3.3.4 经验与教训

由于甲乙双方的立场不同，关注点不同，很多事情会产生分歧。要想让客户满意，必须从客户的角度看问题，了解客户表面需求背后的"需求"，因为这是客户判断项目成败的标准。

3.4 都是婆婆——认识项目干系人

在清理外部系统接口的时候，小 M 遇到了不小的麻烦。

部分老系统在新系统上线之后仍将被保留。但是，为了界面一致性，需要将保留功能的界面用新系统重新开发，方便用户操作和培训。

为了重写这些老系统的功能界面，需要原来的设计文档和接口资料。但是，负责老系统的厂商 D 与小 M 的公司存在着竞争关系，而且新系统上线之后老系统会被逐步取代，厂商 D 对小 M 的工作自然不支持，因此以技术保密为借口拒绝提供设计文档，仅提供了最初的客户需求文档和接口标准。如果没有设计文档，就无法知道操作流程和页面栏位的控制关系，只能仿制页面的样子先做出来，再一遍一遍地去试验。这样的方式进度极其缓慢，几乎无法完成工作。

小 M 找到了 G 总寻求帮助，G 总表示会出面协调。但等了几天没有进展，多次催问之后，G 总表示因为 D 公司是竞争对手，所以没法帮忙了。

小 M 觉得项目中婆婆太多了，没想到还会碰到自己的竞争对手，这的确是件麻烦的事情。该怎么办呢?!

3.4.1 项目的组织关系

项目的组织关系挺复杂的，其实小 M 一直都想整理一下，看看内、外部有哪些主要的角色，他们主要职责是什么。小 M 对照着项目中的具体部门和人员画了一张草图，将他们之间的汇报关系和沟通渠道标示了出来，如图 3-7 所示。

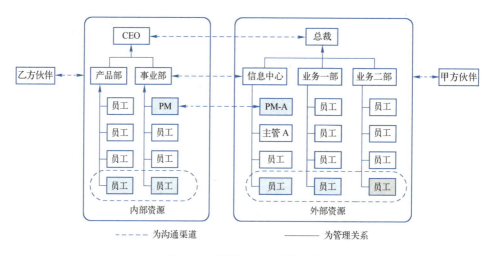

图 3-7　项目干系人对号入座

项目中主要人员和客户的人员组成，见蓝色的部分。这些成员来自不同的部门。

这个项目的用户实际上是各个业务部门，他们直接提出项目的要求，并最终使用项目的成果实现业务目标。但在客户内部，这个项目由信息中心负责；为了便于管理，信息中心任命了甲方项目经理 G 总。

G 总原来是信息中心主管开发的副主任，代表客户对项目整体进展和结果负责。他直接向信息中心主任汇报，项目中的重大事项甚至直接向总裁汇报。G 总带领信息中心一部分开发人员共同参加了项目组，还负责领导多个部门的业务骨干。项目中的需求确认、验收测试、用户培训、系统实施等许多工作，都是由 G 总的团队承担的。

从公司角度来看，项目经理是小 M，平时的汇报途径一是公司内事业部总经理 S 总，二是客户方 G 总和信息中心主任。S 总与客户的信息中心主任关系比较好，一直保持着密切的沟通。

G总和信息中心主任向客户方的总裁汇报。这个项目就是总裁批准的，也是他一直在推动的。尽管总裁不关心项目的细节，但是经常直接过问项目的进展，并为项目组从各个部门协调资源。

S总向公司的CEO汇报，一般情况下如果想与客户方总裁沟通，需要通过公司的CEO。

项目组中的公司内部员工，有来自事业部的顾问和技术人员，还有来自产品部门的支持人员。他们有自己的部门经理，但在项目执行过程中对小M负责，按要求完成任务后就可以离开项目。

除了这些角色，项目中还有很多合作厂商。一些合作厂商是客户直接的采购对象，另外一些是小M的采购对象和支持伙伴。因此，一部分伙伴通过公司联系，另一部分通过客户联系。

问题是，厂商D不属于项目的伙伴和供货方，而是信息中心的供货方。信息中心的另一位副主任负责与厂商D联系。

3.4.2 项目打破了组织的平静

如果说组织原来是一池平静的水，项目就好比一块石头，不仅会改变组织的结构和流程，而且重新分配了人员的利益和权力。自然有些人是受益者，有些人是"受害者"。

小M了解到，这个项目是一把手（总裁）主抓的项目，是客户业务转型的重要举措，对客户来说意义重大。信息中心主任当着一把手的面立下了军令状，G总也是总裁点的将。

G总虽然面临着很大的压力，在新系统上线之后他的团队将承担运维和升级任务，但是客户内部都认为他是信息化的"明日之星"，因此其团队积极性很高。

新系统上线后有些负责旧系统运维的人员会逐步转到新系统运维团队中，而有些人到底今后怎么安排现在还不明确，负责与厂商D联系的那位副主任就是这种情况。

虽然他负责老系统的维护，但是新系统上线之后前途未卜，对于这个项目自然有一些抵触情绪。而厂商D本来就是竞争对手，更不可能支持这个项目，因此想推动他们帮助解决问题自然十分困难。

现在的情况比较清楚了，但矛盾和困难的事情是需要推动抵触项目的组织，为项目做事。

3.4.3 婆婆也能帮你

从组织关系上分析，要想解决问题必须通过信息中心主任。小 M 与 G 总商量，希望向信息中心汇报这件事情。厂商 D 在信息中心还有其他的业务，不会为了这样一点事情得罪信息中心的主任。另外，建议 G 总从信息中心调集一名懂原有系统开发的人员，如果真的拿不到文档，至少有人能说清楚是怎么回事。

G 总同意这样的安排，并说自己的一个下属原来就是负责老系统维护的，也非常愿意进入这个项目。但他自己不太愿意出面进行汇报。一方面，负责老系统运维的那位副主任是自己的老上级，因为这个项目 G 总提升了，变成了他的平级；项目启动之后又从他那里调集了很多人，对他的工作造成不小的影响，本身就有点过意不去；如果继续从他那里要人，还要指责他负责联系的厂商 D 不支持项目，恐怕会影响两个人之间的个人关系。

小 M 完全能够理解 G 总，自己没有什么人际关系的负担，于是提出可以从项目角度直接反馈问题。但是自己直接找信息中心主任好像级别不够，有点犯憷。突然想到自己的上级 S 总与信息主任关系不错，也许他出面可以帮助解决问题。

小 M 向 S 总汇报了事情的原委，并希望得到支持。隔了一天，S 总反馈已经与信息中心主任谈过了，问题会解决的。很快，信息中心主任就找到了小 M 和 G 总了解情况，并要求小 M 提交一份书面报告。

第三天，G 总告诉小 M，在信息中心主任主持的工作例会上，讨论了小 M 的报告，信息中心对此事形成了几点决议：

- 重申了项目的重要性，各个部门必须全力配合。
- 确定调集一名参加过原有系统开发的人员加入项目开发团队。
- 通过正式渠道通知厂商 D，按照原来的合同要求应该提供设计文档；如果其不能履行合同义务，将中止与其任何合作。

烦恼了很久的事情，突然间就圆满解决了。小 M 自己也没有想到，S 总出面可以发挥这么大的作用。

不仅如此，此事也改进了小 M 和 G 总的关系。以前两个人"各为其主"，因此冲突比较多。这次两人能够密切合作顺利地解决了问题，有点"英雄惜英雄"了。

3.4.4　经验与教训

项目中的干系人关系非常复杂，遇到困难的时候，冷静分析谁是项目的得益者，谁是项目的失利者，就可能发现解决问题的关键点。项目经理不用将"所有问题都自己扛"，可以巧妙利用非组织关系，设法获得高层支持，这样就有更多解决问题的钥匙了。

第 4 章

理论到实践——"落地"的那几招

4.1 做不完的项目——目标和范围

在确认项目范围的时候，小 M 发现甲乙双方存在比较大的分歧。

事情是这样的，客户有好几百个网点分散在各地，安装调试工作除了要在主机房内进行，还要到各个网点进行。但这项工作由客户来做，还是项目组来做，合同中并没有写清楚。

客户觉得合同虽然没明确写明，但是肯定应该由乙方做。因为项目的目标是"确保系统被客户正常使用和实现商业目标"，显然应该包括安装、培训和支持。

但这项工作如果乙方来做，就算项目组全体人员一个一个网点地去安装，至少也要大半个月的时间。更让小 M 傻眼的是销售承诺了一年的免费维护，也就是 1 年中如果有任何升级和版本更新，都需要覆盖到几百个网点。这是小 M 的团队无力承担的，如果按照这个要求去做，这将是个几乎做不完的项目。

小 M 找到了公司内的销售人员，询问当时是怎么回事。销售人员说当时已经看到这个问题了，一般这部分工作都是客户的 IT 部门做，为了快点签约就没谈。销售轻松地说："咱们不做就得了，可以让客户自己做。"这让小 M 非常恼火，现在面对客户可不是这么简单的一句话能解决的。

小 M 陷入两难境地，如果接受这部分工作就需要投入大量人力，项目就亏大发了！如果不做这部分工作，系统不可能上线，不要说客户满意度了，公司不被告就不错了。

4.1.1 目标和范围

确实如客户所说，在公司的投标方案中承诺了"确保系统被客户正常使用和实现商业目标"。但是，对于其中的一些工作怎么做、谁来做，却并没有说清楚。对小 M 来说，如果工作范围和职责都没弄清楚，项目的边界就是不明确的，就很难按照预定的时间、成本和质量完成任务。

这件事必须跟客户讨论清楚，最现实的解决方案是请客户帮助一起做。小 M 只好找到 G 总商量。

G 总拿着合同上的条款明确地告诉小 M，乙方负责系统开发和顺利移交，从合同上看没有什么好谈的。小 M 也承认，在签订合同的时候，没有识别出这背后隐含的工作量。但是，实际情况是执行起来确实有困难，希望得到 G 总的帮助，商量一个解决的方法。

G 总态度缓和了一些，告诉小 M 他对于这个问题其实也有同样的烦恼。因为新的系统上线之后，客户的组织结构也要进行相应调整，IT 支持将集中运维，IT 支持人员大大减少。小 M 的团队总有离开的时候，之后升级和维护的烦恼就是 G 总自己的了。

在这点上两个人的目标又是一致的。如果能够实现远程的运维管理，就不需要很多人到现场安装和维护，这才是真正的解决方法，这下两个人的共同语言多起来了。

分析下来，实际上工作量主要来自版本的升级和简单故障排除。目前除了硬件的故障需要到现场，一些简单故障可以通过远程接入解决，比较麻烦的是版本的升级工作。有的网点可能某些日期不开门，错过版本升级的时间。如果能设计一个自动升级系统，主动下载补丁，控制版本序列，网点就能够自动升级，减少很大的维护工作量。

对解决方案的思路达成一致，此事大大往前进了一步。但是，额外开发这样一个系统需要一定的工作量，而且这个功能不包括在功能清单中，对于公司来说属于一个比较大的工作范围变化，该怎样说服公司呢？

4.1.2 "增加范围"还是"减少范围"

"工作范围是实现目标的途径，是为目标服务的"。目标公司已经承诺了，路径有两种选择：一种是调集大量人力帮助客户安装；另一种是增加一个版本自动升级系统。

版本自动升级系统是因为客户潜在的需求而引发的额外工作，但从目前分析看却是最佳解决途径。小 M 与 S 总就此事进行沟通，介绍了背景和可选方案，并说明了自己的观点：虽然额外开发一个版本自动升级系统增加了工作范围,但是从另一个角度来说,大大减少了实施的工作量。而且,这样一个版本自动升级系统不仅可以在这个项目中用,将来也可以在其他客户那里复用,提升解决方案的竞争力。

对于小 M 提出的"无法拒绝的理由",S 总同意与产品部门协调,希望将这样一个模块算做产品的一部分。果然,小 M 很快接到答复,这个方案获得了公司产品部支持,产品部会派人参与该系统的开发,并且不计入小 M 项目的成本。这让小 M 喜出望外!

但是,尽管版本自动升级系统以后可以自动升级网点的系统,可是网点的首次系统安装和配置仍需要到现场执行,因此,至少要到网点跑一次。

小 M 再次找到了 G 总,说明公司已经决定免费为客户开发一套版本自动升级系统,以后的升级工作可以自动进行了。但是,初次安装工作希望 G 总的部门派人参与,共同承担。

G 总对于能够免费获得一个版本自动升级系统非常高兴,这样以后他的团队就省事多了。对于现场的初次安装,愿意共同负责。但这不仅是工作量问题,还有一些现实的困难:

- 各个网点系统都在工作中,并行安装另外一套系统只能晚上进行,比较辛苦。
- 需要确认新系统的安装是否会影响原系统的正常运行。
- 自己部门的人员对新系统不熟悉,怕出错误,不能保证安装的成功率。

听到这些问题,小 M 知道 G 总已经在从执行的层面考虑问题了。于是回去与几个骨干仔细研究 G 总的问题。很快拿出了更新的方案:

- 在网点的系统中建立一个独立的分区,可以通过一个命令在新老两套系统之间切换,这已经在测试机上通过了验证。
- 将安装程序完全自动化,安装人员仅需输入几个简单的配置参数。
- 开发了一个检测程序,对安装结果进行验证。
- 安装的日志可以导出,出现问题也可以拿回来进行分析。
- 安装之后组织一次全网点参加的绿灯测试,验证基础安装完毕。
- 项目组会安排一些工程师,带领客户的技术人员完成头几家的安装。

这样,小 M 只要承担 10% 的网点安装工作即可;如果客户动员所有的 IT 支持人员参加安装,只要一周的时间就可以完成所有网点的首次安装。

方案至此,客户方已经完全接受,也同意安排技术人员晚上加班进行。为了避免夜长梦多,小 M 与客户签署了一份补充协议,就上述的内容进行了书面记录。

这样，客户获得了一套系统，解决了长期维护升级问题；尽管不马上给钱，但是对于这部分额外工作至少有了书面的认可。公司通过了这个项目获得了一个新的模块；而小 M 终于解决了项目中最大的一个工作范围的分歧。

4.1.3 为什么会产生分歧

此事过去之后，小 M 又陆续遇到了一系列工作范围的分歧，看下来主要由三类原因造成：

第一，没说清楚，是商务谈判过程中的遗漏造成的。例如上面的实施问题，销售人员当时的关注点是迅速签约，而不是如何交付，遇到模糊问题怕节外生枝，所以避而不谈；而甲方有最终验收的主动权，有回旋余地，遇到这样的问题也没有意愿主动提出来。一旦项目经理接手之后，随着项目的深入这些早期的隐患都将陆续暴露出来。因此，售前过程最好项目经理能同时参与，一定程度上能够避免类似的问题。

第二，没想清楚。理想中的项目一开始就有明确的目标，但因为项目的独特性，一定会还有很多不明确的地方早期谁都没有想到。现在的 IT 项目，已经不是简单的业务流程的"电子化"，而是通过信息技术对业务流程进行再造或业务创新。因此，对到底要做成什么样，可能会遇到哪些问题，开始确实很难想清楚，需要在过程中逐步进行明确。

第三，没法控制。一些大型项目可以长达几年，这样长的时间内，商业环境、政策法规的变化会对项目范围、需求造成重大影响，这是双方都不愿意看到的变化。客户组织结构变化、人事变动等因素，对项目的影响更加直接。例如，新的领导思路的变化，甚至对项目的重视程度的变化，都可能直接影响项目的走向。

这些因素之间还可能相互影响，叠加之后就会造成项目的工作范围不断变化，因此，"如果没有对范围的定义和说明"，项目可能做不完。

4.1.4 重要的文档——范围说明书

为了能做完项目，需要一个比较清晰的项目范围基准文件——《范围说明书》。项目的《范围说明书》的作用是详细记录项目可交付的成果，以及为提交这些可交付的成果而必须开展的工作。有了《范围说明书》，项目团队才能展开更详细的计划，才能评估变更请求是否为额外工作。

《范围说明书》中主要的内容之一是活动分解（Work Breakdown Structure，WBS），WBS 将项目的"交付物"自顶向下逐层分解成易于管理的若干元素（这些元素组成一幅树形图），结构化地定义了项目的工作范围。WBS 每细分一层都是对项目元素更细致的描述，细分的元素称为工作细目，其中最底层的工作细目（树形图的叶节点）叫工作包。为了方便分层统计和识别，WBS 中的每个元素都被指定一个唯一的标识符，并分层表示。

除了 WBS，《范围说明书》还包括以下内容：

- 前言。介绍编写《范围说明书》的主要内容、编写目的、适用范围和效力、生效和终止的条件及日期等内容。
- 项目概述。说明项目要实现的主要业务功能；项目与现行系统和其他系统的关系；目标系统的硬件和软件结构等。
- 产品范围。描述所提供的产品、服务和成果的特征，可以通过需求文件记录。
- 项目范围。为完成项目目标而必须完成的工作；明确哪些内容不属于项目范围，有助于避免分歧。
- 双方的职责。对于双方需要配合完成的工作（如需求分析），要明确说明双方各自承担的工作内容和担负的责任。
- 交付成果。交付成果包括组成项目的产品或服务的各种结果，也可以包括各种辅助成果，比如项目管理报告和文件，对于可交付的成果描述可详可简。
- 验收标准和流程。定义已经完成的产品、服务或成果的验收过程和标准。
- 项目的约束条件。是指与项目范围有关，且制约项目团队的约束条件。例如，预算限制、强制性的里程碑时点、政策法规、合同条款等。
- 前提和假设。与项目相关的前提和假设条件，以及万一不能成立而造成的可能结果。
- 变更流程。明确规定项目发生变更时的处理流程，并对照组织结构说明最高的决策机构。

按照上述的内容，小 M 整理了《范围说明书》，如图 4-1 所示。

实际上，与客户讨论和确认《范围说明书》确实比较费时间。但小 M 觉得，这项投入是非常值得的，哪怕是知道与客户有哪些分歧也很重要。范围核实的过程秉承了几个原则：

```
1. 前言                          6. 验收标准和流程
2. 项目概述                          6.1 产品验收标准
    2.1 系统架构                     6.2 工作验收标准
    2.2 外部接口                     6.3 验收流程
3. 工作范围                      7. 项目的约束条件
    3.1 产品范围                     7.1 时间约束
    3.2 项目范围                     7.2 成本约束
    3.3 不包括的范围                 7.3 政策法规
4. 双方的职责                        7.4 其他约束
5. 交付成果                      8. 前提和假设
    5.1 主要交付成果             9. 变更流程
    5.2 辅助交付成果                 9.1 变更管理组织
                                     9.2 变更管理流程
                                     9.3 决策和仲裁
```

图 4-1　范围说明书

- 对于没有说清楚的，现在就进行澄清，或者至少记录下来这里有个问题。
- 对于没有想清楚的，设定假设条件，比如目前的构想是什么，将来可能变化；或者，明确说明某个地方还需要进一步讨论。
- 对于无法控制的外部政策等变化，在项目的约束条件中进行了列举。例如，说明某个模块是依据×××政策的标准开发的，如果政策发生了变化，则需要进行必要的变更分析。
- 对于依赖的、无法控制的外部条件，在假设条件中进行列举，例如，系统期望用一个尚未发布的新的操作系统版本，那么假设条件就是这个操作系统能够按期发布。
- 核实过程中，不但要确认范围，还要确认双方的分工和职责。
- 不但确认交付成果，还要确认中间的过程文件。中间结果并不一定向客户提交，但却是一个工作完成的证据。

完成之后，小 M 召集各方面的人员，对《范围说明书》进行了重新评审，确认之后小 M 心里踏实多了。

4.1.5　经验与教训

项目的目标不等于工作范围，工作范围是项目目标的实现途径。善于发现项目潜在需求，是确定工作范围的一个要点。

一份清晰的工作范围说明书，是后续工作的依据；即使有不清楚的地方，也可以通过假设的方式先记录下来。

如果发生分歧，不要回避，必须进行澄清和谈判。否则拖到最后更为被动；宁可事前消除客户不切实际的"期望"，也不要事后让客户"希望破灭"。

项目经理最好能参与售前活动，帮助客户经理识别模糊的范围，与其事后花时间打官司，不如签合同前费点工夫讲清楚。

4.2 三个臭皮匠——制订计划的方法

范围总算是理出来了，制订计划是小 M 最拿手的了。按照标准流程小 M 花了 1 天时间就完成了一个"详细"的计划。但是把计划拿出来之后，立刻受到了挑战：很多工作步骤"太外行"，任务之间的依赖关系不符合实际，时间安排也有很多不合理的地方。

W 老师建议，既然项目骨干已经基本到位了，应该大家一起制订计划；毕竟小 M 不可能每个方面都熟悉，多听听大家的意见肯定有益，小 M 接受了 W 老师的建议。

会议开始了，大家采用头脑风暴的方法列出任务。一旦打开了话匣子，每个骨干都能如数家珍地把自己负责的工作讲解一遍。小 M 感受到了集体的智慧，也切实体会到了项目的复杂性和专业性。

很快任务就密密麻麻地列了一白板，问题也来了，依赖关系越来越复杂，箭头越来越多，白板越写越乱，画出来的网络图是让神仙也头晕的蜘蛛网。而七嘴八舌、零七碎八的讨论过程让场面越来越混乱。

自己一个人制订计划"智慧"不够；团队制订计划"智慧"够了，但理不出头绪。"三个臭皮匠、赛过诸葛亮"不假，但是臭皮匠应该怎样合作呢？

4.2.1 计划的"计划"

小 M 觉得，为了让大家能够合作制订计划，首先要整理一下工作思路，做一份制订计划的"计划"：

第一步，根据 WBS 制订活动清单。因为活动都有一定的工作步骤，重点是大家一定要约定分解到活动的哪个层次。

第二步，确定活动之间的依赖关系，绘制网络图；网络图可以让大家看到整体格局，然后再进行调整就比较直观和方便。

第三步，根据网络图的依赖关系和工期要求，确定各个小组的资源配置。根据资源的情况进行调整和平衡，完成进度计划和资源计划。

第四步，根据资源和进度计划，制订项目的预算。

对于这个计划的"计划"，开发组提出了一个问题：产品功能需求清单有好几百项，这几百项再按照需求、设计、编码、单元测试、集成测试、系统测试和验收测试等工作步骤展开，会形成一个好几千项的活动清单，估算和管理都非常困难。

讨论后大家觉得产品范围内的活动分解，只要写清标准的工作步骤就可以了。而具体的内容，则通过需求矩阵进行管理。

需求矩阵按照子系统、功能集、执行单元的结构列出所有的功能需求，每列则对应每项功能的工作步骤以及每个步骤的工作量。工作量参考一份估算标准，并用最低、期望、最高三个值描述，见表 4-1。

表 4-1 需求矩阵

编号	一级			复杂度	工作量			需求	设计	编码	测试
	二级										
		三级			最低	期望	最高	20%	30%	25%	25%
1.1	子系统 1										
1.1.1		功能集 1										
1.1.1.1			功能 1	高	8.0	10.0	12.0	2.00	3.00	2.50	2.50
1.1.1.2			功能 2	中	6.0	8.0	10.0	1.60	2.40	2.00	2.00
1.1.1.3			功能 3	低	4.0	5.0	6.0	1.00	1.50	1.25	1.25
1.1.2		功能集 2										
……	……	……	……	……	……	……	……	……	……	……	……

产品范围的分解问题解决了，小 M 将计划的"计划"整理了出来，如图 4-2 所示。

4.2.2 形成活动清单

（1）活动分解

理论上说 WBS 定义了交付什么，活动清单描述了怎么交付的工作步骤。但实际上 WBS 中的一些内容好像本身就是一项活动。比如客户培训，到底这是"范围"还是"活动"呢？其实，WBS 中的交付成果包括产品和服务两类，

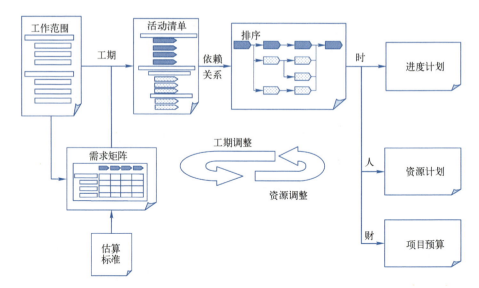

图 4-2 计划过程

软硬件是可见产品，"客户培训"是服务，是不可见的产品。

可以看见的产品验收比较方便，不可见的服务要特别注意文档，否则最后怎么证明做过了呢？所以，要保留培训记录、培训考试等资料，无形的交付更要通过有形的"文档"做证明。

澄清了任务的分类问题之后，各组分头进行活动分解和工期估算。

1) 开发组分解的结果。

- 需求分析工作开始之前，首先要对客户进行产品培训，1 周可以完成；然后逐个功能比较客户需求与产品的差异，这个过程大约需要 2 周；最后需要 1 周时间整理需求报告并完成评审。
- 外部接口调研和分析整理 3 周就可以完成，版本自动升级系统功能定义 1 周可以完成，这两项工作与应用系统开发没有关系。
- 系统设计可以按照子系统分头进行，包括确认时间 3 周可以完成，4 周比较安全，关键要看设计的工程师能力。
- 开发工作包括编码、单元测试，在资源有保障的情况下，需要 4 周时间完成。
- 测试总共需要 4~5 周，包括集成测试 1 周、系统测试 2 周；验收测试如果顺利的话 1 周，如果不顺利需要再来 1 轮，则还要 1 周时间。

2) 转换组的反馈结果如下。

- 数据移植：总共需要 7 周，包括映射关系分析 2 周，数据转换程序开发 3 周，数据补录 2 周。数据补录工作量较大，请客户的人员帮忙比较好。
- 用户培训：手册编写可以在需求分析之后进行，4 周完成，培训需要 2 周；在系统切换前用户培训必须完成。
- 系统管理员培训：手册编写在设计之后进行，需要 2 周，系统管理培训 1 周，在验收测试之前应该完成管理员培训，以便其有时间在上线前熟悉系统。
- 系统切换：安装和配置软件系统需要 1 周，切换应该 1 天可以完成，但客户要求试运行至少 1 周，总共 2 周比较保险。

3）系统组反馈信息如下。
- 主机环境：确定配置参数 1 周可以完成；设备采购客户负责，一般需要 4 周时间；安装调试需要 1 周，在开发开始之前应该就位。
- 网点环境：设备调查需要 2 周，制订配置标准需要 1 周，客户采购和改造至少 6 周。网点环境系统切换前准备就绪。因为只有一个系统工程师，这些工作不能重叠。

4）管理方面。
- 需要项目经理全程负责项目的管理工作，并负责项目的启动和收尾。
- 项目启动已经过了 2 周，试运行之后的移交和收尾工作需要 1 周。
- 质量经理应该全程参与，并负责过程规范、评审、测试、缺陷追踪和配置管理。

5）业务小组的反馈如下。
- 客户方面已经从各个业务部门专门抽调出来一批骨干，会在从需求分析到试运行结束的整个过程中全力配合项目组工作。

根据这些信息，完成了活动清单的相应内容，见表 4-2。

（2）确定责任矩阵

按照工期优先的原则，项目组分别估算了各个小组的投入资源。因为，很多工作的角色和分工不能替换，需要分别估计每类人员的资源需求。

比如，需求分析、系统设计需要的是系统分析员，开发和实现需要软件工程师，测试不仅需要测试工程师，还需要质量经理来管理。

根据任务的特性，确定每项任务需要的角色，以及他们承担的责任，主要参与者用 P 表示，S 表示支持，R 代表审核。

根据这些信息，完成活动清单的相应内容，见表 4-2。

表 4-2 活动清单

一级 二级 三级	项目经理	质量经理	架构师	业务专家	系统分析员	软件工程师	测试工程师	咨询顾问	系统工程师	业务代表	系统管理员	运维支持	可靠工期	乐观工期	依赖关系
A 软件系统															
A1 需求分析															
A1.1 应用系统功能培训				R	P								4	4	
A1.2 应用系统需求分析				R	P					S			1	1	
A1.3 应用系统需求报告和评审				R	P					S			2	2	
A1.4 外部接口调研分析			P							S			1	1	D1
A1.5 版本升级系统功能定义					P								3	2	
A2 系统设计															
A2.1 应用系统设计					P								1	1	
A2.2 测试方案和案例设计							P			S			4	3	A1
A2.3 系统架构设计			P										4	3	
A2.4 版本升级系统设计					P								1	1	
A3 系统开发															
A3.1 应用系统开发			R			S	S						4	4	A2,C1.3
A3.2 外部接口开发		P	S		P	S	S						4	4	
A3.3 版本升级系统开发			S	R	S	S	S						3	3	
A4 测试															
A4.1 集成测试		P			S	S	S			S			2	2	A3
A4.2 系统测试		P			S	S	S			S		S	1	1	A3
A4.3 验收测试	R									P	S		2	2	A4.1
B 系统实施															
B1 数据移植													2	1	A4.2,B1.3,B2.4
B1.1 映射关系分析					P								2	2	A2

（续）

一级	二级	三级	项目经理	质量经理	架构师	业务专家	系统分析员	软件工程师	测试工程师	咨询顾问	系统工程师	业务代表	系统管理员	运维支持	可靠工期	乐观工期	依赖关系
		转换程序开发 (B1.2)					P	S							3	3	B1.2
		数据转换 (B1.3)					P					S		S	2	2	B1.3
	用户培训 (B2)																
		编写操作手册 (B2.1)				S				P					4	4	A1
		用户操作培训 (B2.2)								P		S			2	2	B2.1
		编写管理员手册 (B2.3)			P										2	2	A2
		管理员培训 (B2.4)			P										1	1	B2.3
	系统切换 (B3)																
		系统安装 (B3.1)			S		S			S	S		S	P	1	1	A4.2, C2.3
		切换和试运行 (B3.2)	P	S	S		S			S	P		P	P	2	2	B2.2, B3.1, A4.3
系统环境 (C)																	
	主机环境 (C1)																
		确定主机配置 (C1.1)			S						P			P	1	1	D1
		主机设备采购 (C1.2)												S	4	4	C1.1
		主机安装调试 (C1.3)									P		S	P	1	1	C1.2
	网点环境 (C2)																
		网点设备调查 (C2.1)									S	S		P	2	2	C1.1
		网点配置标准 (C2.2)									P	S		S	1	1	C2.1
		网点设备改造 (C2.3)												P	6	6	C2.2
项目管理 (D)																	
		项目启动 (D1)	P	S											2	2	
		移交收尾 (D2)	P	S											1	1	B3.2

(3) 确定依赖关系

活动清单的格式比原来口头描述清楚多了。从这样的清单中，寻找任务之间的依赖关系就方便许多。依赖关系分以下几种。

- 逻辑约束：一件事必须在另外一件事之后。需求、设计、开发、测试必须顺序进行；系统切换前用户培训必须完成，这是明显的工作步骤的逻辑顺序，不能改变。
- 资源约束：一种资源不能同时为两个活动所用。例如，因为只有一个系统工程师，确定主机参数、确定网点参数不能并行进行。资源约束在改变资源投入之后可以消除。
- 条件约束：一定的隐含条件限制形成的约束。用户手册在差异分析之后进行，是为了避免手册内容和系统实际功能不一致，减少无用功。在验收测试之前完成管理员培训，是为了验证客户可以驾驭系统，有更长时间熟悉系统，如果不需要满足这些条件，就可以消除这种约束。

根据这些信息，完成活动清单的相应内容，最终完成的活动情况见表4-2。

(4) 如何确定活动分解的级别

表4-2的活动清单已经包含几十个节点了。为了清晰表达项目的所有活动，理论上可以继续细分活动，划分成不同层次。但是，应该分解到什么层次合适呢？哪些活动应该放在一个层次上管理呢？为了便于进行分析和控制。作为第一个层次的活动应该符合以下原则：

- 产生了不同的交付物。例如，需求分析、系统设计都有明确的交付物，直接放在第一层；类似数据转换、用户培训等活动中间会产生不同的交付物，就需要将其继续分解，否则无法控制中间状况。
- 责任人发生了变化。系统环境类工作，中间责任人发生了变化，所以需要继续分解到下一层。系统安装、系统切换等活动尽管有多个操作步骤但责任人没有变化，所以可以不再继续分解。
- 活动周期大于了检查周期。假如项目的检查周期是4周，测试活动的总周期大于了检查周期，就应该继续分解为集成测试、系统测试和验收测试三个活动。另外，这三个测试活动的责任人不同，也符合继续分解的原则。

这样，作为项目第一层需要管理的活动（应该画在第一层网络图中的活动），在表4-2中用蓝色背景标出。

4.2.3 排序和网络图分析

有了活动清单和依赖关系，接下来可以进行排序了。在排序之前，需要先了解网络图的基本原理和规则。

（1）网络图简介

网络图有两种，一种是用节点表示任务，用箭头表示依赖关系；另一种是箭头表示活动。小 M 使用了第一种，每项活动用一个节点表示，节点是一个"框"，其中记录了活动的名称、代码、工期，最早/最迟开始时间，最早/最迟结束时间，总时差，如图 4-3 所示。这些概念的具体含义见后面的介绍。

图 4-3 网络图的节点

网络图通过箭头表示活动的先后关系和执行顺序，一项活动只有在指向它的所有活动完成之后才能开始。活动开始所依赖的事件，叫作该活动的紧前活动（predecessor event），活动的结束之后才能执行的事件，叫作该活动的紧后活动（successor event）。

通过对网络图进行分析，可以得到项目与时间相关的一些重要信息：

- 给定项目的预计开始时间，能够计算每项活动必须开始和完成的最早时间。
- 给定项目的要求完工时间，能够计算出每项活动必须开始和完成的最迟时间。
- 确定项目的关键路径，也就是最长活动路径。

还有一些涉及网络图的重要概念，在使用之前需要弄清楚。

最早开始时间（Earliest Start time，ES）：指某项活动能够开始的最早时间，可以以项目预计开始时间为基础，根据所有紧前活动的工期进行计算获得。

最早结束时间（Earliest Finish time，EF）：指某项活动能够完成的最早时间，可以在这项活动的最早开始时间的基础上加上这项活动的工期估算出来。

公式1：EF=ES+Duration（最早结束时间=最早开始时间+活动工期）

规则1：某项活动的最早开始时间必须等于或者晚于所有直接指向这项活动的所有活动的最早结束时间中最晚的一个。

最迟结束时间（Latest Finish time，LF）：指为了使项目在要求完工的时间内完成，某项活动必须完成的最迟时间。最迟结束时间可以在项目要求的完成时间的基础上，根据各项紧后活动的工期计算出来。

最迟开始时间（Latest Start time，LS）：是指为了使项目在要求完工的时间内完成，某项活动必须开始的最迟时间。最迟开始时间可以用这项活动的最迟结束时间减去工期计算得出。

公式2：LS=LF-Duration（最迟开始时间=最迟结束时间-活动工期）。

规则2：最迟结束时间必须等于或早于该活动直接指向的所有活动的最迟开始时间中最早的一个。

（2）初步网络图

确定了网络图包括的第一层活动之后，下一步是按照约定的规则和依赖关系绘制网络图，初步的网络图如图4-4所示。接下来计算各个节点的最早开始时间/最早结束时间，过程如下：

最早开始时间/最早结束时间通过正向的计算得到，即从项目的开始节点，沿着网络图的不同路径遍历直到项目的完成节点。例如，

- 项目预计现在开始，所以［项目启动］（D1）的最早开始时间是0，按照公式1，最早结束时间=最早开始时间+活动工期=0+2=2，所以最早第2周结束。

- ［需求分析］（A1）必须在［项目启动］（D1）后进行，也就是紧前活动是［项目启动］，因此［需求分析］的最早开始时间是第2周。按照公式1：最早结束时间=最早开始时间+活动工期=2+4=6，因此最早结束时间是第6周。

- ［系统开发］（A3）有两个紧前活动，［系统设计］（A2）和［主机安装调试］，按照规则1，［系统开发］的最早结束时间是第10周，［主机安装调试］的最早结束时间是第8周，应该选其中最晚的一个，所以［系统开发］最早的开始时间是第10周。

最迟开始时间/最迟结束时间通过反向的计算得到，即从项目结束的节点沿着网络图的各条路径，反向走完所有的节点计算获得。但首先应该确定目

第 4 章 理论到实践——"落地"的那几招

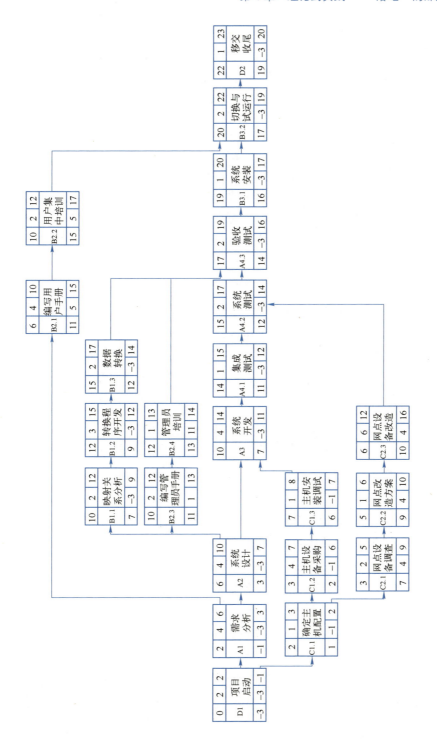

图 4-4 初步的网络图

标完成工期是多少。

客户要求年底之前必须上线，从启动开始算有 23 周。但是，年底最后两周客户会忙于年底结算，不可能顾及项目，实际上只有 21 周了，而中间还跨国庆节，如果中间不加班，工作时间只有 20 周！因此，应该将进度控制在 20 周以内。

反向计算过程如下：

[移交与收尾]（D2）预计完成时间是第 20 周，最迟完成时间是第 20 周，按照公式 2：最迟开始时间 = 最迟结束时间 − 活动工期 = 20 − 1 = 19，是第 19 周。

[切换与试运行]的紧后活动是[移交与收尾]（D2），所以最迟完成时间是第 19 周，按照公式 2：最迟开始时间 = 最迟结束时间 − 活动工期 = 19 − 2 = 17，是第 17 周。

[系统设计]（A2）有 3 个紧后活动：

- [系统开发]（A3）的最迟开始时间是第 7 周。
- [编写管理员手册]（B2.3）的最迟开始时间是第 11 周。
- [映射关系分析]（B1.1）的最迟开始时间是第 7 周。

按照规则 2，[系统设计]的最迟结束时间应该选其中最早的一个，所以选[系统开发]最迟开始时间。因此，[系统设计]最迟第 7 周结束。

正反向都完成之后，可以计算总时差（Total Slack，TS）。TS 表示活动在时差范围内可以延长，不会引起延期。

公式 3：TS = LF − EF，或者 TS = LS − ES，结果相同。

- 如果 TS 是正值，表示有时间余量。
- 如果是负值，则表示没有余量，而且早应该开始了。

网络图中工期之和最长的路径叫关键路径，由所有具有最小时差的活动连起来形成的路径就是关键路径。参见图 4-4，图中的最小时差是 −3 周，因此所有时差为"−3 周"的活动连起来所形成的路径，就是该项目的关键路径：

[启动项目] → [需求分析] → [系统设计] → [系统开发] → [集成测试] → [系统测试] → [验收测试] → [系统安装] → [切换与试运行] → [移交收尾]

关键路径上的总时长，就是项目的总工期，项目总工期需要 23 周。总时差为 −3，说明如果 20 周完工，项目应该在 3 周之前就开始了，如图 4-4 所示。

（3）分析和调整

网络图清晰地表明了活动间的依赖关系、总工期和关键路径。如果要 20 周之内完工，怎么压缩工期呢？必须将关键路径上的活动的工期减少 3 周。项目组结合实际情况，确定的调整原则和方案如下：

- 压缩活动工期。开发组建议，如果使用经验丰富的系统分析员，不仅可以保证质量，还可以保证进度。由于项目的重要性，可以得到公司支持。因此决定投入更多经验丰富的人员，将系统设计工期压缩为 3 周。
- 消除依赖关系。系统安装在验收测试之后进行，主要是担心验收测试中如果有修改，还需要更新网点的安装。但系统安装的工作量主要在网点，如果使用了版本自动升级系统，验收测试中补丁可以同步下发，系统安装可以和验收测试同步进行，将整体压缩 1 周工期。
- 消除风险余量。验收测试原来安排了 2 周是为了担心 1 轮如果不能通过，可以再来一轮。但是，如果把好质量关，这样的概率不高，没有必要现在留余量。如果真的出现问题，通过周末加班解决。

按照这样的方案调整，重新绘制了网络图，如图 4-5 所示。通过调整可以满足工期要求。但因为对方案进行了调整，也发现了一些有风险的地方：

- 需要从公司申请最优秀的系统分析员，是否能够获得这些人员还不确定。
- 数据转换工作也成了关键路径，但预计的负责人还在其他项目中。
- 用户验收只有 1 轮时间，如果时间不足需要周末加班。如果第二轮再不通过则可能需要延期。

4.2.4 资源和进度计划

（1）初步的进度计划

进度计划是将工作安排反映到日历上，它不仅规定整个项目以及各阶段的起止日期，还具体规定了所有活动的开始和结束日期。甘特图（Gantt Chart）是在项目管理中经常用到的一种表示进度计划的方法，横轴为时间刻度，纵轴为活动，用一条"横条"表示该活动的起始和结束时间。传统的甘特图不能表示活动之间的相互关系，现在一些工具可以用横条之间的箭头表示活动的依赖关系。甘特图的特点是直观性强，缺点是一旦改变进度安排整个图形的形状就改变了，必须重新绘制。

进度计划也可以用时间表配合网络图来表示。网络图描述任务间依赖关

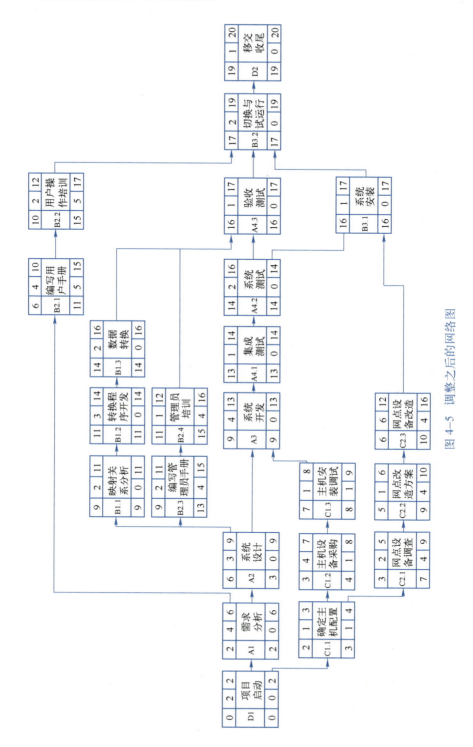

图 4-5 调整之后的网络图

系，而时间表记录每项活动的"计划开始时间""计划结束时间""实际开始时间"和"实际结束时间"。这种方式最大的特点是修改方便，可以直接记录最新状态并进行重新推算；但缺点是直观性较差。

进度计划排定时，重点要考虑两个因素：
- 资源的使用情况是否合理，是否存在资源冲突的情况。因此，资源计划和进度计划可以一起考虑。
- 对那些有较大浮动时间的活动，可以初步确定是越早开始越好，还是越晚开始越好。

尽管觉得工作越早完成越"踏实"，其实有的活动却是越晚开始越好，比如培训如果太早进行可能到使用时就忘了。在这个计划中，进度和资源计划的考虑原则如下：
- 主机环境和网点环境比较复杂，需要尽早开始。
- 培训工作越晚越好。
- 手册的编写工作资源优先，也就是在负责人空闲的时候进行比较好。

按照上面的原则，确定的进度计划见表4-3。

（2）资源配置

网络图完成的是基本的项目计划框架，但是为了保证计划能够按期完成，还是需要为每个活动配置必要的人员和其他资源，并在资源配置的过程中重新审视是否能够完成工作。

资源配置有两种方法：资源优先和工期优先。
- 如果资源有限，工期要求不严，则按照资源优先的原则，按照实际"能力"计算工期。
- 如果资源充足，或者工期要求严，则按照工期优先的原则，先设定工期，然后计算所需要的资源，想办法获取资源。

这个项目使用了第二种资源配置的方法。资源配置的过程，核心是协调工作量、资源和工期的关系：
- 工作量（Effort），指完成一个活动需要投入的人工，一般以人时、人天、人月为单位，比如，某需求分析的工作需要100人天。
- 资源（Resource），指完成一项活动投入的人力资源和其他资源。
- 工期（Duration），完成一项活动需要的时长。

有的活动的工期和资源没有关系，比如等待到货，多派人也没有用。而有的活动，工作量、资源、工期之间存在一定的关系。

表4-3 进度计划

一级	二级	三级	总时差	计划开始	计划结束	1	2	3	4	5	6	7	8	9	10	11	12	13	14	15	16	17	18	19	20
A																									
	A1	需求分析	0	0	2																				
	A2	系统设计	0	2	6																				
	A3	系统开发	0	6	9																				
	A4	测试																								
		A4.1 集成测试	0	13	14																				
		A4.2 系统测试	0	14	16																				
		A4.3 验收测试	0	16	17																				
B		系统实施																								
	B1	数据移植																								
		B1.1 映射关系分析	0	9	11																				
		B1.2 转换程序开发	0	11	14																				
		B1.3 数据转换	0	14	16																				
	B2	用户培训																								
		B2.1 编写操作手册	5	11	15																				
		B2.2 用户操作培训	5	15	17																				

(续)

一级	二级	三级	总时差	计划开始	计划结束	1	2	3	4	5	6	7	8	9	10	11	12	13	14	15	16	17	18	19	20
B2.3		编写管理员手册	4	13	15															■					
B2.4		管理员培训	4	15	16																■				
B3	系统切换																								
B3.1		系统安装	0	16	17																	■			
B3.2		切换和试运行	0	17	19																		■	■	
C	系统环境																								
C1	主机环境																								
C1.1		确定主机配置	1	2	3		■																		
C1.2		主机设备采购	1	3	7			■	■	■															
C1.3		主机安装调试	1	7	8							■													
C2	网点环境																								
C2.1		网点设备调查	4	3	5			■	■																
C2.2		网点配置标准	4	5	6					■															
C2.3		网点设备改造	4	6	12						■	■	■	■	■	■									
D	项目管理																								
D1		项目启动	0	0	2	■	■																		
D2		移交收尾	0	19	20																				■

如100个人天的工作量，如果投入10个人，则需要10个工作日完成；投入5个人，可能需要20天完成。理论上只要增加人力的投入，工期就可以缩短。但它们之间绝对不是简单的线性关系，实际上资源增大到一定程度后，受物理条件、工作步骤的限制，工期不会再减少。就好比砌墙的时候总得有工人站的地方，总要等水泥干，饱和之后再加人也只能在旁边看了。

因此，100个人天工作量的工作，投入100个人肯定不可能在一天完成。而随着资源投入的增加，管理、沟通工作量将以几何级增长，工作量也随之放大，实际上投100人之后反而一片混乱，有可能100天也完不成。

因此，大部分工作都有一定的流程和顺序，也有合理的资源配置要求。因此每个活动其实都有合理的最短工期，同样道理，一个项目一定有一个极限的最短工期。

资源配置时还可能会碰到一个问题：同样的活动、由不同的人执行工期可能会不同，那么应该以谁为准呢？应该以平均水平为准，这个平均水平称为标准当量，不同的人有不同的当量系数，在落实具体人员的时候再考虑具体个体的当量系数，并重新评估活动的工期。

资源配置需要为每个任务安排必要的人力，人员的起止时间与任务起止时间一致，所以很容易从进度计划中展开获得，见表4-4。如果一个任务需要多种角色，需要在任务下面将多种角色分别列出来。

在资源配置的时候，还要考虑的一个问题是人员的连贯性。虽然可以每个阶段使用不同的角色，但是即使再完善的文档也会遗漏信息。后面的人可能知道要怎么做，而不能了解为什么这么做。为了保持客户界面的一致性，避免多次知识传递过程中的疏漏，项目团队要保留一个稳定的核心以能够掌控全局。

在这个项目资源配置方案中，项目经理、业务专家、架构师，以及部分系统分析员，从需求分析开始到试运行全程参与，会使得项目沟通简化很多。

还需要说明一点，因为任务"C1.3 主机设备采购"由客户负责，系统工程师只承担咨询角色，投入的时间可以忽略不计。因此，资源配置表中虽列出了"系统工程师"角色，但并未填写其需要投入的时间。

（3）资源和进度调整

资源调整需要分类计算每周各类资源的人数，保持一个项目组中的人员相对稳定，人员工作量饱满。否则，可能造成人员闲置、差旅费用增加等问题。

根据资源配置表，分类计算每周各类人力资源的状态见表4-5。

表 4-4 资源配置表

一级	二级	三级	计划开始	计划结束	1	2	3	4	5	6	7	8	9	10	11	12	13	14	15	16	17	18	19	20
A 软件系统																								
	A1 需求分析																							
		A1.1 架构师	2	6			1	1	1															
		A1.2 业务专家					1	1	1															
		A1.3 系统分析员					5	5	5	6														
	A2 系统设计																							
		A2.1 架构师	6	9							1	1	1											
		A2.2 系统分析员									6	6	6											
		A2.3 测试工程师									3	3	3											
	A3 系统开发																							
		A3.1 系统分析员	9	13										6	6	6	6							
		A3.2 软件工程师												10	10	10	10							
		A3.3 测试工程师												5	5	5	5							
	A4 测试																							
		A4.1 集成测试	13	14																				
		质量经理																1						
		架构师																1						
		系统分析员																6						
		软件工程师																10						
		测试工程师																5						

（续）

一级	二级	三级	计划开始	计划结束	1	2	3	4	5	6	7	8	9	10	11	12	13	14	15	16	17	18	19	20
A4.2	系统测试	质量经理	14	16															1	1	1			
		架构师																	1	1	1			
		业务专家																	1	1	1			
		系统分析员																	6	6	5			
		软件工程师																	5	5	5			
		测试工程师																	5	5				
A4.3	验收测试	项目经理	16	17																1	1			
		质量经理																			1	1			
		架构师																			1	1			
		业务专家																			5	5			
		系统分析员																			5	5			
		软件工程师																				5			
B	系统实施																							
B1	数据移植																							
B1.1	映射关系分析	系统分析员	9	11										1	1									
B1.2	转换程序开发	系统分析员	11	14														1						

84

第 4 章 理论到实践——"落地"的那几招

(续)

一级	二级	三级	计划开始	计划结束	1	2	3	4	5	6	7	8	9	10	11	12	13	14	15	16	17	18	19	20
B1.2		系统分析员													x									
		软件工程师																						
B1.3	数据转换	系统分析员	14	16												1	1	1	1					
																2	2	2						
B2	用户培训																							
B2.1	编写操作手册	业务专家	11	15												1	1	1	1					
		系统分析员														2	2	2	2					
B2.2	用户操作培训	系统分析员	15	17															1	1	2			
B2.3	编写管理员手册	架构师	13	15													1	1	1					
																	2	2	2					
B2.4	管理员培训	架构师	15	16															1	1				
B3	系统切换																							
B3.1	系统安装	架构师	16	17																1	2			

（续）

一级	二级	三级	计划开始	计划结束	1	2	3	4	5	6	7	8	9	10	11	12	13	14	15	16	17	18	19	20
B3.1	切换和试运行	系统工程师	17	19																	1	1	1	
		软件工程师	17	19																	5	1	1	
B3.2		项目经理																				1	1	
		质量经理																				5	5	
		架构师																				5	5	
		业务专家																					1	1	
		系统分析员																							
		软件工程师																							
		系统工程师																							
C	系统环境																							
C1	主机环境																							
C1.1	确定主机配置	架构师	2	3				1																
C1.2	主机设备采购	系统工程师	3	7				1																

(续)

一级	二级	三级	计划		1	2	3	4	5	6	7	8	9	10	x	11	12	13	14	15	16	17	18	19	20
			计划开始	计划结束																					
C1.3		主机安装调试 系统工程师	7	8								1													
C2	网点环境																								
C2.1		网点设备调查 系统工程师	3	5				1	1																
C2.2		网点配置标准 系统工程师	5	6						1															
C2.3		网点设备改造 系统工程师	6	12							1	1	1	1	1	1	1								
D	项目管理																								
D1		项目启动 项目经理 质量经理 业务专家	0	2	1	1																			
D2		移交收尾 项目经理 质量经理	19	20																				1	1

从分类资源表上可以发现：
- 系统工程师在第8周出现了冲突，需要两个人。
- 架构师在第14~16周出现了冲突。
- 业务专家在第15周出现冲突。
- 第17周软件工程师的需求突然大增。

表4-5 分类资源表

	1	2	3	4	5	6	7	8	9	10	x	11	12	13	14	15	16	17	18	19	20
项目经理	1	1	1	1	1	1	1	1	1	1		1	1	1	1	1	1	1	1	1	1
质量经理	0	1	1	1	1	1	1	1	1	1		1	1	1	1	1	1	1	1	1	1
架构师	0	0	1	0	1	1	1	1	1	0		0	0	0	2	2	2	1	1	1	0
业务专家	0	1	1	1	1	0	0	0	0	0		0	1	1	1	2	1	1	1	1	0
系统分析员	0	0	5	5	5	6	6	6	6	7		7	9	9	9	9	9	7	5	5	0
软件工程师	0	0	0	0	0	0	0	0	0	10		10	12	12	12	5	5	10	5	5	0
测试工程师	0	0	0	0	0	0	3	3	3	5		5	5	5	5	5	5	0	0	0	0
系统工程师	0	0	1	1	1	1	2	1	1	1		1	1	0	0	0	0	1	1	1	0
每周人数	1	3	10	9	10	11	13	14	13	25		25	30	29	31	25	24	22	15	15	2

结合表4-4中的具体活动安排进行分析，可以发现系统工程师冲突是[主机安装调试]和[网点设备改造]重叠造成的，将[网点设备改造]推迟两周即可。推迟2~4周都可以解决系统工程师的冲突问题，但是如果推迟4周，一旦出现问题就会影响整个工期，所以从风险角度考虑。

架构师的冲突是因为[管理员培训]和[集成测试]冲突造成的，[编写管理员手册]和[管理员培训]可以提前3周开始。

业务专家冲突因为[编写操作手册]与[系统测试]时间冲突造成的，[编写操作手册]和[用户操作培训]提前1周即可。

突发的软件工程师增加是因为需要1周时间到网点进行系统初次安装造成的。这是与客户的约定，应该执行，只能临时调配人员。

经过调整之后，得到新的进度计划和分类资源表见表4-6、表4-7。

4.2.5 项目预算

项目预算过程其实可以分成估算和预算两大部分。估算的目的是估计项目的总成本和误差范围，而预算则是将项目的总成本分配到各工作项中去。

估算内容包括人工成本、费用、设备、原材料、劳务和外包成本等。在IT项目中，人工成本占相当大的比例，需要根据人员的成本单价和投入工作量进行计算。在项目启动时，已经对项目工作量进行了专家估算，专家估算的时候使用了类比估算法（根据以前类似项目的实际成本作为当前项目的估算依据）。

表 4-6 调整后的进度计划

一级	二级	三级	总时差	计划开始	计划结束	1	2	3	4	5	6	7	8	9	10	11	12	13	14	15	16	17	18	19	20
A		软件系统																							
A1		需求分析	0	2	6																				
A2		系统设计	0	6	9																				
A3		系统开发	0	9	13																				
A4		测试																								
A4.1		集成测试	0	13	14																				
A4.2		系统测试	0	14	16																				
A4.3		验收测试	0	16	17																				
B		系统实施																								
B1		数据移植																								
B1.1		映射关系分析	0	9	11																				
B1.2		转换程序开发	0	11	14																				
B1.3		数据转换	0	14	16																				
B2		用户培训																								
B2.1		编写操作手册	5	10	14																				
B2.2		用户操作培训	5	14	16																				

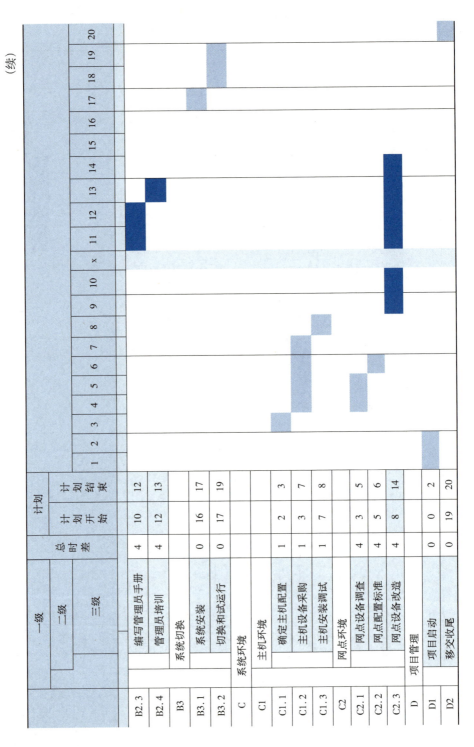

表 4-7 调整后的分类资源表

	1	2	3	4	5	6	7	8	9	10	x	11	12	13	14	15	16	17	18	19	20
项目经理	1	1	1	1	1	1	1	1	1	1		1	1	1	1	1	1	1	1	1	1
质量经理	0	1	1	1	1	1	1	1	1	1		1	1	1	1	1	1	1	1	1	1
架构师	0	0	1	0	1	1	1	1	1	0		1	1	1	1	1	1	1	1	1	0
业务专家	0	1	1	1	1	0	0	0	0	0		1	1	1	1	1	1	1	1	1	0
系统分析员	0	0	5	5	5	6	6	6	6	7		9	9	9	9	9	9	5	5	5	0
软件工程师	0	0	0	0	0	0	0	0	0	10		10	12	12	12	5	5	10	5	5	0
测试工程师	0	0	0	0	0	3	3	3	3	5		5	5	5	5	5	5	0	0	0	0
系统工程师	0	0	1	1	1	1	0	1	1	1		1	1	1	1	0	0	1	1	1	0
每周人数	1	3	10	9	10	11	12	13	13	25		29	31	31	31	23	23	20	15	15	2

成本预算是在确定总体成本后的分解过程。分解主要是做两方面工作：一是按工作包分摊成本，这样可以对照检查每项工作的成本，出现偏差时可以确定是哪项工作出了问题；二是按工期时段分摊成本，将预算成本分摊到工期的各个时段。这样做的好处是可以在任何时间检查偏差，并评价成本绩效，避免"只要不超总预算成本就没问题"的误解。成本预算表和时间-投入情况见表 4-8、表 4-9，人力成本 S 曲线如图 4-6 所示。

表 4-8 成本预算表

科 目	合计(元)	数 量	费 率	单位名称	说 明
项目经理	250000	100	2500	人天	
质量经理	190000	95	2000	人天	
架构师	187500	75	2500	人天	
业务专家	245000	70	3500	人天	
系统分析员	1150000	575	2000	人天	
软件工程师	860000	430	2000	人天	
测试工程师	330000	220	1500	人天	
系统工程师	105000	70	1500	人天	
人工成本合计	3317500				
交通费	171000	57	3000	人次	往返机票/车费
住宿费	190000	950	200	人天	宾馆住宿
补助费	142500	950	150	人天	
市内交通	16350	1635	10	人天	
差旅费合计	519850				
人员培训费	30000	10	3000	次	
办公用品	3633	73	50	人月	
场地租赁	75000	5	15000	元/月	200 m^2 办公场地,5 个月
设备采购	5000	1	5000	台	投影仪
办公费用合计	113633				
备用金	50000		50000		备用金
总计	4000983				

表 4-9 时间-投入情况表

序 号	时 间	当期人工	累计人工	当期人力成本	累计人力成本
1	24-Jul	5	5	1.25	1.25
2	31-Jul	15	20	4.00	5.25
3	7-Aug	50	70	11.00	16.25
4	14-Aug	45	115	9.75	26.00
5	21-Aug	50	165	11.00	37.00
6	28-Aug	55	220	12.00	49.00
7	4-Sep	60	280	11.75	60.75
8	11-Sep	65	345	12.50	73.25
9	18-Sep	65	410	12.50	85.75
10	25-Sep	125	535	23.75	109.50
x	2-Oct	0	535	0.00	109.50
11	9-Oct	145	680	28.75	138.25
12	16-Oct	155	835	30.75	169.00
13	23-Oct	155	990	30.75	199.75
14	30-Oct	155	1145	30.75	230.50
15	6-Nov	115	1260	23.00	253.50
16	13-Nov	115	1375	23.00	276.50
17	20-Nov	100	1475	21.00	297.50
18	27-Nov	75	1550	16.00	313.50
19	4-Dec	75	1625	16.00	329.50
20	11-Dec	10	1635	2.25	331.75

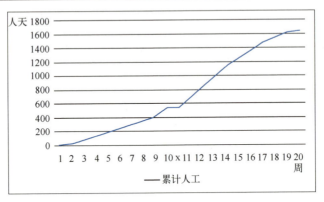

图 4-6 人力成本 S 曲线

4.2.6 经验与教训

制订复杂的项目计划需要团队协作完成，因此做一个计划的"计划"非常有帮助。

活动清单的重点在于列出所有活动、确定责任人以及活动之间的依赖关系，活动分解按照明确交付物、明确责任人和明确检查周期的三个原则确定层次。网络图可以直观地反映活动的依赖关系，团队使用网络图进行计划的调整比较方便。进度计划和资源计划可以同时考虑，重点解决资源冲突、优化任务的起止时间。项目预算按照科目和时间两个维度展开，要知道每件事应该花多少钱，每个时点应该花多少钱。

计划的制订有明显的行业特点，专业知识、团队合作和实践经验是项目计划制订成功的关键。

4.3 计划还是计"画"——执行和检查

制订的计划挂在了墙上，大家忙活了起来，项目有点模样了。开始几天还行，能知道大家的进展，但没几天就不知道每个人在干什么了，计划好像和每个具体工作没有什么关系。

小 M 请每个人写周报，内容是上周的工作成果和下周的工作计划，但是发现实际执行起来计划经常变，个人也没有时间去改，最多周末的时候草草填写一下应付了事，起不到跟踪个人工作进展的作用。

惴惴不安地等到了周末开项目例会，询问项目进展的时候，有人回答"差不多了"，有人说"还差一点"。等到真的检查工作成果的时候，才发现有的工作需要返工，有的人自己调整了计划，并没有按进度完成工作。

项目实际上是失控的，挂在墙上的计划成了计"画"，主要的作用好像是装饰办公室的。

小 M 有点迷惑，辛辛苦苦做出来的"计划"和个人工作之间好像缺了一点什么。到底应该怎样才能让每个人按照计划工作？怎样知道每个人的工作进展？小 M 遇到了新的挑战。

4.3.1 计划怎样"落地"

对照任务委派的要点：交付物、责任人和时间点，小 M 觉得这几件事都做了，但是为什么挂着的计划和各人的工作之间好像没有什么关系？大家反馈了一些意见：

墙上计划的颗粒度太大了，能够知道每个星期大概做什么，但是具体每天做什么，还是需要每个人自己安排。但每个人的习惯不同，有的喜欢赶早，有的喜欢拖到最后，因此中间的时间其实由着每个人性子做。员工自己都说不清楚每天的计划是什么，更不用说项目经理了。

目前阶段属于磨合期，一些经验不足的员工经常有返工或反复的情况出现。因此，虽然制订了个人的工作计划，但因为一会儿要处理返工，一会儿又要修改，所以个人工作计划很快就跟不上整体计划了，所以最后也不看计划了，抓到什么做什么，能把手头工作做完就不错了。

这样看来，"落地"的障碍主要是以下几个原因造成的：

第一，没有将项目计划进行细分，计划与个人的工作之间缺一座桥梁。但是，如果将项目计划全部拆分到每人每天做什么也不现实，因为这样一来计划会非常庞大，而且一旦发生变化更新会很复杂。其实，现在需要的有点像战场上的班组的指挥，不需要书面作战计划，事前根据现场情况在沙盘上布置好任务，战斗中"现场指挥"，随时更新和调整。如果将班组的工作通过"公示板"进行布置，并根据每天的执行情况随时更新和调整，就能达到目的。

第二，虽然对项目组成员进行了培训，但是水平毕竟有差异；尽管有模板和指南，但是因为经验不足有些工作成果往往还是达不到标准，这样的反复影响计划的执行。为此，小 M 想将做得好的工作成果整理成一份样例让大家学习；另外，在工作成果提交客户之前请 W 老师负责审核，要"稳扎稳打"按计划推进，不能"边干边改"造成腹背受敌。

经过讨论，项目成员商量出了一个任务委派和检查的方法，如图 4-7 所示。

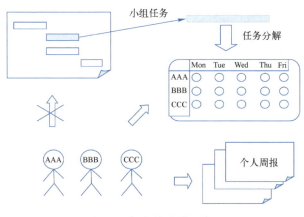

图 4-7 任务的委派和检查

- 每个小组使用一个白板，将本组一周的计划进一步分解，落实到每个人每天能完成的颗粒上，制订一份一周的工作计划；每天的工作按照白板上的安排进行，而不是根据项目计划中的相对宽泛的任务。白板可以及时修改，相当于作战地图，让每个人都知道作战态势，每个人知道自己的战斗任务。
- 白板工作每天检查，如果出现了异常情况也随时调整。比如有人任务吃紧，就可以随时将一些工作分配给其他相对空闲的成员身上。这种调整可以随时记录在白板上。
- 周五大家根据白板的记录，整理工作周报，填写不会超过 10 分钟。周报数据用于跟踪和分析，形成日填、周报、月分析的制度。

另外，请 W 老师将质量好的工作成果作样例给大家培训，并将常见错误写在一个白板上，随时提醒大家注意。白板上的注意事项相当于检查表，个人提交 W 老师之前自己先检查，然后再提交 W 老师审核。通过 W 老师审核之后，才能提交客户。

4.3.2 任务的分解和委派

这个方法得到了大家的支持。但是，任务要分解成每天的颗粒度，具体应该怎么进行呢？根据这个阶段的工作特点，大家一起确定了分解方法：

基本思路是将工作任务按照工作的流程，分解为"关键步骤"，每项任务的一个关键步骤，作为一个人的工作任务，也是最小的管理的单位。个人工作任务只有"完成"和"未完成"两种状态。

例如，对于需求分析关键步骤包括：

1）准备环境和数据。

2）差异分析。

3）确定解决方法。

4）整理分析报告。

5）审核确认。

每个功能项都可以按照这样的步骤工作，就能够将需要持续几天的任务，分解到能够清晰说明状态的颗粒，从而比较准确地评估任务是否可以按时完成。假设"客户信息子系统"的功能清单包括：

1）建立客户信息。

2）修改客户资料。

3）查询客户信息。

4）更改客户状态。

5）客户异动管理。

6）客户密码管理。

按照关键步骤和功能清单，可以把任务分解到详细的"底层计划"，将一个小组的工作进展和问题一目了然地公布出来，见表4-10。

表4-10 小组的底层计划

上周遗留:0 本周任务:28 按时完成:4 延迟完成:1 延迟:0	××项目 开发组 应用系统小组					组长:AAA 本周:8.1-8.5 今天:8.2
上周遗留	人员	周一	周二	周三	周四	周五	问题:

上周遗留	人员	周一	周二	周三	周四	周五	问题:
	AAA	准备环境和数据√ 分析"建立客户信息"√	分析"修改客户资料" 编码标准专题讨论	分析"查询客户信息" 确定差异解决方案	整理分析报告自查和方案审核	客户确认修改方案 整理个人周报 项目例会	AAA:客户证件种类需要确认
	BBB	准备环境和数据√ 分析"更改客户状态"√	分析"客户异动管理" 编码标准专题讨论	分析"客户密码管理" 确定差异解决方案	整理分析报告自查和方案审核	客户确认修改方案 整理个人周报 项目例会	
	CCC	业务报表清单√	报表R001-R004分析	报表R005-R007分析	方案审核		
里程碑:需求评审							
信息 周二下午编码标准专题讨论 周五下午4点—5点项目例会				本周任务 客户信息差异分析 报表需求分析 确认编码原则			

当然，一旦任务分解到这样的颗粒度，执行中变数就大大增加了。因此白板上的任务分解只需要提前1~2周滚动制订即可，在周末的项目例会之后，各组根据项目计划直接在白板上制订下周的工作计划。白板的分解过程尽量让组员自己进行，组长只指导和确认，这个过程其实是委派过程，但变成了成员的自主行为。为了确保不发生意外，组长还是要当面确认三个关键事项：

- 开始/结束时间。

- 交付结果和完成标准。

- 谁对此事负责，遇到问题找谁。

工作的责任人非常明确地写在白板上，大家都知道"出了问题该找哪个人"，也知道其他人都在做什么，不会觉得自己做多了，别人做少了。

4.3.3 检查和调整

为了有效控制进度，小 M 请各个小组每天召开"晨会"检查昨天进展，布置当天工作；另外，每周五下午召开周例会，项目组全体成员参加。

1. 晨会

晨会的检查基准是各个小组的底层计划，以检查和确认为目的，不展开讨论。晨会规定在 15 分钟以内，每个小组的成员站在白板前面完成。步骤如下：

第一步，检查状态。成员逐个说明昨天任务的完成情况，今天计划的工作任务，以及遇到的问题。确认任务的完成情况不涉及执行细节，仅需要回答："完成"或是"未完成"。组长进行标注，一般任务按时完成用"√"表示，未按时完成用"○"；对于昨天未完成但是今天完成的任务，在原来"○"的基础上增加一个"√"。

检查完成后，将任务的完成情况分成三类："按期完成""延迟完成"和"延迟中"，并进行汇总统计。这样，只要看到"底层计划"左上角的统计数字，就可以对于小组的工作状态有个大概的了解。

第二步，调整计划。根据昨天任务的完成情况和个人任务的调整，小组一起对"底层计划"进行适当调整，确定当天每个人的工作任务。

第三步，解决问题。首先审核昨天列出的问题的状态。然后，将今天每个提出的问题记录到白板上。除非可以当场解决的简单问题，否则不对问题展开讨论，只记录到白板的问题栏。会后由相关成员讨论问题的解决方案，或另行安排时间专题讨论。

鉴于底层计划的颗粒度已经细到了每人每天的工作，一般变动比较频繁。但是，小组长还是要尽量将变动减少到最小，太多变更不仅浪费小组的工作时间，而且每个成员频繁切换工作内容、进入工作状态都会降低工作效率。

2. 周例会

周例会检查和调整项目计划，需要一定的讨论。关注的问题是：任务完成了吗？没完成的原因是什么？怎么调整？先确认了状态，再讨论该如何调整工作或计划，并一定要落实到具体的行动方案上。

对于需要讨论和确认的问题,例会上只进行简单记录;然后再安排一系列相关讨论,只需要相关人员参加,不必让所有的人在一起讨论一些局部的话题。

（1）会前准备

- 个人根据底层计划完成个人周报的内容,见表4-11。
- 测算各项任务的完成比例。
- 根据测算完成比例,更新《项目计划》中的各任务完成情况。
- 更新问题和风险的状态。
- 初步制订下周的工作任务。

表4-11 个人周报

姓名		部门名称			项目名称					YYYY-MM-DD
上周主要工作										
编号	工作内容	周一	周二	周三	周四	周五	周六	周日	合计	结果	未完成原因
1									0		
2									0		
3									0		
	合计	0	0	0	0	0	0	0	0		
问题和待决事项										
编号	问题			对策					需要的帮助		
1											
2											
3											

（2）会议过程

- 项目经理报告本周任务完成情况、偏差原因分析和纠正措施,对项目的分析。
- 讨论问题和风险,识别新的问题和风险,制订对策,纳入下周任务。
- 更新《项目计划》,布置和确认下周工作任务。
- 项目经理将周例会讨论的关键内容,记录到项目周报中,项目周报的格式如表4-12所示。
- 根据下周的工作任务,各组确定下周的重点工作。
- 各个小组根据重点工作,在白板上将下周的工作分解为底层计划。

会议时间安排在每周五下午,时间控制在1小时以内。

表4-12 项目周报

第___期

项目名称				
报告单位		起止日期		
本周主要任务		计划完成时间	实际完成时间	状态

上周工作进展
状态：
下周主要工作
主要的问题和对策
主要的风险状态
需要的资源和帮助

挂在墙上的计划可以用来标注每个任务的进展，项目小组的白板上记录了每个人的工作状态。现在只要在项目组里转一圈，看到白板上的记录就知道项目的状态了。

但是，项目仍然会出现各种问题和滞后，不要指望计划会自动恢复正常。所以，项目经理还是要与各组一起进行工作调整。

调整主要的手段包括加班、小组间的资源调配和请外部有经验的人帮助新手。另外，让大家横向共享经验和教训，将个人的智慧、新的方法和技术迅速推广到整个项目组，也可以改进项目的效率。

4.3.4 经验与教训

只有提前建立工作结果的验收标准，才能确定如何才算是完成任务了。

项目计划要想落地，需要细化分解到每个人的工作任务中去。个人工作计划可以通过白板的方式管理，实时反映态势。"如果你不知道当前的位置，地图再详细也没有用"。

计划进行调整和更新是常态，因为"计划本身没有用途，不断地进行计划才有用"。底层计划的管理使用简单的白板就可以发挥巨大的作用，可见，软件开发中"人"才是最重要的，如果没有"人"的能动性，再高级的工具也难以发挥作用——开着夏利会撞墙，难道换成奔驰就不撞了？

4.4 赚钱比花钱难——被忽略的成本

小 M 接到公司财务的通知，项目费用超出了预算，提醒小 M 控制成本，并要求评估项目的绩效，预测整体的预算水平。

不可能呀！差旅、租金、餐费都控制得好好的，怎么会超预算呢？从财务那里拿了明细一看，原来是人力成本超出预算了。项目中的人数是比预算多了几个人，还请求了几次专家支持，没想到这样就超预算了。小 M 这次切身感受到了，自己的管理行为原来对于公司的财务数据有这么大的影响。

按照公司要求，需要评估绩效、预测成本。以前小 M 对于"钱""财"的话题都非常反感，参加项目管理培训时也就大概知道什么挣值管理之类的那些词，没弄清实际含义是什么。这次要用起来还真得好好再研究一下。

没想到，赚点钱这么难，赚钱真的比花钱难！

4.4.1 用真实数据套概念

小 M 拿出课本，重新研读了成本管理的那几个指标。

- 计划价值（Planned Value，PV）是指按预定工作进度完成某项任务而分配的预算。计划价值与特定工作内容相对应，并按时段分配。简单说，计划价值不仅说明每件事花多少钱，而且说明了每个时间点上应该花多少钱。项目总的计划价值被称为完工预算（Budget At Completion，BAC），也就是总预算。
- 实际成本（Actual Cost，AC）是为了完成某项任务而实际发生的总成本。为完成任务所花费的任何成本都要计算进去，理论上 AC 没有上限。
- 挣值（Earned Value，EV）是已经完成的工作的价值，用分配给该工作的预算来表示。EV 可以描述项目完工百分比。

以上指标如果统一用一种单位表示，都按工作量或都按直接成本计算，可以做出增量和累计曲线，从而判断项目的运行趋势。IT 项目按照成本计算每个任务花了多少钱很难算清楚，但是，如果都用工作量来计算就好算多了。

小 M 拿出了财务数据，根据每周的报工人数，以及项目预算中每周预期投入人数，很快算出了计划价值和实际成本。

按照预算表，算上"十一"长假日历上项目总共需要 21 周，截至第 6 周预期投入 220 人天，如果以"人天"为工作量单位计划价值就是 220 人天；而根据每周的报工数据统计到第 6 周实际投入了 285 人天，所以实际成本是 285 人天。

按照成本管理的指标，要想分析出项目状态好坏仅仅有计划价值和实际成本两个指标还不够，必须还要参考另外一个关键指标——挣值，也就是已经完成工作值多少钱。因为工作计划已经分解到了每人每天做什么，将已经完成的工作按照原来预计工作量加起来得到的就是挣值，实际算下来，截至第 6 周已经完成的工作的挣值是 180 人天。按照每周的进展，小 M 计算出了项目组至今累计的人力投入情况，见表 4-13。

表 4-13 挣值分析表

序号	时间	PV	AC	EV
1	24-Jul	5	15	5
2	31-Jul	20	40	15
3	7-Aug	70	100	55
4	14-Aug	115	160	95
5	21-Aug	165	220	140
6	28-Aug	220	285	180

从表中上非常直观地看到了实际成本已经超出了计划价值，而挣值始终低于计划价值。小 M 查看了超支的原因：

1）原来项目组里有两个软件工程师，刚开始启动的时候是来"凑数"的，项目启动之后本着培养人才的目的，小 M 并没有让他们离开项目，而是让他们打下手。两个人 6 周人工 60 人天，每人天 1500 元，超支 9 万元！

2）架构师第 4 周没有工作安排，但是小 M 觉得回去折腾一周要花差旅费，就没有让他回去，而是留在了项目组帮帮忙，超支 1.25 万元。

简单的两个举措造成了 10 万元的差异，小 M 确实没有想到。公司听了小 M 的汇报之后，说培养程序员不是项目组的职责，应该让程序员回到公司。架构师属于稀缺资源，每天成本 2500 元，小 M 虽然省了 3000 元路费，但是公司 1 周就损失 1.25 万元的挣钱机会，再加上 1 周住宿和补贴费用，从公司的角度看损失实在是太大了。

小 M 以前只觉得报工、成本核算等工作费时费力，还不知道有什么作用。听了公司的解释，终于知道成本管理对公司的意义了。

4.4.2 绩效指数的含义

公司还要小 M 评估成本和进度的绩效指标,并对项目最终的成本范围做出预测。

根据项目预算表中的计划价值,以及项目的实际成本和挣值,小 M 做出了三个指标的曲线,如图 4-8 所示。但在进行绩效分析之前,还是需要先弄清几个绩效指标的含义。

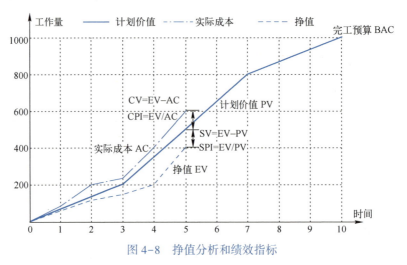

图 4-8 挣值分析和绩效指标

1)进度偏差(Schedule Variance,SV)是评估项目进度绩效指标。

SV=EV−PV,也就是挣值减去计划价值。

进度偏差表明项目已经完成的工作,是否落后于基准进度。如果 SV 大于 0,表示进度快于计划,SV 小于 0,表示进度慢于计划。但是,即使 SV 大于 0,也不能保证按期完工,因为可能关键路径的工作滞后了,仅仅是非关键路径的任务完成快于进度。由于当项目完成的时候,全部的计划价值都将实现(即成为挣值),所以 SV 最终将等于零,但是可能拖长完成时间。

2)成本偏差(Cost Variance,CV)是评估项目成本绩效的指标。

CV=EV−AC,也就是挣值减去实际成本。

成本偏差指明了实际绩效与成本支出之间的关系,CV 大于零,表示产出的价值大于实际投入的价值,反之表示小于投入的价值。项目结束时的成本偏差,就是完工预算(BAC)与实际总成本之间的差值。

为了直观表示偏差的程度，可以把 SV 和 CV 转化为效率指标。

3）进度绩效指数（Schedule Performance Index，SPI）是比较项目已经完成的进度与计划完成的进度的指标。

SPI=EV/PV，SPI 说明了完成的工作量相对计划的"快慢"。

当 SPI 小于 1.0 的时候，说明已经完成的工作量未达到项目计划的要求。当 SPI 大于 1.0 的时候，说明已经完成的工作量超过了计划的要求。

由于 SPI 测量的是项目的总工作量，所以还需要对关键路径上的绩效进行单独的分析，才能确定项目将比计划的日期提早或延迟完成。

4）成本绩效指数（Cost Performance Index，CPI）是比较已经完成的工作的价值与实际成本的一个指标，反映了已经完成的工作的"效率"。

CPI=EV/AC，表面含义是每花 1 块钱，能够产生多少价值。当 CPI 小于 1.0 的时候，说明已经完成的工作较预算成本超支；当 CPI 大于 1.0 的时候，说明到目前为止已经完成的工作较预算成本有结余。

根据上面的公式，小 M 计算了项目到目前为止的 CPI 和 SPI，见表 4-14。

表 4-14 项目目前的 CPI 和 SPI

序号	时间	PV	AC	EV	CV=EV-AC	SV=EV-PV	CPI=EV/AC	SPI=EV/PV
1	7月24日	5	15	5	-10	0	0.33	1.00
2	7月31日	20	40	15	-25	-5	0.38	0.75
3	8月7日	70	100	55	-45	-15	0.55	0.79
4	8月14日	115	160	95	-65	-20	0.59	0.83
5	8月21日	165	220	140	-80	-25	0.64	0.85
6	8月28日	220	285	180	-105	-40	0.63	0.82

5）当前的 CPI=0.63，SPI=0.82，这样看来，整体上进度滞后，只完成了预计工作的 82%。

6）工作效率很低，每花 1 元钱仅能产生 0.63 元的价值。

4.4.3 怎样预测成本

根据计算出的绩效，可以对完工时实际可能的花费进行预测。

预计完工成本（Estimate cost At Completion，EAC），有三种简单的方法：

- 方法一：EAC=BAC/CPI，表示如果项目继续以当前的成本绩效水平运行，完工时需要的成本。

- 方法二：EAC=AC+(BAC-EV)，表示如果项目剩余部分按预算完成，完工需要的成本。
- 方法三：EAC=AC+重估剩余工程预算，这实际上要求完全重新估算。

三种方法的公式、含义和实际的数值见表 4-15。

表 4-15　预计完工成本

BAC	项目完成时的总共工作量		1635
EAC1	BAC/CPI	保持现有效率	1635/0.63=2595
EAC2	EAC=AC+(BAC-EV)	后续工作按要求完成	285+(1635-180)=1740
EAC3	AC+重估	重估后续工作	285+1520=1805

4.4.4　活学活用的实例分析

通过实际项目的挣值分析，可以迅速了解项目的状况。熟练后通过查看一些项目的图例，可以立刻发现问题，甚至能想象出现实中对应的情景。

一旦发现了窍门，小 M 再也不觉得这些内容枯燥了。"窍门"就是比较三条曲线之间的距离。

- AC 与 PV 之间的距离，代表实际投入与计划的关系；AC 在 PV 上面，表示实际投入大于计划，AC 在 PV 下面，表示实际投入小于计划。
- EV 与 PV 之间的距离，表示实际进度与计划的偏差；EV 在 PV 上面，表示实际进度大于计划，反之，表示实际进度小于计划。
- EV 与 AC 之间的距离，表示花钱的"效率"。EV 在 AC 上面，表示效率大于预期，反之表示小与预期。

下面分析几个典型的例子。

1）挣值分析案例一，如图 4-9 所示。

资源投入：实际成本接近计划价值。

进度情况：挣值接近计划价值。

工作效率：挣值接近实际成本。

总体判断：正常。

- 资源按计划投入。
- 基本能按进度完成任务。
- 总体成本略微偏高。

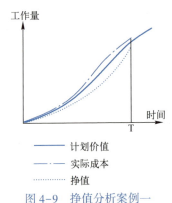

图 4-9　挣值分析案例一

■ 项目可能达到目标。

2) 挣值分析案例二，如图 4-10 所示。

资源投入：实际成本小于计划价值。

进度情况：挣值远小于计划价值。

工作效率：挣值接近实际成本。

总体判断：投入不足。

■ 投入的资源不足，因此实际成本低于预期。

■ 由于投入不足，所以进度落后，项目可能延期。

■ 但执行效率正常，因此总预算将基本正常。

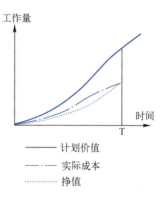

图 4-10　挣值分析案例二

3) 挣值分析案例三，如图 4-11 所示。

资源投入：实际成本远大于计划价值。

进度情况：挣值远大于计划价值。

工作效率：挣值接近实际成本。

总体判断：投入过度。

■ 投入项目的资源超出计划。

■ 超计划的投入"加快"了项目的进度，可能提前完工；效率正常，总预算可能基本正常。

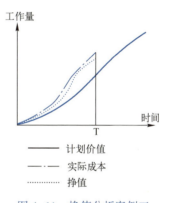

图 4-11　挣值分析案例三

4) 挣值分析案例四，如图 4-12 所示。

资源投入：实际成本远大于计划价值。

进度情况：挣值远小于计划价值。

工作效率：挣值远小于实际成本。

总体判断："人浮于事"。

投入项目的资源超出计划；人员效率低于预期，可能原因：

■ 大大低估了任务的工作量，任务不能按期完成。

■ 人员缺乏经验或能力不足，实际进展低于

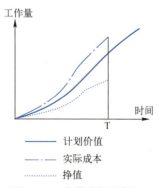

图 4-12　挣值分析案例四

105

预期。
- 参加项目的人员没人管理，根本没有执行任务。
- 任务虽然完成，但因达不到要求而不能验收。

照此趋势，项目将超出预算，并且将延期。

5）挣值分析案例五，如图4-13所示。

资源投入：实际成本远小于计划价值。

进度情况：挣值远小于计划价值。

工作效率：挣值远小于实际成本。

总体判断："蜻蜓点水"。

投入项目的资源不足；人员效率低下，可能原因：

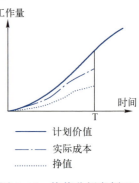

图4-13 挣值分析案例五

- 一人兼顾多个任务，每个任务都进展缓慢。
- 任务虽然启动了，但没有足够人力完成。
- 任务虽然完成但因达不到要求而不能验收。

照此趋势，项目将超出预算，同时延期。

6）挣值分析案例六，如图4-14所示。

挣值呈现下降趋势。

总体判断："无底洞"。

- 进展中不断发现任务工作量超出预期。
- 明确的范围失控的信号。

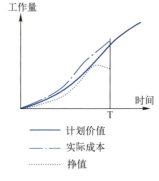

图4-14 挣值分析案例六

4.4.5 经验与教训

成本管理比较复杂，数字比较枯燥。但读懂数字的含义之后就变得"活灵活现"了。在项目数量很大的时候，挣值管理的意义就凸显出来了。

4.5 提心吊胆的那些事——正视风险

小M在制订计划的时候发现，数据移植工作也是一条关键路径。数据移植的任务是将旧系统中的数据进行转换，导入新的系统中。旧系统原来由多个不同厂商的系统构成，数据移植的工作不仅难度大，而且相当专业。

为此，小 M 在公司里找到了一位这方面的专家。但是，这位专家还在其他的项目中，一旦那个项目不能按时结束，数据移植专家就不能到位，从而将影响到现在项目的进展。

这件事总是让小 M 提心吊胆，随着专家预计到位的日期逐渐临近，小 M 也就越来越惴惴不安，生怕别人的项目延期。

小 M 向 G 总提到了此事，G 总问："如果这件事真的发生了你怎么办？"小 M 愣了一下，马上回答说："可以找其他人。"G 总问："你找了吗？还有这样的人吗？"这下小 M 被问住了，除了三天两头问问那个项目的情况，还真没做过其他的准备。

嗨！这不就是风险管理吗？学的时候挺明白，用的时候就不是那么回事了。看看自己在项目启动时制订的风险管理计划，现在自己看着都想笑了，项目的四大风险如下。

- 项目可能延期，应对策略：加强进度管理。
- 项目可能超支，应对策略：加强成本管理。
- 质量可能难以达标，应对策略：提高交付质量。
- 项目可能失控，应对策略：加强变更管理。

小 M 觉得就拿数据移植专家不能按期到位这件事为例，好好按照风险管理的流程分析一下，认真制订对策。

4.5.1 风险管理流程

小 M 重新看了看风险管理的过程，其实挺简单的，包括风险识别、风险分析、风险计划、风险监控几个步骤，如图 4-15 所示。

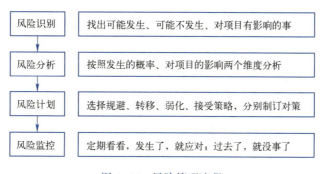

图 4-15 风险管理流程

道理很简单，表格也不复杂，关键是要解决实际问题。

4.5.2 识别风险

首先，从哪几个方面思考风险呢？大概有以下几个方面：

- 技术风险。如果项目采用了复杂或高新技术，或采取了非常规方法，就有潜在问题。如技术目标过高、技术标准发生变化等也可造成技术风险。
- 管理风险。比如进度和资源配置不合理；计划草率且质量差；项目管理的基本原则使用不当等就可能造成管理风险。
- 组织风险。常见的是组织内部对目标未达成一致；高层对项目不重视、资金不足或与其他项目有资源冲突等都是潜在的组织风险。
- 外部风险。比如法律法规变化；项目相关接口方的情况发生变化，这些事件往往是不可控制的。

其次，从哪些途径识别风险呢？

- G 总和 W 老师经常提示可能的问题，应该算是专家经验。
- 项目中至今还有一些没有确定的事情，例如外部接口、采购和分包商变化、客户未确定的因素等，也是风险来源。

其实，公司里也积累了不少风险管理方面的经验，立项的时候填过一张《风险评估表》，见表 4-16。《风险评估表》实际上是公司从众多项目遇到的风险中提取出来的共性问题，作为风险识别的知识提供给了项目经理。当时认为只是一张调查问卷，现在看来，其实里面有很多的提示信息，可以从多个方面来分析项目可能存在的风险，提前知道哪些方面有潜在的问题。

表 4-16 风险评估表

编号	评 估 项	分值	计分表（圈内数字代表得分）
1	系统规模与功能	20	
1.1	系统开发的总工作量	4	① 1~20；② 21~100；③ 101~200；④ 200 以上；⑤ 未知
1.2	项目持续时间	4	① 1~12；② 12~24；③ 大于 24；④ 未知
1.3	项目内的子项目数量	1	① 0~1；② 2；③ 大于 2
1.4	项目所涉及的客户部门的数量	1	① 0~1；② 2；③ 大于 2

(续)

编号	评 估 项	分值	计分表（圈内数字代表得分）
1.5	安装完成之后的最终用户数（含系统管理用户）	3	① 1～20；② 21～50；③ 50 以上；③ 未知
1.6	系统部署涉及的地理位置的数量	2	⓪ 1；① 2～3；② 3 以上；③ 未知
1.7	与本系统有接口的外部系统数量	3	⓪ 0；① 1；② 2；③ 2 以上；③ 未知
1.8	系统的技术复杂性	2	⓪ 简单；① 平均；② 复杂；④ 非常复杂；④ 未知
2	客户特点和系统需求	13	
2.1	对系统最适当的描述是	2	⓪ 改进；① 替代；② 全新
2.2	开发小组对需求的理解程度	2	① 充分了解；② 大部分了解；④ 大部分不了解
2.3	系统的实时性能要求	3	⓪ 不重要；① 重要；③ 极其重要；③ 未知
2.4	是否需要调整客户的组织结构或过程才能满足新系统的要求	1	⓪ 不需要；① 很小；② 很大；② 未知
2.5	开发小组在修改客户需求时有多大程度的灵活性和决策能力	1	⓪ 大于 10%；① 0～10%；③ 没有；③ 未知
2.6	客户在修改需求时有多大程度的灵活性和决策能力	2	① 确定需求之后不能改；② 通过变更流程改；④ 很大的灵活性；④ 未知
2.7	该项目是否依赖于另一个项目的输出或产品	1	⓪ 不依赖；① 依赖，但风险低；③ 依赖，但风险低大；③ 未知
2.8	客户的普遍态度如何	1	⓪ 积极渴望新系统；① 一般，有部分人消极；② 消极，否定；② 未知
2.9	客户管理层对项目的热衷程度如何	0	⓪ 积极参与；① 有限参与；② 不愿参与；② 未知
2.10	客户方在项目中的参与程度如何	0	⓪ 全职参与需求和设计；① 兼职参与设计和评审；② 除了合同和管理没有参与；② 未知
3	技术与外部相关性	2	
3.1	开发者是否熟悉所需的硬件	0	⓪ 熟悉；① 不熟悉网络；② 不熟悉终端；③ 不熟悉主机/服务器；③ 未知
3.2	是否需要特殊的非标准硬件	0	⓪ 无；① 网络；② 终端；② 主机/服务器；② 未知
3.3	系统中所使用的软件有多少需要重新开发	1	⓪ 0；① 0～25%；② 25%～50%；③ 50%～75%；④ 75%以上；④ 未知

109

(续)

编号	评 估 项	分值	计分表（圈内数字代表得分）
3.4	开发者对产品的熟悉程度如何	0	⓪ 充分经验；① 一定经验；③ 没有经验；③ 未知
3.5	所采用的开发方法与系统的新颖性如何	0	⓪ 都很熟悉；② 一半人熟悉；④ 第一次使用
3.6	硬件供应商/软件供应商/工具供应商的支持程度如何	1	⓪ 好；① 一般；③ 差
3.7	开发小组对应用领域的了解程度如何	0	⓪ 参加过类似项目；① 有概念没经验；③ 了解有限
4	项目管理与特征	7	
4.1	项目进度安排、主要的阶段成果和操作日期由	2	① 项目组确定；② 项目组确定，客户同意；④ 客户确定，不能随意更改；④ 尚未讨论确认
4.2	项目经理是否已经确定？经验和培训状况如何	2	① 已经确定，且近期有类似项目成功经验；② 确定，有协助类似项目或其他项目的成功经验；④ 确定，没有近期成功经验，但是经过正规培训；⑤ 尚未确定；⑦ 确定，没有经验也没有培训
4.3	项目规划是否被正式批准，且跟踪纪录和工作报告被记录在案？	0	⓪ 是；④ 否
4.4	具有项目所需技能的人员是否到位	3	① 到位，全职工作；② 到位，兼职工作；③ 未到位，在其他项目中；⑤ 尚未确定
4.5	主要体系结构或关键技术是否有书面记录并且被正式批准	0	⓪ 是；③ 否

小 M 根据表 4-17 的评估标准进行分析，项目的总体风险得分为 42，所以是个中等风险的项目。其中"系统规模和功能"得分 20 分，这个方面风险最高，是本项目最大的风险来源。"客户特点和需求"得分 13 分，具有中等风险，也是本项目主要的风险来源。

表 4-17 风险评估得分表

编号	分类	得分区间	得分	整体风险等级
1	系统规模与功能	5~28	20	5~8 为低风险；9~20 为中风险；20 以上为高风险
2	客户特点和系统需求	2~27	13	2~8 为低风险；9~20 为中风险；20 以上为高风险
3	技术与外部相关性	0~22	2	0~7 为低风险；8~15 为中风险；15 以上为高风险
4	项目管理与特征	3~23	7	3~7 为低风险；8~15 为中风险；15 以上为高风险
5	总体风险	10~100	42	10~30 为低风险；31~70 为中风险；71~100 为高风险

单项上，系统规模、工期、用户数、接口数量、实时性要求、所需人员是否到位是得分最高的几件事，这几个方面也存在重大风险。

下面就先拿所需人员不能到位的具体事件——"数据移植专家不能按期到位"这项风险为例，做个风险分析。

4.5.3 风险分析

分析分三个维度，一是风险发生的可能性；二是发生之后对项目的影响，包括对项目的工作范围、时间、成本、质量几个方面的影响；三是当前到风险事件预期发生时段的时间距离。

因为"可能性"和"影响"都是定性的因素，为了避免口径不同，公司提供了定性分析的表格。用五个等级划分可能性和影响的等级，并分别用系数、语言描述和数字概率进行了说明，见表4-18和表4-19。

表4-18　风险可能性等级

可能性	系　数	语言描述	数字概率
很高	0.9	几乎一定，非常可能	81%以上
高	0.7	很可能，我们相信	61%~80%
中	0.5	我们怀疑，可能会，多半会	41%~60%
低	0.3	可能性不大，可能不会	21%~40%
很低	0.1	机会很小，不太可能	1%~20%

表4-19　风险影响等级

影响	系数	进　度	成　本	性　能	维　护
致命	0.8	>30%	>40%	无法完成任务	无法扩展维护
大	0.4	20%~30%	20%~40%	有严重影响，难以忍受	很难，几乎与重建系统相当
中	0.2	10%~20%	10%~20%	一定影响，只能忍受一段时间，不可以常态化	有困难，不能当成日常工作进行
小	0.1	5%~10%	5%~10%	稍有影响，感觉不适，有抱怨	有影响，感觉不便
很小	0.05	<5%	<5%	基本无影响	基本没有感觉

根据风险的概率和影响，对应查阅风险等级表，就可以确定风险等级。例如，分值落在0.18以上风险为重大风险事件，在0.05~0.18之间的为高风险，以此类推，见表4-20。

表 4-20　风险等级

影　响	可　能　性				
	很低	低	中	高	很高
致命	0.05	0.09	0.18	0.36	0.72
大	0.04	0.07	0.14	0.28	0.56
中	0.03	0.05	0.10	0.20	0.40
小	0.02	0.03	0.06	0.12	0.24
很小	0.01	0.01	0.02	0.04	0.08

时间距离随着时间的推进，应不断预估并更新，比如两周之后，8 周之后等。

拿"数据移植专家不能按期到位"这个风险事件而言，如果一旦延期 1 周，项目就会延期 1 周；但是如果延期时间一旦突破两周，则会遇到客户的年底的结算，从而必须等待到元旦之后才能启动，还要等待 3 周，因此实际的影响会达到 5 周；按照项目周期 20 周计算，进度影响达到 25%，"影响大"；理论上大家在等待期内可以做其他项目，但实际上不可能完全释放，所以成本至少损失 15%。

目前距离要求数据移植专家到位的时间只有两周，至于此事的概率，从这几天的跟踪情况来看，专家所在的项目进展不顺，"非常可能"滞后两周。从风险等级表中查下来，这是重大风险，按照公司的要求，重大风险必须制订专门的风险计划。

4.5.4　风险计划

风险管理流程中规定，对于不同类型的风险，可以采用不同的对策。有的接受了，有的避免，有的提前准备，这是制订风险计划的依据。

应对策略分为以下几类：

- 规避。通过变更项目计划消除风险或风险的触发条件，保护目标免受影响。这是一种事前的风险应对策略。例如，采用更熟悉的工作方法；澄清不明确的需求；增加资源和时间；减少项目工作范围；避免不熟悉的分包商等。规避策略可以从根本上避开风险，这样的事情不会再发生了。如果数据移植专家的事采用规避策略，就不应该选择这名在其他项目中的专家。

- 转移。不消除风险,而是将项目风险的结果连同应对的权力转移给第三方(第三方应该知道这是风险并有承受能力)。这也是一种事前的应对策略,例如,签订不同种类的合同,或签订补偿性合同。转移策略可以确保这样的事情发生了也跟我没有关系。如果采用这种策略,可以签人月合同,延期不会造成我们的损失。
- 弱化。将风险事件的概率或影响降低到一个可以接受的程度。例如,选择更简单的流程;进行更多的实验;建造原型系统;增加备份设计;储备更多的资源应对意外等。弱化策略可以确保风险发生了也能应付,虽然有一定的影响但是可以接受。例如,找一个备份的人员,可能没有专家的水平高,但是可以推动进展。
- 接受。不改变项目计划(或没有合适的策略应付风险),而考虑发生后如何应对。例如制订应急计划或退却计划;甚至仅仅进行应急储备和监控,待发生时随机应变。接受的策略基本上就是发生了再说。

对应一个具体的事件,选择什么样的应对策略也有一定的经验可循。一般来说,致命的风险通过规避和转移的方式进行应对。对于影响等级为"大"和"中"的风险通过弱化的方式解决,对于"小""很小"的风险可以选择接受的策略,见表4-21。

表4-21 风险应对策略选择指导

影　　响	致　　命	大~中	小~很小
规避	√		
转移	√		
弱化		√	
接受			√

因为"数据移植专家不能按期到位"对项目的影响是"大",所以优先选择采用弱化的应对策略。根据弱化的策略,制订的风险管理计划如下:

(1) 风险项
- 数据移植专家晚两周以上才能到项目组进入工作。
- 发生的概率80%以上,时间距离3周以内。

(2) 风险后果
- 数据转换工作时间滞后两周以上。
- 后续任务顺延,最终造成项目总体进度延后 5 周以上。

(3) 跟踪方法
- 每周跟踪数据移植专家所在项目的进度情况。
- 如果专家到位的时间比原计划晚,则启动应对计划。

(4) 责任人
- 跟踪——项目经理。
- 处理——项目经理。

(5) 应对行动
- 数据分析小组提前通过电话的方式培训,晚上进行。
- 确认数据移植专家的副手可以按期到现场指导工作,专家远程支援。
- 数据转换组的所有成员必须连续加班约两周时间。

(6) 约束条件
- 应急行动不能影响到其他的并行任务的进度。
- 应急行动不能影响到专家所在项目的正常运行。

(7) 行动优先级
- 数据转换小组的工作方法培训。
- 数据收集和整理工作。

(8) 结束条件
- 数据转换程序通过验收测试。

4.5.5 风险监控

风险监控有三个目的:

一是监视风险的状况,例如风险是已经发生、仍然存在还是已经消失;对已发生的风险启动应对计划。

二是检查风险的应对计划是否有效,监控机制是否在运行。

三是不断识别新的风险并制订对策,不断更新已识别风险的状态。一般随着时间的临近,风险的发生概率也会增大,风险的级别可能改变。

项目中常用的风险监控的方法有以下几种。

- 风险审计:专人检查监控机制,并定期做风险评审。除了周例会审核，到达里程碑后还要进行全面的风险识别和分析，并制订新的应对计划。
- 偏差分析：与基准计划比较，分析成本和时间上的偏差。例如，未能按期完工、超出预算等都是潜在的问题。小 M 接到过公司的预算偏差警告，就是属于这种类型。
- 技术指标：原定技术指标和实际技术指标存在严重差异。例如，测试未能达到性能要求，缺陷数量大大超过预期等。

4.5.6 经验与教训

有效的风险管理可以帮助项目经理抓住工作重点，梳理工作疏漏；将主要精力集中在重大风险，将工作方式从被动救火转变为主动防范。如果只能选择管理一件事，就管理风险吧！

与团队成员一起做风险分析可以让大家对困难有充分的估计，对各种"意外"有心理准备，不至受挫后就士气低落。

提前对风险制订对策，就可以在风险发生时迅速做出反应，避免"忙中出错"造成更大损失。

项目经理如果心中有数就可以在发生意外时从容应对，大大提高组员的信心。再周密的风险管理计划也肯定还有没有考虑到的问题，遇到了意外一定要保持镇静。这时要想到别人正看着你，不能自乱阵脚，当然这也需要锤炼更强的心理承受能力。

4.6 什么都改，客户就满意了吗——如何管理变更

开发阶段后期，客户可以操作实际系统了。这个过程中，客户经常感觉与最初的设想有差异，变更开始多了起来。

虽然有变更流程，但在进度压力下一些人觉得"太麻烦了"，往往不再申请变更，而是直接找开发人员商量现场修改。开始客户对这种高效的工作方式很赞同，而小 M 为了进度也就睁只眼闭只眼了。

但是，事态逐步失去控制，有人违反规定直接将未经测试的程序交给客户，更有甚者直接在客户的测试环境中修改程序。因为跳过了版本管理的环节，所以经常会"改好的错误重新出现"，客户对于这种混乱的现象已经开始抱怨了。

最近一次，一个客户要求统一修改界面风格。为了让客户满意，一个开发小组立刻动员大家抓紧时间修改。在周例会上，G 总听说因修改界面而造成一个小组开发滞后非常气愤，质问小 M："为什么现在花这么多时间改界面？！不是有变更流程吗？为什么不控制？"

小 M 觉得非常委屈，"不是你们说变更流程太麻烦吗？"小 M 心想，客户太难伺候了，有变更流程嫌麻烦；现在有什么需求马上就改，客户却责问为什么不执行变更流程。

到底错在哪里了？

4.6.1　为什么会变更

软件项目的变更确实很多！小 M 回想起来，项目已经遇到过几次大的变更。大概分成了几种类型：

第一，外部政策变化。曾经由于政策变化增加了一些报表，应对监管的要求。好在与客户有变更流程的约定，所以这部分工作量客户是认可的。

第二，灰色区域。虽然对工作范围进行了梳理，但还是存在一些灰色的区间。经过双方的讨论和澄清已逐步解决了。

上面这两类变更的次数比较少，牵扯的内容比较大，因此处理起来比较方便。最麻烦的就是第三种，需求变更。

尽管进行了需求评审，反复确认了需求。但需求文档和实际系统还是有很多差异，客户测试时提出了很多修改要求。这些变更每次修改的内容比较小，但是架不住次数多啊。因此，客户觉得每次都要走变更流程非常麻烦，所以总是想办法绕开。

刚开始还打个招呼说事后补流程，发现没有补也没事，下次就直接改。特别是最近的进度压力很大，执行"变更流程"更加困难，逐渐地变更流程就变得形同虚设了。

4.6.2　变更失控的后果

因为没有进行变更控制，已经给项目组造成了严重的后果。

第一，"私下交易，总体失控"。这段时间，为了节省时间，客户与程序员都是捉对厮杀，一个客户坐在一个程序员边上边商量边改。因为程序员不做任何记录，相关文档也来不及修改，没有记录到底改了些什么。积累到现在，需求、设计和代码已经无法保持一致，甚至没有人能说清楚现在系统"到底改成什么样了"。

第二,"未达成一致,反复修改"。有的小组中多个客户负责需求,但是他们来自不同部门,内部尚未达成一致。因此,客户甲说了方案 A,程序员刚刚改完,客户乙看到结果之后又要求程序员改成方案 B,最后两个客户会对着程序员说:"你到底听谁的?"弄得程序员无所适从,不知道到底该怎么改。

第三,"违规操作,酿成大错"。变更流程明确要求修改和内部测试之后才能放入测试环境,但程序员有时直接就改。有一次有人甚至未经许可就擅自修改了核心模块,造成系统运行异常缓慢,大量应用程序超时退出。事后投入了大量精力才排除了故障,致使客户一个测试团队整整等了将近 1 天,知道原因后均表示对这种"低级错误"无法容忍。

第四,"没说明影响,费力不讨好"。这次修改界面的事件就是个教训,变更都是有代价的,但是却没有告诉客户代价是什么就直接进行了修改,所以让 G 总非常恼火。如果提前让 G 总了解变更的影响,再做出判断是否需要修改,就不会发生今天的事情。

小 M 以前觉得变更流程是为了让客户修改起来麻烦,从而减少变更。今天发现,变更流程其实是为了让变更有序地进行,否则就会引起上面这些麻烦。

4.6.3 变更控制的流程

小 M 重新审视了公司变更流程,发现变更流程像个漏斗,层层过滤和筛选,通过四个关键控制点确保变更有序进行,如图 4-16 所示。

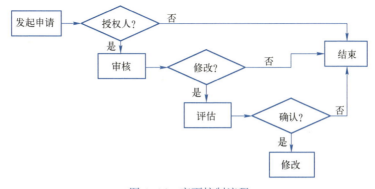

图 4-16 变更控制流程

1）授权。变更流程中规定，必须明确授权客户方哪些人员有权提出变更申请，项目组哪些人员有权受理变更，并有双方人数要求。如果严格这样做了，就不会发生"私下交易"的情况，因为他们没有权利！另外，明确变更接口人还有一个好处是可以屏蔽客户内部的矛盾，如果只有一个接口人，如果客户甲、乙两个人尚未达成一致，是不可能提出相互矛盾的要求来的。如果双方观点不一致而反复变更，我们就可以问："到底按谁的意见改？"

2）审核。变更审核过程要求确定变更的优先级，并不是所有的变更都一定要修改，更不是所有变更都要立刻修改，审核的目的就是按照规则确定哪些立刻改，那些以后逐步优化。比如案例中提到的界面风格的问题，当前完全可以不修改，等到上线之后逐步优化也没有问题。对于核心模块的修改如果有了审核就可以严格把关，仔细权衡和严格控制，避免酿成灾难性后果。

3）评估。变更都是有代价的，应该评估一下变更对于时间、成本、质量等方面的影响，方便高层领导作出判断。

4）确认。评估结果一定要让客户知道，并确认是否接受代价进行修改。确认过程争取到了与客户协商的机会，如果客户接受变更的代价，即使今后不需要额外支付款项，也知道项目组有"苦劳"，项目组吃的就是明亏。

只有通过了上述四个环节之后，才会开始进行变更，统一修改相关的文档和程序，进行测试和部署。变更申请表的格式见表 4-22。为了便于管理分析，所有变更申请表应该有一个清单进行跟踪和管理。

表 4-22　变更申请表

项目名称：		变更申请编号：
子系统名称：		要求完成日期：＿＿年＿＿月＿＿日
有无附件：□会议纪要 □业务联系书 □其他 □无		附件编号：＿＿＿＿＿＿＿
变更类型：□需求 □设计　申请人：＿＿＿＿＿		制表日期：＿＿年＿＿月＿＿日
变更理由：		
变更内容：		

（续）

评审意见：
　　□同意　　□不同意
不同意理由：

　　　　　　　　　　　　评审负责人：　　　审批日期：＿＿＿年＿＿月＿＿日

评估：

　　　　　　　　　　　　评估人：　　　　　评估日期：＿＿＿年＿＿月＿＿日

客户对评估的意见：
　　□同意　　□不同意
意见：

　　　　　　　　　　　　确认人：　　　　　确认日期：＿＿＿年＿＿月＿＿日

小 M 明白了今天之所以吃了亏客户还不满意，完全是自己没有深刻理解变更流程的目的和作用，因此导致了执行中的偏差。如果从一开始就进行宣传和培训，说明变更流程的意义和作用，大家就不会想办法绕过去。另外，项目过程中应该对变更控制的执行情况进行审计，发现违反规定的事件要严肃处理，这样就不会造成流程逐渐失效。

4.6.4　经验与教训

IT 项目中变更是常见的一个难题，但变更控制不是为了让变更变得困难，而是让变更变得有序，否则就会出现很多灾难性的后果。

变更控制流程有四个重要控制点：授权、审核、评估和确认，只要理解每个控制点的作用，在执行过程中作出正确的判断，才能避免什么都改客户还不满意的情况发生。

第5章

项目中的沟通

5.1 不要所有问题都自己扛——沟通的层次

正当所有的人都在紧张地追赶进度时，G总突然提出更改项目方案，将系统的一部分提前上线。

因为项目的数据移植和切换都是作为一个整体来处理的，此方案需要改变接口开发和数据移植的方案，额外增加了很大的难度和工作量；另外，会造成新老系统长期并行，比如会同时存在两套客户信息，很难保证一致性。方案改变会对已经展开的工作造成巨大影响，并且对守住项目的最终交付日期造成巨大的风险。

但是，无论小M如何解释，G总坚持要求公司增加人手，部分提前上线，并不断重申，任务必须完成。

5.1.1 沟通不畅惹的祸

这个变动实在太大了，小M觉得有点束手无策。镇静下来之后，小M还是想到了自己的上级S总，必须立刻上报公司。

小M立刻与S总进行了沟通，S总也觉得非常突然。但S总经验丰富，觉得这么大的变动不可能是G总决定的，很可能是更高级别做出的。

S总与信息中心主任通了电话，这点很快得到了验证。这是客户高层直接做出的决定，G总和信息中心主任都是执行者，所以小M怎么跟G总解释都没有用。

S总还从信息中心主任的电话里得知，客户方的几位高层领导从多种渠道听到了项目进展不顺利的消息，还听到了很多关于交付质量差，管理混乱的不利传言，因此对于项目组能否按期完成非常担心。其间，多次要求项目组进行工作汇报，但是项目组认为当前工作太忙，都没有好好准备，汇报仅简单应付了事。高层领导得不到想要的信息，更加坚信项目管理混乱，以至于没有人能说清楚怎么回事。

经过讨论，客户方的总裁最终决定通过部分提前上线的方式验证项目的交付能力，减小项目的风险，也想通过这种方式提振士气。

5.1.2　事半功倍的高层沟通

如果是客户总裁做出的决定，S 总也难以与其直接对话。为此，S 总求助自己的上级、公司的 CEO，希望能够从更高的层次直接与客户方的高层进行一次沟通。

对于这样的重大变更，CEO 不敢怠慢，急忙拜访了客户方的总裁。

从总裁那里了解到的信息是：这个项目是总裁自己抓的，立项时力排众议，立项后全力推进。但目前一些不利的传闻使得原来的反对意见风声又起，并造成了董事会对这个项目的猜疑。因此，项目的成功与否已经不仅仅是个技术问题了，而是一个政治问题。总裁一方面顶着多方的压力，另一方面又苦于项目信息不透明，进展不可控，"没人说得清楚是怎么回事，没有人能保证什么时候上线"。无奈只好决定，与其等到最后看结果，不如分散风险，分批上线，因此出台了这样的决定。

CEO 向对方解释，如果从专业的角度看，这个方案非但没有降低风险，还增加了难度和工作量。而且，项目已经是离弦之箭，这时再要改变轨迹风险更大啊。客户的总裁有一定的触动，但是也不想朝令夕改。作为一个折中的缓和之计，请项目组制订一个新的方案，并进行方案对比。

CEO 回到公司后，与 S 总和小 M 开了个电话会，说明了情况还有可能出现转机。希望小 M 与 G 总达成一致，S 总向信息中心主任说明情况，争取改变局面。

电话会之后小 M 立刻与 G 总进行了沟通，将事情的来龙去脉进行了说明。特别告诉 G 总客户高层真正担忧的是什么，G 总对于小 M 反馈的这些信息非常重视。通过小 M 的解释，G 总知道了部分提前上线的方式与降低风险的目标背道而驰，并接受了小 M 的建议，不要修改计划，而是将所有人的精力集中到按期交付项目上。之后，G 总与信息中心主任商量，借进行方案对比汇报的时机，主动将项目的进展状态、现存问题和解决的情况向高层详细报告，让高层对项目建立信心。

很快，到了方案对比汇报的时间。在汇报会上，G 总首先对比了新老方案的优劣势，有理有据的说明让高层了解了分批上线的难度和问题。G 总借机将项目最近整体的进展、交付物情况、管理的流程、现存问题和解决情况，向高层做了一次非常详细的汇报。这次高层领导终于详细了解到了项目一线的信息，通过实际到项目组视察，知道了很多信息是误传和夸大，其实大多问题早已经解决。

最终，客户高层终于做出了按照原计划上线的决定。项目回到了原来的轨迹上，通过高层沟通除了让项目的状态变得透明，还得到了更多的关注和支持，获取了一些额外的资源。

5.1.3 沟通的层次

事后，小 M 整理了一下事情的沟通过程，按照沟通的层级画了一张沟通地图，如图 5-1 所示。

1) 高层沟通，公司 CEO 对客户的总裁。
- CEO 是公司内的高层决策者，拥有更多的资源；CEO 虽然在项目中不会经常出现，但是与客户的高层保持了密切的关系。在一些高层次的议题上，能够有效地进行沟通和驱动。
- 客户方的总裁是项目的发起人，项目资金的提供者，还是项目最高决策者。客户的发起人可以批准启动一个项目，也

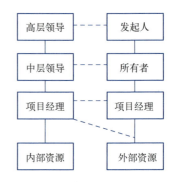

图 5-1 项目中的干系人沟通地图

可以根据情况终止一个项目。发起人最关心的是投资能否取得预期的收益或效果，也会关注项目是否受控，但是不会过多关心细节。

2) 中层沟通，S 总对信息中心主任。
- S 总是公司的中层领导，小 M 的汇报对象，负责调度公司内部关系、为项目经理提供人力资源；关注项目的进展，帮助解决项目中的问题。
- 信息中心主任，是项目成果的所有者。所有者负责实现发起人的目标，兑现发起人的利益。在项目中直接提出要求，将来拥有并使用项目成果。项目执行中，所有者密切关注项目的进展和结果。

3) 基层沟通，小 M 对客户方项目经理 G 总。
- 小 M，角色是项目经理，负责界定项目范围、制订项目计划，并直接控

制项目过程，确保在规定的时间、质量和成本约束内完成预期目标。小 M 对外向所有者汇报，对内向自己的直接领导汇报。项目经理直接下属是来自公司的内部资源。内部资源在项目执行过程中对项目经理负责，按要求完成任务；随项目的进展项目成员还会发生变化。

- G 总，甲方的项目经理，信息中心主任派的甲方代表。G 总的直接下属是来自客户的外部资源，负责确定需求，也包括一些今后负责支持维护的技术人员。外部资源虽然按计划和要求完成任务，但不必对小 M 直接负责，需要通过 G 总才能指挥。

从这个层级图上看，哪个层级该对什么负责、该由谁沟通就比较清楚了。这次这么大的方案决策一定是发起人做出的，由 CEO 与其直接沟通也是正确的途径。

5.1.4 经验与教训

项目的沟通是有层级的。了解沟通的层级和渠道，通过不同层面解决不同的问题，是项目经理必备的技能。

5.2 开会也是任务——有计划地沟通

部分提前上线的风波终于平息了。虽然这次通过多层次的沟通，总算是解决了问题。但是，事情的起因也正是沟通不畅造成的。

如果站在客户高层的角度，推动项目有很大的阻力，对项目进展情况又弄不清楚，从侧面听到的都是一些不利信息，希望从项目组得到直接信息时却没有被认真对待，结果误解逐步加深、信息不断失真，最后采用部分上线的方案也是无奈之举。其实，强推新方案的时候也有不同意见，但是没有了信任，只能通过政治任务的方式压下来。

根源还是在沟通上！小 M 回想起来，自己确实特别反感会议和报告。怕各种报告、会议多了之后影响项目进度，小 M 总是尽力阻挡各种会议，一些重要的会议也是派人应付。

发生这次事件之后，小 M 认识到会议、报告不但非常重要，而且是确保项目成功的一个重要因素。因此，必须把开会当成一项任务，这项任务应该和项目中其他任务一样被有效地管理。

5.2.1 项目沟通计划

将沟通作为任务，就要制订一份沟通计划。

首先，小 M 画出了项目组的主要角色和周边关系，以及项目中的主要报告和会议的框架，并确定由项目组的 PMO 负责落实沟通计划的执行，如图 5-2 所示。

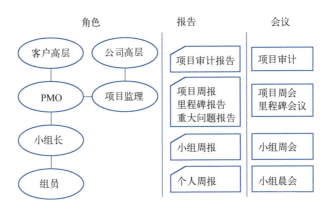

图 5-2　项目的主要角色和信息

第二，为了理清项目干系人之间的沟通关系制订了一个沟通矩阵。沟通矩阵第一列代表信息的提供方，第一行代表信息的接收方，在相关的交叉点上，就是两方的信息交互关系。项目组的沟通矩阵见表 5-1。

表 5-1　沟通矩阵

发起＼接收	客户高层	公司高层	PMO	小组长	组员	项目监理
客户高层		项目看法	指导意见			
公司高层	重大问题		指导意见			
PMO	项目进展/重大问题/里程碑	项目进展/重大问题/里程碑		项目进展	项目进展	项目进展/交付物/过程文件
小组长			小组周报		小组周报	文件记录
组员				个人周报		文件记录
项目监理	项目审计报告	项目审计报告	项目审计报告			

第三，根据沟通矩阵，确定沟通的方式、时间、频度、对象，制订详细的沟通计划。固定的沟通任务包括书面沟通和会议沟通两类，书面沟通计划见表 5-2。

表 5-2 书面沟通计划

提交方	文件名称	文 件 内 容	提交时间	提交方式	接 收 方
小组长	小组周报	上周完成情况 下周工作重点 项目风险和问题	每周五	Word 文件	PMO
PMO	项目周报	上周完成情况 下周工作重点 项目风险和问题	每周六	Word 文件	双方高层、项目全员
PMO	里程碑报告	本阶段的项目进展 主要的绩效指标 重大问题和风险 后续工作调整方案 下个阶段的工作计划	里程碑点	Word 文件	双方高层、项目全员
PMO	重大问题报告	重大变更 进度失控 成本失控 资源不足 人事变化	随时	Word 文件	双方高层
项目监理	项目审计报告	从独立的角度对项目进行审计 过程规范、交付物规范 风险和问题 客户的意见和反馈	每月10日	Word 文件	双方高层、PMO

第四，会议沟通计划。虽然已经实行晨会和周例会，但是目前还是约定俗成的。为了将沟通制度化，小 M 重新梳理了项目，制订了会议沟通计划，见表 5-3。

表 5-3 会议沟通计划

组织方	会议名称	会 议 内 容	会议时间	会议地点	参会人员	产出物	发布对象
小组长	小组周会	本周进展 下周计划 协调和解决问题 风险评估	每周五下午2:00	小组办公地	小组全员	小组周报 问题报告	小组全员、PMO
PMO	项目周会	本周进展 下周计划 协调和解决问题 风险评估	每周五下午4:00	PMO办公室	PMO、小组长	项目周报 问题报告 风险数据库	项目领导小组、PMO、小组长、组员
PMO	里程碑会议	本阶段的项目进展 重大问题和风险 主要对策和调整 确认下阶段计划	里程碑	PMO办公室	双方高层、PMO	里程碑报告	双方高层、项目全员

5.2.2 项目与外部的沟通

沟通计划解决了沟通的规范化和制度化，在项目组内可以有效执行。但是，小 M 发现项目组经常需要与客户的其他部门、合作厂商等关联部门进行联系。这样的沟通过程中经常发生遗漏，或者没有能够持续跟进。

为了有效管理与这些关联部门的沟通，小 M 采用了客户建议的一种联系方式——业务联系书，如图 5-3 所示。业务联系书用在以下几种场合：

- 需要正式地向客户提交文档，相当于签收的过程。比如完成了需求分析，正式提交《需求分析报告》，同时提出评审申请。
- 需要从客户那里索取资料，或者需要必要的信息和正式的答复。为了留下沟通过程记录；在收到对方的正式承诺之后，则记录在案并按时间要求进行跟踪。
- 跨部门布置项目工作时，相当于任务书。比如，需要网点资料的调查信息，则可以通过业务联系书的方式提出申请，并提供调查的文档模板。

比如，最近一次测试中，发现合作厂商的"系统接口异常"。为此，小 M 通过正式的业务联系书发出了请求。业务联系书在 PMO 有往来记录，每次都有明确的请求答复时间。一旦事情落到文字了，又有了时间限制，接收方都会重视起来。即使不能按期解决，也会按期回复将如何处理。

```
编号：0123
提出方：××××项目组                  受理方：客户××部门
要求回复期限：  2012  年  8  月  18  日
事由：申请协调××原厂进行现场测试
主要内容（提出方填写）：
尊敬的××：
    在 8 月 15 日的测试中，发现××系统接口的数据返回出现错误。项目组已多次核查，但单凭
一方无法确认故障的原因，希望得到原厂的支持。请帮助协调××厂商到现场进行测试，确认和解决问
题。此事希望 19 日予以反馈。                            负责人：小 M

                                                    ×××项目组
                                                    2012-08-16
经办人：小 L                                        负责人：小 M
发出日期：  2012  年  08  月  16  日   签收日期：  2012  年  08  月  17  日
答复意见（受理方填写）：
×××项目组：
    已经约定厂商 20 日早晨来现场测试；请提前将资料提交给对方进行准备。

                                                    ×××部门
                                                    2012-08-18
经办人：小 K                                        负责人：老 N
发出日期：2012 年 08 月 18 日
```

图 5-3　业务联系书

5.2.3 非正式沟通的利与弊

沟通规范了，大量的沟通都通过文档和会议的形式传递信息。但带来的一个问题是，很多项目成员因此忽略了面对面的沟通，明明一个电话能解决的问题，也要写半天问题单。几句话能说清楚的事情，也要开个会。另外一个后果是，有时发生分歧的双方会将不满憋着，等到正式会议摆上桌面给对方施压，造成各方关系紧张。

一次在一个重要的会议前，小 M 听到客户反映远程监控系统"根本不能用"。小 M 得知后非常诧异，急忙与客户进行了当面沟通。经进一步了解情况，其实是用户界面不友好，而我方的工程师态度又比较生硬，客户不满，从而做出上述结论。

经过小 M 协调，工程师同意限期修改，客户也同意在会上报告是"界面问题"，于是这个问题的性质就发生了根本的变化。如果按"根本不能用"报告，会议上没有时间解释，也很容易发生争执，势必对合作极为不利。

因此，在正式会议之前非正式沟通也很必要。对于要汇报的内容可以非正式地向客户相关各方通通气，根据反馈适当调整；也可以了解其他各方可能要反映的问题，提前解决。

非正式沟通如果不加以管理，同样也会带来问题。例如，为了支援其他项目，需要从项目中抽调一名骨干到其他项目组。合理的人事变动、员工升迁等是调动员工积极性，发挥个人作用的重要环节，客户能够理解。但是，在项目经理还没有跟客户沟通之前，这名员工自己就到客户那里去告别了，并表示是因为关系好"私下先透露一下"。

这下 G 总不高兴了，怎么没有经过任何沟通就要调人走？事后小 M 对于哪些事情不能进行非正式沟通进行了梳理。比如，人事变动的沟通应遵循以下原则：

- 项目组发生人事变动，当事人不得事前直接与客户沟通自己变动的情况。
- 项目组发生人事变动，原则上必须由其上一级负责人与客户进行沟通。项目经理发生人事变动，必须由事业部总经理与客户进行沟通；项目组成员变动，必须由项目经理统一与客户进行沟通。
- 人事变动沟通时，必须同时说明替代的解决方案，并征得客户的同意。
- 不得在以上人事变动沟通完成前，擅自进行人事变动。

5.2.4 经验与教训

沟通是确保项目成功的一个重要因素，也是一项重要的任务，项目经理可能 80%的时间都花在沟通上。

像其他任务一样，沟通也需要好好计划，识别沟通对象和信息要求，并确定正确的沟通方式。

5.3 需求和需要——如何与客户沟通

开发即将结束，项目进入到测试阶段了。正当大家忙得不可开交的时候，客户的一个业务组长突然要求增加十几张报表，并要求一周内必须完成。报表开发组的几名开发人员与客户发生了激烈的争执，但客户坚持这是当前的需要。

事情反馈到小 M 这里，正当小 M 发愁怎么办的时候，小 K 来了，请求让他负责找客户谈谈。小 K 貌不惊人，甚至一着急还会有点口吃，刚刚被提拔为报表开发的小组长。小 M 想让小 K 去试试也好，于是就答应了。

小 K 去了没多久，就一脸轻松地回来了，说问题已经解决了。小 M 非常奇怪，忙问小 K："问题是怎么解决的？"

5.3.1 了解需求的"为什么"

小 K 说明了事情处理的整个过程。

小 K 见到客户之后，首先对吵架员工的行为进行了道歉，并解释大家这段时间工作压力实在太大了。在缓和了气氛之后，小 K 问了客户一个非常重要的问题："为什么这几张报表这么急？"

其实，客户一直想解释这个问题，但项目组的成员只关心"你知道现在改有多难吗？"第一次听到有人关心这个问题，客户情绪已经缓和了许多。于是介绍说，这是自己所在的业务部门的决定，因为刚刚出了最新的监管要求，新系统中应提供这些报表。计算下来新系统上线的时候就必须提交这些报表了，因此必须在验收测试之前完成并一起验收。为此，他本人已经向领导做出了承诺保证完成任务，自己的压力也很大。回到项目组不但没人帮他，所有的开发人员还都说不可能完成，所以就发脾气了。

听到这里，小 K 说："你的难处就是我的难处！我们一定帮助你本周内完成这些报表开发!"听到小 K 这样说，客户觉得有些意外，既感激小 K 的帮忙，同时也担心小 K 无法完成任务。

小 K 解释道："这事最急，我们看看其他不急的事是否可以先向后推推。"于是，两个人一起着手研究新的报表要求。通过两人的分析，发现如果使用新的报表，有一些老的报表可能就不需要了。于是，写了个情况分析和建议，向业务部门征求了意见，并向 G 总汇报了情况。

听到这里，小 M 对于小 K 的处理过程赞不绝口，没有想到一个貌不惊人的年轻小伙，竟能如此轻松地化解了一场争端。

在征得了 G 总的同意后，立刻调整资源开始新报表的开发，暂缓几张老报表的开发和测试。同时，客户方面也正式提交了变更申请，更改了开发计划，老报表一部分被删除，另一部分移到二期考虑。

而此事也让小 K 与这名客户成了好朋友，每当客户遇到问题的时候，都愿意与小 K 沟通。

5.3.2 满足"需要"才能满意

以前，项目组中的技术人员总觉得沟通是件很困难的事情，公司还给项目骨干开了沟通技巧的培训课程，但是效果确实有限。而此事的经历，让小 M 觉得应该好好总结一下小 K 的成功经验，让大家借鉴。

第一，满意始于尊重。IT 项目目标不仅要提供一个系统，在整个过程中还要提供一系列服务。服务过程中需要跟人打交道，因此影响客户满意度的不仅仅是最终交付物的质量，还包括过程中客户对"人"的体验。也就是说，光做好了事情还不行，还要让客户对过程满意。小 K 开场的道歉既让客户下了台阶，也为前面争吵的同事打了圆场。首先让客户得到尊重，然后才开始进一步的沟通。否则，客户处于对立的状态，是没法沟通的。

第二，沟通始于聆听。小 K 的沟通是从聆听开始的，他没有解释这件事有多难，而是问客户为什么要这么急着做。客户的需求背后往往隐藏着真正的需要，而这种需要才是客户成功的标准。客户隐含的"需要"可能是不同的：有的希望通过项目建立威信，有的希望通过项目提升效率……这次，客户在自己领导面前做了承诺，是否完成使命关系到自己在领导面前能否"说到做到"，尽管承诺的时候可能他心里并没底。回到项目组，如果谁要阻挡他兑现承诺，他一定会跟谁急；如果有人帮助兑现承诺，就是他的救星。

第三，利益大于立场。谈判指利益相同或利益相悖的人进行会谈以达成妥协或协议。小 K 除了有效把握他人的意愿及需要，成功之处还在于他将利益相悖的谈判，变成了利益相同的谈判。前面的技术人员上来就从自己的角度出发拒绝修改，实际上就把自己放到了客户的对立面。而小 K 聆听之后表白"你的事就是我的事"，则立刻把自己与客户"绑"在了一起。一旦将谈判的目标变成怎么共同完成新增报表，共同的利益将超越双方立场的差异。

最后，双赢才是胜利。小 K 在做出让步的同时，并没有简单放弃达成平衡的机会。双方自然而然地将放弃一些老报表变成达成任务的一个途径。为此客户愿意考虑变更工作内容，并启动了变更流程进行确认。小 K 让客户感到满意，又没有增加工作量；客户兑现了对上级的承诺，达到了最初的目的。最后结果是双方都感觉自己赢了，而没有觉得自己被占了便宜。

5.3.3 真诚比技巧更重要

小 M 将小 K 对此事的处理过程在项目例会中进行了分享。大家觉得这个案例的处理非常经典，"聆听"和"站在客户立场考虑问题"成了大家的共识。之后，在遇到分歧的时候，很多人都非常注意多问个为什么，并乐于与客户一起分析和解决问题。

很多同事在效仿小 K 处理问题的方式时，动不动就会先拿出小 K 那句"你的难处就是我的难处"，然后再说："但这个事儿……"接着继续说自己的那一套，效果可想而知。这些同事还很纳闷，同样的话不同的人说出来达到的效果怎么就不一样呢？而客户也反映，你们项目有几个人很是油腔滑调，动不动就"大哥长大哥短，你的难处就是我的难处"。

小 M 听到这个反馈也哭笑不得，不是同样的话不同的人说出来效果不一样，其实最大区别是立场和思路不一样。如果从说话的"技巧"上看，小 K 可能是项目组中最差的一个，但是从沟通的效果上看，小 K 是最成功的一个，他理解了沟通的真谛——真诚远比那些所谓技巧来得重要。项目经理的一些软技能，还真的不是按照流程能培训出来的，其实质是思考问题、解决问题的立场和方法。

5.3.4 经验与教训

沟通和谈判是项目经理的一项重要技能，真诚的沟通中重要的是"尊重""聆听""理解"和"共赢"，这远比各种语言技巧重要得多。

软技能涉及的问题，往往解决之前觉得很难，解决之后大家都觉得挺简单。软技能通过技巧和流程很难传授，更多是需要改变思考问题的立场和角度。

第 6 章

质量"基本功"

在后面的故事中会隆重推出质量经理老 Q。他集众多质量管理者的特点于一身,工作兢兢业业、一丝不苟,但常常会因他人质量意识淡漠,质量工作被挤压而倍感郁闷。面对一些劣质的工作成果,常常会发出"有心杀敌,无力回天"的感叹。

6.1 质量经理该管什么——质量管理几件事

项目开始之后,人员陆续向小 M 报到。这天,一个人一脸严肃地走到小 M 面前,自我介绍说:"你好,我是公司派到这个项目的质量经理,平时大家都叫我老 Q。"

小 M 愣了一下,这就是"久闻大名"的老 Q 啊!老 Q 在公司里可是出了名的较真、难缠、认死理,专门"难为"自己人。几乎所有的项目经理都怕与他搭档,但是却深得公司领导和客户的赏识。小 M 本来想找个自己熟悉的好说话的质量经理,这下可麻烦了,没想到摊上了公司最"耿"的一个。

小 M 心里没好气儿,想到这里略带挖苦地说:"欢迎党代表来指导工作。"

老 Q 笑了笑,回答说"党代表是管思想的。虽然提高大家的质量意识是我的职责之一,但我这个质量经理主要干的可都是技术活儿。"

小 M 也没客气,说:"先帮着整理整理项目文档,规范规范流程模板什么的吧,技术活儿可没有适合你的。"

两个人的第一次见面就不那么愉快,老 Q 也感到了他和小 M 之间的隔阂。为什么呢?

6.1.1 项目经理的冤家

对于老 Q 的到来,小 M 的心情非常复杂,可以说"又敬又烦,又喜又忧"。

敬的是听说过老 Q 的业务能力，他任质量经理的项目最终的交付质量都很突出，经常获得客户的好评。

喜的是老 Q 的到来确实让小 M 对于质量管理有了信心。IT 项目有其特殊性和复杂性，在最终系统完工前很难直观地看到结果，因此需要在各个环节严格控制质量。但对于怎么来控制质量、保证满足要求、保证项目成功，小 M 其实不太清楚。

忧的是听说过老 Q 的风格，是个"唯质量论"的支持者，在质量方面绝对不妥协。老 Q 比客户还重视质量，俨然是客户的代言人，深得客户的喜爱，但却是项目经理眼中的心腹大患。要知道，项目经理除了质量，还要关心进度和成本啊！一些重大项目，客户要赶在一些特定的日子纪念啊、献礼啊什么的，一天都耽搁不得，所以总拿着鞭子在后面"抽"。而公司总是盯着成本不放，指望着项目挣钱。但 IT 已经不是个暴利行业，有的竞争激烈的领域甚至是微利，利润都是靠项目经理"省"出来的。

烦的是以前项目里进度、成本、质量三者如果需要均衡的话，小 M 可以一个人说了算。质量的重要性小 M 当然知道，达不到要求丢人还要赔钱，但有时在明显的进度、成本压力下只能牺牲质量。现在可好，光进度和成本这两条已经压得小 M 快受不了了，再来个质量经理分权制衡，这不是平添麻烦吗？

想到这些关系，小 M 突然想起了一个词——"冤家"，自己跟老 Q 的关系跟冤家很像，估计以后吵吵闹闹、合合分分的事情少不了。

6.1.2 质量管理管什么

一些项目组的成员对于老 Q 的到来也有几分微词，质量管理是什么说不清楚，但以后肯定要多写很多文档了。另一些项目组成员甚至认为"质量"是意识形态范畴的东西，不是个具体工作，老 Q 也就是宣传宣传、检查检查。

吃饭的时候，项目组年轻同事"恭敬"地向老 Q 请教："到底质量是什么呀？看得到吗？"老 Q 正在看新闻联播，就指着电视说："质量就是吃的药不会让你多出点毛病，喝的奶不会掺不该有的东西，加的油不会让你车子趴着动不了……"

听到这些同事顿时兴奋了起来，纷纷列举。还有人开玩笑举了一个正面典型加以印证："质量就是卢沟桥上有那么多狮子，但每一个都刻得栩栩如生，看来古人的质量管理还真有一套。"

老 Q 说，大家说的都对，质量在过程中产生，在结果中体现。项目最终要对结果负责，所以质量才是项目成功最重要的基础。没有这个基础，被返工、救火折腾得焦头烂额的时候，进度、成本从何谈起呢？

小 M 在旁边听到老 Q "唯质量论"的论调，很是不以为然，就说："这些大道理大家都懂，但怎么做才能保证质量呢？这才是关键！"

老 Q 听出小 M 话中有话，就接过话题说："这正是质量管理的目的！"小 M 没想到给老 Q 送了话把儿。一旦说到了自己的专业，老 Q 顿时打开了话匣子，娓娓道来。

经过多年发展，质量管理已经有一整套基本的理论和方法。质量管理的活动包括质量保证和质量控制两大类。质量保证是在项目过程中实施的有计划、有系统的活动，确保满足相关的标准，典型的例子是评审和审计。质量控制指采取适当的方法监控项目结果，确保结果符合质量标准，典型的例子就是测试以及之后的缺陷跟踪。

在 IT 行业中的软件开发领域，公认的质量活动主要包括配置管理、评审、测试以及缺陷跟踪。

- 评审：检查项目中间产品，早期发现缺陷以减少后期修改和返工的工作量。
- 测试：直接检查软件产品中的缺陷，确保产品符合要求。一般通过单元测试、系统测试、集成测试、性能测试实现。
- 缺陷跟踪：记录和追踪缺陷从发现到解决的整个过程，确保所有的问题都有结论。注意，并非一定都能解决。这是与评审和测试配合使用的一个重要管理过程。
- 审计：对项目的工作过程进行检查，确保所有活动遵循规程进行。
- 变更控制：在前面的章节中谈过，这也可以算是一个重要的质量活动。
- 配置管理：记录中间和最终产品（配置项）变化的历史，确保它们的正确性和一致性。

小 M 和项目组成员第一次听到有人系统地说出这么多具体的质量管理工作，对老 Q 开始刮目相看了。但是，并没有改变对老 Q 刻板、硬邦邦的印象。

6.1.3　质量经理的温柔一面

没几天，老 Q 不但按照小 M 的要求整理了一套模板，还整理了文档的命名规范、工作流程等很多东西。小 M 看了看，做得还真不错，看来老 Q 的大名还真不是盖的，于是就说："好吧，拿去让大家用吧，你负责检查啊！"

老 Q 还是第一次得到小 M 的认可，一直板着的脸终于舒展了开来，露出了难得的微笑。他对小 M 说，质量管理可不是一堆冷冰冰的文档就可以解决问题的，要想确实做好，还有两点很重要：

一是培训，要跟大家说明白为什么要这样做，能解决什么问题，具体如何做。要听取大家的意见，进行必要的裁剪和修改。如果没有这种沟通，员工很容易把质量管理理解为填写各种表格的繁文缛节。

二是与客户交流，很多流程都涉及客户，很多文档都需要客户帮忙。如果没有与客户的必要交流，客户会觉得"什么事都要填表"是在故意刁难，写文档是在浪费时间。如果沟通得好，客户不仅非常理解，还会觉得这是做事规范的表现，因此更加配合。

小 M 接受了老 Q 的建议。

通过这段时间合作，小 M 发现老 Q 还有细致和温柔的一面。他除了会说"不行"，还会告诉别人怎么才"行"。除了告诉别人怎么做，还会告诉别人为什么这样做。小 M 也知道质量经理不只是管文档，所以，这次他和老 Q 坐到了一起，认真地讨论并确认了老 Q 在项目中的具体职责：

- 贯彻公司的质量管理规范，负责质量管理过程的检查和指导。
- 负责制订项目开发/测试环境的标准和规范。
- 负责项目的配置管理，通过权限控制和备份机制确保交付物的完备和安全。
- 负责组织同行评审，确保中间交付物的质量。
- 制订测试策略和测试计划，组织测试，确保最终交付成果的质量。

谈完之后，两个人一起去吃了晚饭，听说老 Q 也是技术出身，大有相见恨晚之势。回来之后两个人心情都轻松了很多，这才是搭档的开始。

6.2 摸不着的财富——项目配置管理

隔了一天，老 Q 来找小 M 要一台好一点的 PC 机做配置管理服务器，而且还要一个专职的配置管理员。小 M 皱着眉头说现在人和机器都挺紧张的，就让大家在自己机器上管着吧，配置管理员老 Q 自己先兼着，平时又没什么事，需要的时候把文档和代码汇总到老 Q 的机器上就行了。

这下老 Q 急了，说配置管理可不是你想象的这么简单，不但要有独立的服务器、专用的配置管理软件，还要有专职的配置管理员执行日常管理工作，这样，项目中产生的交付物才不会遗失或错乱。

软件开发的成果是摸不着的财富，这些财富和图书馆里的书性质是一样的，只不过保存在摸不着的配置库中。试想，图书馆里的书如果没有分门别类地存放，也没有图书管理员管着，而是谁都可以乱拿乱放，成千上万册书就会到处散落，到时就会发现想要的书怎么也找不到，看了一半的书不知去向，甚至很多书还会丢失或损坏，这是不是一场灾难。

项目组现在有二十多人了，如果因为配置服务器出毛病了大家干不了活，或者版本出错大家返工，就算是一天的故障也相当于浪费了一个人月。一个人月的价值可比一台 PC 贵吧！

小 M 若有所思，老 Q 说的情况在项目里还真的时有发生。以前一直觉得配置管理工作可有可无，认为配置管理员就是管文档的项目助理，甚至日常琐事都让配置管理员去应付。现在看来，配置管理其实是在管理公司的无形财富，是非常重要的一件事！

因为配置管理确实比较专业，所以小 M 一时还弄不清具体细节。但是，的确明白了不能轻视这项工作，所以答应尽快给老 Q 配机器，并向公司申请增加一名配置管理员。

老 Q 于是在项目里开始了配置管理体系的建设，他是怎么做的呢？

6.2.1 什么是配置管理

小 M 如约安排了一个专人给老 Q 当配置管理员。不过，是个刚毕业没多久的"小女孩"，大家都管她叫小 C。老 Q 并不介意，倒是小 C 对配置管理茫无头绪，上来就不好意思地问："老 Q 老师，配置管理我真的不懂，我该做点什么啊！"

老 Q 安慰小 C："只要肯学肯做，认真细心，就一定能做好。配置管理是在某一特定时点确认软件配置的一个过程，通过对已标识的软件配置的变更进行系统控制，从而在整个软件生命周期中保持软件的整体性和可追溯性。"

这些拗口的词汇让小 C 顿时陷入了云里雾里，老 Q 赶紧解释道："乍一听挺难理解的是吧？举个例子你就明白了，譬如你在大学里读书，得把课本、作业还有一些辅导材料都理好、分门别类地放到书柜里。整体性就是毕业的时候资料都在，看一下就知道四年都学了些什么；可追溯性就譬如你有一门课考试挂了,你还能找到课本看看错哪里了,还能把作业、教材找出来重读一遍。"

小 C 接着问:"在咱们项目组里配置管理具体干什么呢?"

老 Q 连忙说:"通常来说,软件配置管理主要通过计划、标识、控制变更和发布配置状态报告来协调软件开发,目的是使错误达到最小并最有效地提高生产效率。"

小 C 又听不明白了,说:"就是把项目组同事们开发过程中的文档啊、代码啊都管理好,这样大家工作得就比较规范了,效率也会提高是不是?"

老 Q 听了很高兴,表扬小 C 说:"理解得挺快,配置管理的基本工作是这样的,但实际还有很多相关的工作要做,配置管理可是个很专业的领域,你如果愿意深入学习下去,要掌握的东西还很多呢。"

说完这些,老 Q 意犹未尽,又补充道:"简单说说配置管理工作由浅入深能达到的几个层级吧,以后慢慢体会。"

配置管理按照所达到的成熟度等级,可以划分成五级。

第一级基本级:实现项目的所有文档、代码、资料装入配置管理库,组成静态的配置库全集。

第二级项目级:建立制度、规范及正常运转操作流程,分配对配置库操作的职责和权限,对执行人员和过程支持人员进行培训,实现单个项目动态过程管理,形成项目级的软件装配车间。

第三级组织级:将项目级配置管理推广到整个组织,建立组织级制度、规范和标准流程,同类项目采用统一标准的配置管理环境,形成多条流水线。

第四级量化级:基于大量历史配置管理信息,可对新项目进行量化评估,从而为项目任务下达提供可靠依据。

第五级优化级:基于历史配置管理信息进行统计、分析,找出项目管理过程中的缺陷进行改进,实现项目管理过程的持续优化。

这一长篇讲完让小 C 咋舌:"看来这里面学问还真深啊!"

6.2.2 配置管理的准备工作

老 Q 花了半天时间给小 C 讲了讲配置管理的基本理论,接下来就要动手开干了,小 C 又迷茫了:"怎么做啊,Q 老师?"

老 Q 安慰小 C 说:"没事,我带你做一遍你就会了。工作得先谋后动,所以要先做个配置管理计划。"至于配置管理计划是什么,老 Q 就对着计划模板一样样解释给小 C 听,参见表 6-1。

表6-1 配置管理计划

目 录		说 明
1 简介	1.1 目的	概要介绍项目配置管理的目的。基本要求：确保项目过程中产品的完整性和一致性；规范配置库操作、变更管理和备份管理；规范产品发布过程；制订配置审计和报告活动的计划
	1.2 范围	简述本文档包含的内容，管理范围应覆盖客户提供的资料、项目中间产品和资料、最终发布产品、项目管理文档
	1.3 缩写和略语	对于各种缩写和略语进行说明
2 组织和资源要求	2.1 角色和职责	说明配置管理活动中的角色、职责，对应项目中的具体人员
	2.2 所需资源	明确配置管理活动所需要的软硬件参数要求、明确配置管理的工具
3 配置项标识及命名	3.1 配置项选择原则	说明配置项的选择原则，对颗粒度大小的规定
	3.2 配置项命名规范	说明配置项的命名规范，包括管理文档的命名规范、文档和代码的命名规范、基线的命名规范等
	3.3 主要配置项一览	分类列出配置项的清单。例如，需求和设计文档、接口规格、源代码、测试用例等。管理类文档也应纳入，包括项目计划、项目报告、会议纪要、过程记录等
4 配置库管理	4.1 受控库目录结构	说明标准目录结构，必须定到二级
	4.2 权限管理	说明不同角色的读、写、逻辑删除、物理删除的权限
	4.3 产品构建和发布管理	说明产品构建和发布流程、基线建立计划
	4.4 变更流程	说明基线配置项变化的流程
	4.5 备份和归档	确定备份范围、方法和时间
5 配置审计		说明配置审计标准、范围和时间要求
6 配置状态报告		说明配置项状态报告的模板、发布和条件
7 配置管理活动计划		说明配置管理活动的任务、负责人和进度安排

首先是要确定配置管理工作相关的人员，因为项目组中的配置管理工作不是就一个配置管理员来做的，其他人员包括项目经理、架构师、组长、开发人员等都分别承担着相应的职责。

其次是确定要管哪些东西，原则上和项目过程相关的文档、代码等都要管理起来，而这些被管理的对象就叫作配置项。

确定了管理的对象以后得给它们起个名字，而且不能随便取，要有一个规律，让人听了就知道这东西是做什么用的，这就是所谓的定义标识策略。

然后呢，就要定义配置项放在哪里，这就是建立配置库的策略。

以后项目组成员就得定期将工作产物放入配置库，而其中的一些工作产物就是阶段性的成果，称之为基线；下阶段的工作在上阶段工作形成的基线上开展。把这些基线确定下来并定期提供给大家进行后续工作的方式就是版本管理。

为了确保配置项不会遗失、不会出错、不会被遗漏和破坏，还要定期进行审计和备份。

基线不能随便改,需要一个变更流程来保证基线是被有效控制的。

最后还要定期发布配置管理的工作报告给大家,让大家看到目前项目组配置管理工作的进展状况。

老 Q 说得口干舌燥而小 C 再一次被说晕了,问:"要写这么多东西吗?"

"当然!"老 Q 很严肃地说:"只有计划做周全了,把要做的工作定义清楚了,后面的工作才能顺顺利利。"

制订了配置管理计划,老 Q 又带着小 C 到项目组走了一圈,把那些开发机、测试机以及配置管理机都挨个看了一遍,然后拿出一份环境配置清单请小 C 把这些机器的软硬件配置都登记了上去,参见表 6-2。

表 6-2 环境配置清单

类别	测试		用途		功能测试环境	
负责人	小 C		使用者		测试组	
序号	一级				说明	
	二级					
			参数	值		
A		应用服务器				
	A1	硬件				
			服务器型号			
			CPU			
			内存			
			硬盘			
			网络协议			
			IP 地址和端口			
	A2	操作系统(含补丁)				
			操作系统			
			补丁 1			
			补丁 2			
			……			
	A3	数据库				
			版本号			
			并发数			
			……			
	A4	工具				
			版本号			
			……			
	A5	应用软件				
			版本号			
			并发数			
			……			

小 C 问老 Q 这是做什么，老 Q 回答说这是配置管理的一个基础工作，就是确定环境配置。登记好的这张清单还要请各个相关的组长进行确认，看是否满足开发和测试的要求。以后就按照这张清单定期检查和保证项目组软硬件环境的稳定，环境稳定了项目组工作才能顺利进行下去。

登记完环境配置后，老 Q 就拿了一张光盘指着配置管理服务器对小 C 说："以后这台机器就归你管了，你先要用这张光盘里的配置管理软件把配置库建起来。"

小 C 在配置管理机上捣鼓了老半天，软件装了卸，卸了装，终于把配置库给建立起来了。老 Q 让小 C 就按照配置管理计划中人员的工作职责给他们分配权限和密码，又指导着小 C 按照项目组标准的工作结构设置好了目录。

至此，老 Q 颇为满意地对小 C 说："不错，基础的工作已经差不多了，以后这个配置库就是你工作的主战场了，你以后要像出纳爱护她的保险柜一样看好这个配置库，这配置库要出了问题项目组损失就大了。"

接着，老 Q 拿出一摞空白光盘来，告诉小 C："为保证安全，要定期给配置库做备份。一种备份方式是把整个配置库都刻录到光盘上保存好，这种叫作全量备份，一个月做一次；另一种方式是配置库自带的增量备份方式，每周把增量部分刻录到光盘上。还有啊，备份要在你的工作机上恢复一次看看是否能用。"

小 C 捧着光盘像捧着一堆财宝一样郑重其事地点头保证："同事的劳动成果都在这里面，放心吧！"

6.2.3 配置管理的日常工作

小 C 对配置管理的日常工作逐步上手了，每天勤劳地把工作产物往配置库里放进拿出，同事们也渐渐习惯了这样的工作方式，日常工作井然有序。如此过了一段时间，老 Q 来找小 C 谈基线管理的事。

原来，项目组的需求分析阶段完成了，需求规格说明书也通过了评审。现在，老 Q 要让小 C 把这份需求规格说明书设定成基线版本，放入配置库里的基线库。

小 C 问老 Q 具体怎么做，老 Q 让小 C 先给这份需求规格说明书设定一个基线版本的版本号 1.0。接着，指导小 C 把这份规格说明书从配置库的工作库移到了专门的基线库。

"以后除了你或者你赋予权限的特定人员，别人都动不了这份文档了。"

老Q告诉小C，接着又补充道："记得把这个基线版本记到你的《配置状态报告》里，然后发给大家，让大家都知道。"

"那万一以后这个文档被改了怎么办？"小C问道。

"那就提升基线的版本号，然后再告知所有相关的同事这个基线版本被升级了，以免大家相关的工作不能和这个新版本匹配。"老Q认真地回答。

又过了一阵，小C急匆匆地来找老Q，说是有个组长觉得需求规格说明书里有几个功能的需求写得不太对，要求小C把权限给他，让他把文档拿出来改改再放进去。

老Q一听就很生气，说："这基线版本哪是他想改就可以改的，必须提交变更申请，等到申请得到变更控制委员会同意后才能进行变更，变更完了也要再次通过评审才能重新放进基线库"。

小C又糊涂了一下，问老Q："什么是变更控制委员会啊？"

老Q耐心地答道："这变更控制委员会就是几个和项目关系比较密切的领导和技术专家组成的一个评估小组，由他们来确定变更是否能进行。如果是小变更，他们就会安排一个人来评估一下，如果是大变更，那就要委员会全体开会讨论是否可以。"

小C听明白了，说："那我这就让那个组长按变更流程来做，要不就不给他改了。"

小C接手配置管理工作差不多有一个月的时间了，有一天老Q神秘兮兮地走过来，打开配置库这儿看看，那儿看看，还让小C把一些项目组里盖了章、签了字的书面材料，如会议纪要、评审报告等拿过来翻。最后，又拿起那些做备份的光盘，装进机器查看了一遍。

小C又迷惑又紧张，忍不住问老Q这是在干什么，老Q这才回答说："这是在给你做配置审计啊，看你这配置管理的工作有没有做得不到位的地方。"

"那你要审计些什么呢？"小C又问。

"内容很多！"老Q摆足了架势，"基本的包括配置库中配置项标识是否规范；基线中配置项是否全面；配置库备份的有效性；对配置项进行物理审计等。"物理审计就是有没有的意思，老Q专门解释了一下。

小C听得还是不太明白，心里嘀咕这么多审计的内容我到底做得行不行啊。老Q见状安慰小C说："作为新手你已经做得很不错了，以后继续努力吧！"

6.2.4 项目结束时的配置管理工作

随着项目的进展，配置库里的内容越来越多，而小 C 的工位上、箱子里也堆了很多纸质的材料和成摞的备份光盘。有一天，看着这么多东西，小 C 就去问老 Q："等到项目结束了，这么多东西怎么处理？"

老 Q 又嘿嘿地笑起来，夸奖小 C 很有远见，然后告诉小 C 说项目结束的时候配置管理员要做的工作就是资料归档和释放环境资源。

看着小 C 若有所思，老 Q 详细地给小 C 讲解了一番：

项目结项的时候，项目经理会完成一个结项资料清单，小 C 这时候就应该从配置库以及柜子里把清单上所列的各项资料都拿出来，然后还要根据清单做一次物理审计。

审计合格后就要把全部资料提交给公司专人保管，可千万不能拿到外面去，那样公司不答应，客户也不答应，都是知识产权啊！老 Q 又着重说明。然后把整个配置库放到公司的配置总库里长期保存。

再后面，就是根据项目开始时登记的环境配置清单，依次将开发、测试环境里的各种设备交还给公司或者客户，把整个环境资源释放出来留给下一个项目来用。

经老 Q 这么一讲解，小 C 感觉对配置管理工作从头到尾怎么做理解得越来越清晰了，禁不住说："原来配置管理工作有这么多事啊！"

老 Q 笑起来，说："这才是开始，继续努力吧，学问深着呢！"

6.2.5 经验与教训

配置管理不是可有可无的工作。软件开发的交付物是摸不着的财富，配置管理的目的就是完整、有序地保存这些无形资产，让项目组的工作进程变得井然有序。

配置管理工作是软件开发过程的重要组成部分，配置管理也是专业性很强的工作。成功的配置管理可以避免项目中版本的混乱，提高项目的工作效率。因此，有很好的投入产出效益。

配置管理员不是项目中负责文档管理的项目助理，其工作的专业性、规范性很高，要有"三心"：细心是操作时要仔细，出一点错就会给项目组带来损失；耐心是要及时有效的沟通；用心，就是要不断学习和钻研，用更好的方法来提高配置管理工作的质量和效率。

6.3 你是来找茬的——改变对评审的观念

经过一段时间的紧张工作，终于完成了系统的设计工作。小 M 希望尽快开始下一阶段的编码工作，项目成员也都摩拳擦掌地想立刻"动真格的"。但老 Q 提醒小 M 说，按公司规定必须通过设计评审才能进入下一阶段。

小 M 做事雷厉风行，立刻把项目组的架构师、小组长等人都找来，告诉他们现在就开个评审会，还请了老 Q 一起参加。

评审会上小 M 对项目组这一阶段的工作给予了高度的评价，提出了几个"改进意见"，然后请大家再接再厉，按期完成编码工作。几个组长频频点头，纷纷发言，对于小 M 给予肯定表示感谢，又谈了很多设计阶段遇到的困难和解决过程，会议气氛热烈而融洽。

最后，小 M 询问大家《设计说明书》做得怎样，可否通过。与会人员除了老 Q 外一致表示可以通过。因为评审最终要老 Q 同意才能通过，所以小 M 很客气地望着老 Q，问老 Q 还有什么指导意见，如果没有，这次评审是不是就算通过了。

老 Q 直到现在还一言未发。小 M 可能没有注意到，老 Q 的脸色在会议刚开始时是惊讶，后来变成生气，而现在反而变得非常平静。他平静但坚定地告诉小 M 及与会人员："你们这个会算什么会我不清楚，但肯定不是评审会，评审会得重新开！"

与会人员大为惊讶，互相交头接耳。小 M 也非常生气，冲着老 Q 吼道："你是来找茬的吧！"然后一挥手说："散会！"

一次本该是"团结、胜利"的评审会开成这样，谁也没想到。后面该怎么办呢？

6.3.1 为什么要做评审

会议不欢而散，老 Q 觉得要找小 M 好好谈一下。老 Q 开门见山地告诉小 M，评审的目的是尽早发现问题。这次评审会不但流程不符合要求，而且一团和气的讨论方式也完全达不到发现问题的目的。

老 Q 举了个例子：假设有个需求理解的缺陷，如果在需求阶段发现，修改一下可能只要一个小时；但到了设计完成时发现这个缺陷，因为涉及的人员、文档增多，估计至少一天；而等到代码都编写完成时再发现这个缺陷，连改带测没有十天八天肯定完不成。如果缺陷没被发现到了生产系统中呢？就不是工作量的问题了，那损失将难以估计。在质量管理的理论中，缺陷每延迟一个阶段被发现，修复的代价就要乘上十倍。

最后，老 Q 真诚地说："真正的评审看似在找茬，其实却避免了将来的麻烦。现在找的茬越多，以后的麻烦就越少。你说，如果我现在草率地让评审通过，是帮你还是害你？"

听老 Q 这么一说，小 M 终于理解了老 Q 的用心。表态支持老 Q 关于重新评审的意见，但他也提醒老 Q，项目组里很多同事对于评审的看法和小 M 原来的理解差不多，都认为是走走过场。建议老 Q 先给大家做一次评审培训，让大家统一思想；然后，再组织一次"真正的评审"，给大家做个示范。

老 Q 听后欣然答应，精心准备了些资料，找了个时间把项目组的同事们召集在一起便侃侃而谈：

"IT 系统在能够真正运行前，需要很多前期的分析、设计工作，这些工作决定了系统最终能否正常运行。但由于这些工作大都落在纸面上，验证其正确性不那么直观，所以更多依靠一些有经验的专家通过书面审核的方式来确认工作是否达到要求，这就是我们常说的评审。

"有一些人认为等系统开发出来，运行一下不就知道有没有问题了。有就再改改，不评审也一样能能完成工作。这想法也不能算错，只是这种方式就像小孩子搭积木，随手往上搭，到某个时候会塌下来，然后需要重新再搭一次。但如果是实际 IT 系统的建设，恐怕就没有重来一次的机会了。为了不至于在最后一刻倒塌，过程就要不断评审。这样才能让项目的每一步质量都有保障，降低后面返工的风险。

"平时一堆人给你挑刺提意见你可能不太乐意，但只有这样做才能找出存在的问题，体现评审的价值。所以，要想让评审发挥作用，真正该苦恼的不是挑出了很多毛病，而是有毛病没被挑出来。

"中国人讲究和为贵，相互挑毛病的事轻易不愿做；'事不关己，高高挂起'，因此很多评审会请了专家、评审了半天也提不出一两个一针见血的问题来。这样的评审会流于形式，开和不开一个样，时间长了大家对评审的观念就是走过场！这次评审结论是不通过，希望以此为转折点改变大家对评审的观念。"

老 Q 有理有据地谈了一番，同事们心服口服地纷纷称是。小 M 也庆幸有老 Q 这么一位铁面无私、尽心尽力的搭档帮他把住了关。经过培训，项目组成员都非常愿意配合老 Q 重新评审，让评审真正起到作用。

6.3.2　怎样组织评审活动

培训做完后，老 Q 趁热打铁准备通过组织一次有效的评审给大家树个标杆。为了让评审会准备得更充分一些，老 Q 让配置管理员小 C 帮他一起承担组织工作。小 C 对于如何进行有效的评审也是一知半解，正想借此机会好好地学习一下。

小 C 问老 Q 评审会到底应该怎么开。老 Q 看小 C 初出茅庐，非常好学，就用相对通俗的语言给小 C 做了个解释：

"评审啊，简单说就是一群人、在规定的时间与地点，对着一堆材料发出质疑；材料的提供者会满头大汗地做着解释，承认着错误，期望着最后能得到一个可以通过的结论。这场景有点像毕业论文答辩吧。其实毕业论文答辩也是一种评审，它保证论文的质量达到学校的要求。而项目中的评审则保证工作交付物达到了质量标准。"

小 C 听罢还是回到老问题："那我们怎么开始呢？"

老 Q 说："首先要把评审会里的各个角色确定下来。在评审过程中涉及的角色主要有 4 种，包括责任人、主审人、评审专家、记录员。这次评审的责任人就是负责设计的开发组组长，主审人就是我，记录员就要辛苦你了。不过最关键的是评审专家，他们的能力够不够，态度认真不认真决定了这次评审的效果。"

老 Q 想了一会儿，说："项目的架构师当然要做评审专家，但我还要从公司请两个水平高、和项目没有直接关系的架构师一起来帮我们评审。还有，要让几个负责编码的小组长也做评审专家，他们可是接下一棒的，估计没有人会比他们更认真了。让设计、编码两拨人自己 PK 去吧。"说到这里老 Q 忍不住得意地笑了起来。

小 C 看到老 Q 情绪正佳，接着问："这些人具体要做些什么呢？"老 Q 不厌其烦地一个一个说起来：

"我这个主审人就像刚才说的，要先选定评审组的成员，然后再做评审的前期准备。在评审过程中要保证规范和高效，评审后要将结果及时发布给相关人员。最后，对于评审发现的问题还要跟踪直至问题关闭。

"责任人开个玩笑说就是批斗对象了，他先要把评审的资料准备好，在评审过程中解答评委提出的问题，对于发现的缺陷要虚心接受，会后还要积极改正缺陷并提交给主审人审核。

"记录员就是小 C 你承担的工作，虽不复杂但要认真细心。要帮我组织评审会议，在评审过程中把专家们提出的所有问题都记录下来，还要记录责任人的解释信息，最后要形成会议纪要，还要记录评审结果。

"评审专家是最重要的了。评审专家必须拿出必要的时间和精力来彻底了解被评审的资料，其任务是寻找这些评审资料的缺陷，侧重于发现问题而不是解决问题。在评审过程中要保持客观性，要对被评审的资料而不是责任人个人提出意见。"

对于评审要有哪些角色小 C 已大致清楚，但这个评审会一步步怎么开还是心中无数。老 Q 告诉小 C，评审过程分为计划、预备会议、准备、评审会议和跟踪几个阶段。

- 计划阶段与项目计划同步，也就是说项目要有哪些评审在项目计划中就提前定义好了。
- 预备会议，针对要评审的资料对评审组进行培训，并讨论评审资料。如果大家对评审过程都很熟悉的话，这个会议可以不开。但从现在这个项目的情况来看是非开不可了，前面召集大家的那次培训会也可认为是一次预备会议。
- 准备工作，评审会不是现场"唠嗑"会，要保证评审会议的效率和效果，评审专家们必须在会前就做好认真的准备。
- 评审会议，评审专家和责任人在会上共同确认正在评审的资料中包含的错误和缺陷。
- 跟踪，评审会议完成后并不是说评审就结束了，评审组织者还要确保责任人采取必要的措施改正所发现的问题。

这些都做完了，才是完成了一个真正完整的评审过程。

小 C 听完老 Q 的介绍禁不住叹气说："好复杂啊，做好一次评审真的要花好多精力呢！"

老 Q 想了想，回答说："也不是每一个评审都要这么复杂。评审也有几种类型，最常见的是正规检视和走查。一般对于需求分析和设计阶段的交付物的评审都采用正规检视方式，像这次对《设计说明书》的评审就是正规检视。但项目后期的代码、测试用例等的评审可以指定专人用走查的方式，就不用开大规模的评审会了。"

6.3.3 一次有效的评审

老 Q 和小 C 开始一步步地准备这次评审会。老 Q 先给各个评审参与人员发了一个会议通知。通知上写明了评审会的召开时间、评审意见的反馈时间，随着通知还附上了需要被评审的资料和评审意见反馈表，参见表 6-3。

表 6-3 评审意见反馈表

项目名称			评审号	
文件名称			作 者	
评审目标				
评审日期	年 月 日		评审时间	小时
评 审 人			准备工作时间	小时
严重：	总结：			
一般：				
建议：				

附：缺陷清单

序号	位置（页/行）	严重度	描述	来源	作者确认（接受/拒绝/重复）
1					
2					
3					
……					

小 C 看到通知上写着会议在三天后才举行，就问老 Q 为何要这么早发通知。老 Q 说必须给评审专家留出充分时间仔细阅读被评审的资料；否则，等到会议召开的时候临时看资料怎么可能提出有价值的意见呢？

过了两天小 C 看到老 Q 忙着给各位评审专家打电话，就问老 Q 这样做的原因，老 Q 说在催着各位专家交作业："他们都挺忙的，要常常提醒他们多花点心思在评审上！"

到了第三天，评审会终于如期召开，在一个小小的会议室里老 Q 居中正襟危坐，小 C 坐他旁边准备记录，开发组组长坐在老 Q 对面惴惴不安，其他的评审专家散坐在桌子周围，负责编码的小组长也作为评审专家出席，小 M 特邀列席会议。

老 Q 拿出几张打印好的评审意见反馈表，然后宣布会议开始。依次介绍完参会人员和流程后，就看着评审意见反馈表一个一个念出评审专家们反馈的缺陷，让责任人也就是开发组组长确认是否是缺陷，是否接受。如果开发组组长感觉表述的不太清楚的缺陷，老 Q 就让评审专家做些解释。

很快越来越多的缺陷被暴露了出来，开发组组长经过培训心态非常好，谦虚谨慎，对缺陷基本都认可，还不断表态说马上就改正，只不过头上的汗也越来越多。差不多一个小时左右，缺陷都确认完了。老 Q 问几位评审专家："这次评审给个什么结论啊？是通过，还是不通过，或者有条件通过？"开发组组长眼巴巴地看着专家们颇为紧张，像等待陪审团做出判决一样。

几位评审专家包括编码组组长和老 Q 商量一阵后，确定了意见。老 Q 做最终陈词："虽然发现了一些比较严重的缺陷，但交付物基本达到要求，所以评审会的结论是有条件通过。条件就是把这些缺陷改完后再由一位指定评审专家作为代表进行审核，审核通过后评审才算通过。"

老 Q 又问了开发组组长何时能改完，组长表态说一个星期可以改完，老 Q 让小 C 把评审结论和修改时间都记下来以便跟踪。最后，老 Q 感谢大家的支持，宣布散会。

大家觉得这次会议时间不长，但很有成效，发现的很多问题非常关键，确实能提高后续工作的质量。

会后，小 M 走在老 Q 身边开玩笑说："没想到发现了这么多问题，上次幸亏有你来找茬。"老 Q 听了一乐："是啊，你现在也看到找茬的效果了吧！要不评审就没有意义了。"

6.3.4 经验与教训

因为在完成编码之前不能对系统进行测试，所以依靠有经验的人进行中间交付物的评审是重要的质量保证手段。这样才能让项目的每一步质量都有保障，大大降低后面返工的风险。

要想让评审发挥作用，首先要改变观念。真正该苦恼的不是挑出了很多毛病，而是有毛病没被挑出来。要明白请别人来"找茬"正是为了帮助自己。

有效的评审需要分工明确，其中挑选评审专家非常重要，一方面应该邀请没有利益关系的同行专家，一方面应该邀请有直接利益关系的人员进行"制衡"。例如，让做设计的人对需求进行评审，做编码的人对设计评审。这样的评审牵涉到责任传递，才能"刺刀见红，针锋相对"。

有效的评审过程应分阶段进行，可以分为计划、预备会议、准备、评审会议和跟踪几个阶段。其中准备阶段非常重要，评审会议之前评审专家对评审资料进行仔细地阅读和准备才能保证评审会议的效率和效果。

6.4 别让别人揭家丑——让测试深入人心

完成了设计评审之后，终于进入了编码阶段。因为前面的评审耽误了几天时间，各个开发小组为了赶进度纷纷省略了单元测试。老Q要求大家改进，可是开发人员都说时间不够。

开发人员想请测试人员帮着做单元测试，可老Q不同意，说单元测试应该用白盒测试，谁写的代码谁自己熟悉，测试才有效率。老Q与开发人员僵持不下，最后小M出面平衡的结果是只对重点模块进行单元测试。老Q叹气道："单元测试是靠不住了，集中精力准备集成测试和系统测试吧。"

几天过去了，进度一点没有赶回来。小M于是又找老Q商量，希望把系统测试的时间缩短1周。小M的想法是：反正上线前还有客户的验收测试，系统要上线了客户哪能不尽心尽力测一把呢？因此，现在完全可以减少点测试时间，这样大家编码时间比较充分，可以保证质量，也可以追回点进度。

这次平时脾气极好的老Q终于不再妥协了，坚决地说："别让别人揭家丑！验收测试前，我们自己的集成测试、系统测试和性能测试一个都不能少！"小M也很恼火："不压缩测试时间，项目延期了你能负责吗？"两个人又顶上了……

6.4.1 悲壮的"验收测试"

尽管各自都有点生气，但工作还得做。冷静下来之后老Q找到了小M，这次老Q没有讲什么理论，而是讲了一段亲身经历。

有一次，老Q在另外一个项目中任质量经理，为了赶工期做了让步，把集成测试、系统测试和原本意义上的验收测试压缩成了一个"验收测试"。参加验收测试的客户刚开始看到新系统漂亮的界面时满心欢喜，想尽快感受新系统的便捷，想尽快看看和需求规格是否一致。

原打算测试用例很快就能跑完，但刚刚开始测试就发现有人无法登录，几个技术人员说权限设置错误，一阵折腾后总算能登录了。但好不容易录入了一屏数据，提交之后系统说超时了，需要重新提交；可重新提交之后又死机了，又要重新录入那么多数据，客户都要崩溃了。

这样一天下来大部分时间都是在处理这些"技术问题"，一天测不了几个功能，导致测试时间一再延长，客户的信心不断下降。终于有一天，客户的测试人员集体"罢测"，确实太难为他们了。没有办法，只好每次测试都安排一堆"保驾"的技术人员紧张地盯着客户，随时改错。

客户从最初的兴奋、到失望、到悲愤——连话都懒得说了。随着上线时间的不断临近，想到再过几天就要"毅然决然地把这不知还隐藏着多少问题的系统推上线"，客户个个一脸悲壮，好像要上刑场一样……最后，客户的高层领导得知真相之后，没有任何犹豫，毅然决然地要求暂停"验收测试"，延期上线，项目组返工重新测试……

讲完之后，老 Q 低声道，这个教训让他永远难忘。其实，这样违背基本规律的事不是事前不知道，而是心存侥幸。成本和进度是显而易见的，而质量不是一下能看出来的，因此总希望能撞上大运、蒙混过关。这是一种自欺欺人的做法，最终会害了客户也害了自己。老 Q 至今还为自己当时没有坚持原则而自责，所以这次他不会再妥协了。

听完老 Q 的故事，小 M 态度缓和多了。但是，仍觉得这么多轮测试是否有必要，还是担心测试会拖延进度。老 Q 说："按规范进行测试短期看可能拖延进度，但长期看能够降低成本。要不安排一次讨论，我先给大家讲讲测试的基本原理和方法，然后大家一起看看怎么改进工作效率。"

6.4.2 为什么要设这么多道"网"

项目组成员觉得老 Q 的培训比较有价值，每次总能学到不少新东西。这次尽管都很忙，但还是在晚饭后聚在办公室里来听老 Q 测试培训。

老 Q 开场就说，开发需要的人力和时间不可缩减，少一块系统就跑不起来；而测试就不同了，多测一点少测一点表面看不出来，只要不出大问题一样可以交付给客户。差别只是系统中隐藏的缺陷不同。一旦进度紧张项目经理就会选择压缩测试时间，这是一个本能的选择。说到这里老 Q 特意看了看小 M，小 M 心里直嘀咕："这老 Q，这又是冲着我说呢！"

老 Q 接着说，保证质量最有效的措施也是测试。大家可能要问为什么有这么多种测试呢？首先，看看软件测试的 V 模型（见图 6-1）。不同的测试活动是针对不同的开发活动来设置的。以 V 模型为基础，测试活动分为单元测试、集成测试、系统测试、性能测试和用户验收测试几种。

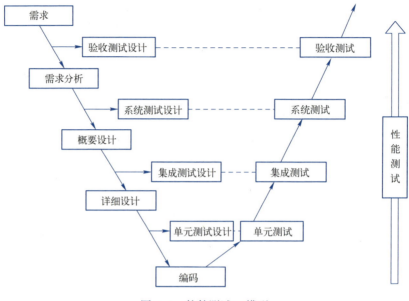

图 6-1　软件测试 V 模型

- 单元测试，主要是由开发人员自己对编写的代码进行自测或相互进行交叉测试，用以检查代码是否符合编码规范，是否存在逻辑错误。
- 集成测试，将经过单元测试的模块组装成完整的程序。工作任务包括制定集成测试策略，确定集成测试步骤，设计集成测试用例，然后逐一添加模块进行测试。集成测试由测试人员负责，应该在概要设计完成后进行设计工作，并在单元测试完成后执行。
- 系统测试，是为了验证需求分析确定的功能是否齐全并被正确实现，同时还要对安装、部署、适应性、安全性、界面等非功能性需求进行测试。系统测试也由测试人员负责，应该在需求分析完成后进行设计，在集成测试完成后实施。
- 性能测试，用来检查系统是否满足规定的性能要求。性能测试通常选择一些典型的功能，检验这些功能在大量用户同时使用时系统是否稳定。性能测试由测试人员负责，可以在系统测试完成后进行，也可以对重要模块先进行性能测试，可以贯穿整个测试周期，目的是尽早发现系统的性能瓶颈并提早解决。

- 用户验收测试（User Acceptance Test，UAT），简称验收测试，目的是验证系统与需求的匹配性，以及界面的友好性、响应速度等。验收测试由客户负责完成，公司的测试人员配合进行。

因此，每种测试都有自己的目的和针对性。单元测试针对程序的规范和逻辑，集成测试重点是模块之间的连接，系统测试侧重系统功能的实现，性能测试验证系统的稳定性和效率，验收测试检验系统是否实现了业务需求，相互之间不能替代。

老Q又拿出一张图（见图6-2）接着说，这好比在系统前拦上了一道道不同的网，确保把各种问题、缺陷拦住，保证最终交付系统的质量。但是，每道"网"怎么设置大有讲究，测十个用例叫测试，测一个用例也叫测试。测十个用例就好比网孔小而密，可以把大量的缺陷拦截下来；测一个用例就如同挂了个"欢迎通过"的横幅，把问题留给了后面的人。

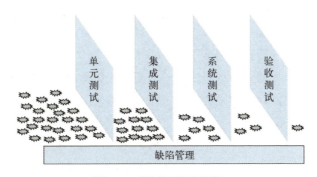

图6-2 测试过程示意图

缺陷客观存在，不会自己消失。因此，如果前面省事了，后面的就倒霉了。如果前面每道网都是"欢迎通过"，缺陷就像击鼓传花游戏一样不断向后传，直到停在最后接棒的人手里。只不过在我们这个"游戏中"，最后一棒是验收测试。如果这时大量的逻辑、功能和性能问题集中爆发，验收测试无法达到预期目的不说，而且还把我们前面的失职暴露给客户，这可就是让别人揭家丑了。

说到这里大家终于明白了，纷纷点头表示一定要严格把关，不能把问题留给客户。还有同事对老Q开玩笑地说："要是今天有客户在这里，他们会感动得热泪盈眶的。"

6.4.3 如何组织测试活动

看到大家思想达成了一致，老 Q 马上开始介绍测试的基本流程，希望大家在了解流程之后能够提出改进效率的方法。

虽然有多种类型的测试，但是基本的流程差不多，通用的测试过程包括计划、设计、实现、执行、完成几个步骤：

- 测试计划，开展测试工作首先就是要制订一个测试计划，需要确定这次测试的目标和策略，估计测试用例、测试实现的工作量，确定所需的人力资源和测试环境资源。这些内容都写在测试计划中，测试计划通过评审就可以执行了。
- 测试设计，制订测试计划之后第一步就是测试设计，需要确定测试需求，设计测试用例，对测试用例进行评审等。
- 测试实现，设计完成以后就是测试实现的过程，任务包括搭建测试环境、编写测试脚本、编写驱动程序和准备测试数据。根据需要尝试测试部分程序，然后修改测试用例和驱动程序等。
- 测试执行，根据计划将测试任务分配给测试的执行人员，测试执行人员根据测试用例输入测试数据、记录测试结果。发现问题后需要记录和跟踪缺陷，缺陷修改完成后要进行验证。执行中还要对测试环境进行管理和监控。
- 测试完成，主要工作完成以后要对测试的情况进行分析、总结，确认是否达成了目标，给出测试结论或建议。具体的工作包括评估测试活动、分析测试结果、编写测试报告，最后对测试的整体情况进行评审并形成结论。

说完了测试的过程之后，老 Q 又补充说，测试不是测试组一个团队的事情，而是要项目组里所有同事都一起参与，可能涉及的主要角色和职责大概是这样的（见表6-4）。

表 6-4 测试的主要角色和职责

角色	职责
项目经理	与测试团队共同制订测试的质量目标，并跟踪目标的达成情况； 总体管理测试的进度和缺陷修改工作的进展； 提供测试活动所需的文档； 参加测试计划、测试用例、测试报告等评审工作

(续)

角　色	职　责
测试组织者	制订测试计划、组织和实施测试工作，包括组织、监控和管理测试活动，确保达成测试的质量目标，任务包括： ■ 组织搭建测试环境、准备测试数据、编写测试用例； ■ 组织测试人员编写测试脚本（如果能自动化测试）； ■ 组织测试人员建立执行流并进行联调； ■ 组织维护测试用例和测试脚本； ■ 对缺陷的提交和验证进行跟踪。 负责编写测试报告，参加测试计划、测试用例、测试报告的评审
测试设计者	分析测试需求、设计测试用例； 编写测试脚本，建立和联调测试的执行流； 参加测试计划、测试用例、测试报告； 负责测试环境的搭建
测试执行者	负责测试用例的执行、记录测试结果和缺陷； 参加测试计划、测试用例、测试报告的评审； 负责缺陷修改后的重新测试和验证
缺陷修改者	负责修改测试发现的缺陷； 参加测试计划、测试用例、测试报告的评审
缺陷分配者	负责审核和分配测试缺陷； 对测试中发现的问题进行定位并协助解决； 参加测试计划、测试用例、测试报告的评审
质量保证者	组织评审测试相关的测试计划、测试用例、测试报告； 负责审计测试过程，确保测试按照规范和流程进行
配置管理员	负责测试过程中版本的集成和发布； 负责测试中产生的交付物的配置管理； 参加测试计划、测试用例、测试报告的评审

尽管有多种测试，但测试中的基本角色和职责差不多。只要这些角色完成自己的职责、密切配合，测试就能很顺利地进行。

老 Q 说得头头是道，发现大家听得有点不甚了了，就说道："测试的学问挺深，详细的内容暂时不讲了，具体的测试方法我们在实施过程中再学习和领悟吧。"

6.4.4　紧张的"对抗"

培训的效果显著，项目组对测试的重要性达成了共识。开发组的同事们说一定尽量不放过任何缺陷。测试组的同事们纷纷响应，表态要严防死守，提出尽可能多的 BUG（原意是臭虫，在软件业指程序中的缺陷），确保项目的质量。

进入集成测试阶段以后，测试人员如下山猛虎，几天时间就测出一大堆缺陷，搞得开发组长狼狈不堪。老 Q 安慰开发组长说："看，这就是当初你们不好好做单元测试的结果。不过还好，这家丑咱们就内部消化了，交到客户那里他们就发现不了几个缺陷了。"

开发组长认识到了单元测试的意义，但觉得单元测试工作量太大。为了节约开发人员的时间，老 Q 找来了能自动检查编码规范和编程逻辑代码的检查工具。开发人员试着扫描了一下代码，果然发现了很多问题，虽然其中很多算不上缺陷，但扫描结果对提高代码的质量起到了明显作用。在后续修改缺陷的过程中，开发人员都能自觉地进行代码的扫描和单元测试，交付的质量明显提高。

为了压缩时间，项目组两班倒，白天开发组修改错误，晚上测试组测试。经过集成测试中的这样几轮高强度的"对抗"，进入系统测试时果然缺陷已经大为减少。开发组长的信心也渐渐恢复，感谢老 Q 说："被你们骂总比被客户骂好。谢谢！"

但开发组长的好心情没保持几天，老 Q 看到系统的功能渐趋稳定，于是又开始了性能测试，在模拟大量用户同时使用系统的情况时，系统开始变得慢如蜗牛，甚至出现死机现象。这下不但开发组长崩溃了，连小 M 都坐不住了，他责怪老 Q 为何不早点开始性能测试，现在都快要交给客户了，出现这样的性能瓶颈，如何来得及调试呢。

老 Q 解释说，性能测试必须要等到系统基本没问题、趋于稳定时再进行才有效果，否则很难顺利测下去，出现异常时也不能定位究竟是系统架构的问题，还是功能上的缺陷。不过现在测不算晚，抓紧时间做性能调优工作还来得及。后面还有几轮系统测试，正好可以验证调优效果。

这下系统工程师、架构师、开发组等一批人又开始忙了起来，开始时进展非常不顺利。老 Q 打了几个电话，从公司要来了刚刚采购的内存泄漏扫描、数据库调优等工具。这些工具可帮上了大忙，经过一段时间的加班加点，终于把性能问题解决了。

在后面几轮的系统测试中，系统运行已经非常顺畅，发现的缺陷也大为减少。这几个星期的"魔鬼对抗"总算见到了成效。大家刚想松口气，发现已经到了该进行用户验收测试的时候了。

客户对验收测试非常重视，来参加测试的都是一线的业务人员；而且，提前准备了大量的验收测试用例，都没给项目组看过。看着坐得满满当当的一屋子客户的业务人员，小 M 心里一直打鼓，他对老 Q 说要是测试不顺利，这些业务人员闹起来我们可招架不住啊。

老 Q 却信心满满，悄悄告诉小 M 刚刚浏览了一下客户的测试用例，大部分我们在系统测试时已经测过，不会有大问题。不过，客户对业务的理解毕竟比我们深入得多，有些测试用例是很复杂的业务组合，多项数据之间是有关联的，所以可能会有点麻烦。

果然不出老 Q 所料，基本功能的测试进展很顺利，但在测一些复杂的业务组合时发现了一些错误。不过，客户对于第一轮测试就能达到这样的效果已经很满意了，认为基本达到了预期标准，比他们以前测过的系统质量好多了。

小 M 没想到客户这么通情达理。项目组也受到了鼓舞，与客户的高手们密切配合，一起分析了业务逻辑，找出了一些深层的错误，还算顺利地解决了问题。

改完之后，又要进行第二轮测试了。小 M 非常担心时间，而老 Q 却镇定自若地告诉小 M，第二轮时间至少可以省一半，因为前面一轮使用了自动测试工具，很多用例的输入过程已经录下来了，不用再人工重录一遍了，这不仅减少了重复劳动，还降低了人工录入出错的可能。小 M 没想到老 Q 还留了这么一手，觉得自己真是找到了个好搭档：老 Q 不仅是测试理论的专家，关键还是实践的高手，总能找到适合的工具和方法！

验收测试结束后，小 M、老 Q 和项目组主要成员一起参加了客户主持的验收测试评审会。会上客户介绍了验收测试的思路、方法、数据和分析结果。最后宣布了验收测试结果：首先，认为前面项目组自己进行的集成测试、系统测试、性能测试等工作计划周密、记录完整、结论正确，因此对于系统的质量比较放心。客户自己的验收测试过程规范，用例齐全，虽然发现了一些缺陷，但没有重大问题，缺陷也即时完成了修复，在回归测试中得到了验证。目前遗留的几个问题不影响上线，因此测试的结论是系统满足上线的要求。

听到这个结论，忐忑不安的小 M 心里一块石头落了地，项目组的其他成员也欢呼起来，对能一次性通过验收测试还真没思想准备。

评审之后客户告诉小 M，老 Q 事前提交了项目组自己进行的多轮测试的测试报告。客户仔细分析了测试用例和缺陷记录，看到项目组自己测出的问题越多，客户反而越放心。这点可是给项目组加了很多分啊！

得到客户这样的赞扬，小 M 和项目组骨干都非常感激地看着老 Q："咱们揭了自己的家丑，却赢得了客户的信任，前面下的功夫太值得了！"

从此，测试在项目组里深入人心了。

6.4.5 经验与教训

因为压缩测试时间之后表面看不出来差别，所以测试工作最容易被压缩。一旦进度紧张项目经理就会本能地选择压缩测试时间。为此，项目中独立的质量经理角色及其对原则的坚守对于保证项目质量非常重要。

测试是保障交付质量最常用也是最有效的手段，V模型中的每种测试都有自己的目的和针对性，不能相互替代。这好比在系统前拦上了一道道不同的网，只有每道尽量多拦截缺陷，才能保证最终交付的质量；如果前面每道都放行，最后会集中爆发。

通用的测试过程包括计划、设计、实现、执行、完成几个步骤，要想有效组织测试，还要确定专职的人员和明确的分工，从组织上保证测试的有效执行。

内部的测试不仅可以提高交付质量，完整的测试报告和测试记录还可以直接提高客户的信心。

测试确实需要时间和精力，但很多是重复的工作。为了提高效率，可以使用各种测试工具替代人工劳动。另外，特别是到了测试后期，如果要进行系统调优或者挖掘深层的缺陷，离开工具几乎是不可能的。

6.5 找出问题之后——缺陷跟踪

这是在测试阶段最紧张的时候发生的一件事。专职的测试人员果然都是找问题的高手，每天都能发现很多缺陷。刚开始大家都还中规中矩地登记、跟踪，但随着缺陷越来越多，小M着急了，要求开发人员无论采取什么方法每天必须把测出来的错误都修改完。

于是乎，项目组里的开发人员和测试人员开始"捉对厮杀"，测出一个就立刻改一个，再也没人花时间去登记缺陷了，大家都觉得这样做的效率是最高的。

老Q看到这种工作状态以后感觉不对，连忙叫停，要求测试人员要按规定登记缺陷，再统一由开发组长安排适当的人员修改。在这个节骨眼上还要"浪费时间"做这么多的纸面工作，大家非常不愿意，找到小M说如果增加这些额外的工作，就很难保证每天完成修改任务了。

小 M 也觉得何必搞得这么麻烦，请老 Q 暂时放松一下，待过了这段时间之后再好好执行缺陷跟踪流程。老 Q 倒是不着急，只是问了小 M 几个问题……

6.5.1　为什么要进行缺陷跟踪

老 Q 问小 M："两个复杂度、大小差不多的模块，如果都用了 10 个测试用例，第一个测出了 10 个问题，第二个测出了两个问题，你觉得哪个质量高？"小 M 说："当然后面一个了。"老 Q 又说："如果不登记缺陷就直接改，连哪个模块测出过多少缺陷都不知道，又怎么做出上面的判断呢？"

这下小 M 愣住了，但是还是强调记录缺陷什么的太费时间了。

老 Q 接着说："如果你不知道上面测出的 12 个缺陷是否都修改完成了，你同意结束测试阶段吗？"小 M 说："当然不能同意了。"

老 Q 说："这就对了。评审和测试都是为了找出问题，但是找出问题是为了解决问题，缺陷跟踪的正是确保发现的问题得到解决的一个关键流程。目前的做法缺陷好像改得挺快，但很无序，先改哪个、谁来改合适、是否改正了、有没有复核都不知道，怎么判断测试阶段可以算完成了？"

看着小 M 若有所思，老 Q 趁热打铁，希望小 M 与他一起要求严格执行缺陷跟踪流程。小 M 同意了老 Q 的意见，但是有两个要求：一是对大家进行个培训，说明缺陷跟踪的意义，先让大家理解；二是大家反映的是实际情况，一定要想办法尽量减少大家的文字工作。

6.5.2　怎样进行缺陷跟踪

大家对老 Q 的培训还是一如既往地踊跃参加。老 Q 上来就问大家："缺陷跟踪的目的何在？"大家有说这儿的，有说那儿的，老 Q 最后总结如下：

缺陷跟踪的目的是规范评审、测试、试运行等过程中发现缺陷的更改活动；跟踪缺陷处理的各环节、避免缺陷修改失控和遗漏；如实反映缺陷的处理过程。

缺陷跟踪的起点是各种缺陷发现活动，主要包括评审、测试和审计。评审和测试是针对中间或最终交付物；审计针对的是过程和规范的执行情况，判断是否合规，会发现没有按照规定的流程、不符合制度要求等"过程缺陷"。老 Q 列了张表，列出了项目中的主要评审、测试和审计活动，见表 6-5。

表 6-5　主要的缺陷发现活动

类　别	活　动	负　责　人
评审	需求规格评审	同行评审专家
	概要设计评审	同行评审专家
	详细设计评审	同行评审专家
	代码走查或评审	同行评审专家
	计划评审	同行评审专家
	测试用例评审	同行评审专家
	测试报告评审	同行评审专家
测试	单元测试	开发人员
	集成测试	测试人员
	性能测试	测试人员
	系统测试	测试人员
	用户验收测试	最终用户
审计	过程审计	项目监理、质量保证人员

发现缺陷之后就进入了缺陷跟踪流程，包括提交、判断、分发、修改、复核、关闭几个关键步骤。一个缺陷跟踪流程中一定包括缺陷发现者、缺陷分配者、缺陷修改者几个角色，过程中他们需要密切配合。但是，在不同缺陷发现活动中，缺陷的发现者都不相同，评审时缺陷的发现者是评审专家，测试时的发现者是测试人员，审计时的发现者是项目监理或者质量保证人员。这些角色和职责在测试活动中都已经谈到过。

缺陷跟踪除了记录和跟踪缺陷的修复过程，很重要的一点是对缺陷进行分类、统计和分析，这样不仅有利于将缺陷分配给合适的人员去修改，而且可以得到缺陷来源、分布规律等宝贵信息，帮助改进工作过程、持续提高质量。

平时，项目组成员对于测试缺陷记录表（见表6-6）要填写那么多的内容觉得很麻烦，也弄不清有什么用，听到这里，纷纷要求老 Q 仔细讲讲这块内容。

表 6-6　测试缺陷记录表

提出					
缺陷编号		发现阶段		测试批次	
子系统编号		模块编号		测试案例编号	
缺陷描述：					

(续)

缺陷类型		严重性		紧迫度	
提交人		提交日期			
修改					
修改人		接受日期		产生原因	
缺陷源文件				产生阶段	

修改内容：

1
2
3
……

审核人		审核日期		迁入版本号	

备注：

重测					
测试人		重测完成日期		测试结果	
审核人		审核完成日期		审核完成日期	

备注：

老 Q 说，对于缺陷的分析主要分为缺陷类型、严重性和紧迫度几个方面，这些信息可以帮助找到缺陷产生的原因、确定修改的优先级。老 Q 先拿出一张缺陷类型表给大家看，见表 6-7。

表 6-7 缺陷类型

缺陷类型	描述	可能的缺陷源
用户界面	用户界面显示或操作存在问题	详细设计
架构	系统存在架构方面问题	架构设计、概要设计
接口	系统内、外部接口错误，不能正常连接和工作	架构设计、概要设计
业务功能	业务功能不完整、未实现或出现错误	需求分析、需求规格
系统功能	与业务无关、但系统应该实现的必须功能不完整、未实现或出现错误	架构设计、概要设计
性能	系统的响应时间、吞吐量、并发数等方面不满足要求	架构设计、概要设计、编码
可重用性	不满足被其他系统或模块复用的要求	概要设计、编码
可移植性	不满足可跨平台移植或部署的要求	概要设计、详细设计

老 Q 又拿出了缺陷严重性等级表接着给大家讲解，见表 6-8。缺陷严重性说明了缺陷给最终交付的系统或产品可能造成的影响程度。其中 A 级的影响程度最大，E 级最小。

表 6-8　缺陷严重性等级

严重性等级	描　述
A 级（系统级）	系统整体崩溃，或者不能稳定地连续正常工作
B 级（应用级）	部分应用或子系统不能运行，或不能稳定地连续正常工作
C 级（业务级）	导致业务流程终止，或因结果错误、数据不一致失败；因安全、容错性和性能等非功能性问题影响正常使用；安装部署、日常维护不能正常进行；与现有的标准、规章制度不符的问题
D 级（操作级）	不易学习使用、界面操作困难；因提示信息不充分、难于理解而影响正常操作
E 级（文档级）	安装手册、操作手册、在线帮助等文档存在错误或不能正常提供帮助；文档和代码存在冗余、文档之间信息不一致

紧迫度与严重性是有比较紧密关联的，项目组应该优先修改紧急程度高的缺陷。"紧急"是需要立即执行修改的缺陷，"一般"是按照正常时序进行修改的缺陷。还有一类对当前影响不大的缺陷可以"暂缓"修改，只是记录下来，最后进行整体的统一修改，比如规范提示信息、帮助信息完善等。

6.5.3　使用缺陷跟踪工具

老 Q 讲完这些内容之后，大家觉得获益匪浅，对缺陷跟踪的重要性也完全理解，但是觉得缺陷跟踪的流程还是太复杂了，表格中的子系统、模块等信息每次都要重复填写，确实很费时间。这点老 Q 倒是真的可以理解，因为他自己也快被折腾得不行了。现在的流程是这样的，如图 6-3 所示。

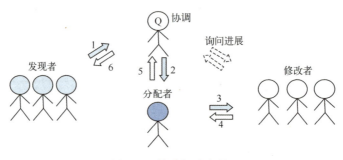

图 6-3　缺陷跟踪流程

- 测试人员测出问题后，记录在《测试缺陷记录表》上，然后交给老 Q。
- 老 Q 抱着一堆表格去找开发组长，由他进行分类和判断后，再像邮递员一样分给不同的开发人员。
- 开发人员修改完成后，把《测试缺陷记录表》陆续还给开发组长，开发组长看看没问题就还回老 Q。
- 老 Q 拿着返回的《测试缺陷记录表》再去找测试人员，测试人员重新测试后如果问题解决了，就在《测试缺陷记录表》中进行确认；如果没有解决，返回重启流程。
- 全部完成后，老 Q 把这些登记表归档收藏。

这个流程本身没有问题，完全能保证发现的缺陷被有序地解决。但是，因为使用的是纸质表单，过程中涉及的人员多、步骤多，往往不知道哪张表单到了哪里。为此，老 Q 设计了一张表格登记所有的记录单，并不停地更新状态，但是缺陷多了疲于奔命也来不及登记这么多的单子。特别是如果有人想查阅以前某张表单，老 Q 就要翻箱倒柜地找好半天，感觉自己头都晕了。

在场的工程师都说，我们都是做软件的，完全可以开发一个管理工具，这个工作并不是很复杂。如果有工具，信息记录在系统中，老 Q 就不用手工收集、传递表单，像个邮差一样跑来跑去了。

老 Q 听了之后感动极了！众人拾柴火焰高，几个志愿者主动利用业余时间帮助老 Q 开发缺陷跟踪工具。他们先从网上找到几个不错的开源工具作为雏形，然后根据老 Q 的需求进行一些必要的开发，设置好了流程、角色和用户权限之后，真的跑了起来。老 Q 试了试觉得非常好用，就召集项目组的成员做了个培训，然后就开始正式使用了。

有了这个系统之后，提交、判断、分发、修改、复核、关闭的全部步骤都在系统中管理。测试人员发现缺陷后直接把问题记录在系统中，很多信息可以根据用户自动带出，一些选项也是通过下拉菜单选择，省了测试人员不少纸面工作。测试人员输入之后，老 Q 和开发组长立刻就能看到完整的缺陷清单，判断缺陷类型和严重性后自动分发给相应的开发人员。开发人员可以直接看到自己的缺陷修改任务，并能够按照优先级进行排序。测试人员也可以直接在系统中看到已经完成修改的缺陷并进行重测，直到问题关闭。这样不仅减少了纸面工作，而且流转的速度也快了很多。

6.5.4 缺陷的分析与度量

有了系统之后，统计方便多了。老 Q 拿了一堆报表给小 M 看，说这是统计出来的缺陷分布和缺陷处理能力指标。小 M 看得头昏脑涨，也不明就里，于是向老 Q 请教这些报表是什么意思。

老 Q 耐心地画了张缺陷分布的分析矩阵给小 M（见表 6-9）。这个矩阵其实是一个缺陷分析的指标集。横向是缺陷数量、严重性等级、缺陷类型、缺陷状态和缺陷密度等指标；纵向则是需要查看这些指标的维度，交叉点就是某个维度上的缺陷分布指标。其中，缺陷状态指处于等待修改、已经修改、已经关闭和暂缓修改等状态的缺陷比例，缺陷密度在测试阶段则是指每千行代码中发现的缺陷数。

例如，"总体"和"严重性等级"的交叉点代表"总体严重性等级"指标，这个指标的含义是整个系统中不同严重性缺陷各有多少；"模块"和"缺陷状态"的交叉点代表"模块缺陷状态"指标，这个指标的含义是不同状态的缺陷在不同模块上的分布。

表 6-9 缺陷分布

	缺陷数量	严重性等级	缺陷类型	缺陷状态	缺陷密度
总体	总数量	不同严重性缺陷各有多少	不同类型的缺陷各有多少	不同状态的缺陷各有多少	总体的缺陷密度是多少
子系统	缺陷在不同子系统上的分布	不同严重性缺陷在不同子系统上的分布	不同类型的缺陷在不同子系统上的分布	不同状态的缺陷在不同子系统上的分布	每个子系统的缺陷密度
模块	缺陷在不同子系统上的分布	不同严重性缺陷在不同模块上的分布	不同类型的缺陷在不同模块上的分布	不同状态的缺陷在不同模块上的分布	每个模块的缺陷密度
制造者	每个造成的缺陷数量	每个人制造的不同严重性的缺陷数量	每个人制造的不同类型的缺陷数量	每个人制造的不同类型的缺陷数量	每个人的缺陷密度
发现者	每人发现的缺陷数量	每个人发现的不同严重性的缺陷数量	每个人发现的不同类型的缺陷数量	每个人发现的不同状态的缺陷数量	
发现活动	不同阶段发现的缺陷	每个发现活动中发现的不同严重性的缺陷数量	每个发现活动中发现的不同类型的缺陷数量	每个发现活动中发现的不同状态的缺陷数量	

(续)

	缺陷数量	严重性等级	缺陷类型	缺陷状态	缺陷密度
产生阶段	不同阶段产生的缺陷数量	每阶段产生的不同严重性的缺陷数量	每阶段产生的不同类型的缺陷数量	每阶段产生的不同类型的缺陷数量	每个阶段的缺陷密度
时间	缺陷总数随时间的变化	每种严重性的缺陷数量随时间的变化	每种类型的缺陷数量随时间的变化	每种类型的缺陷数量随时间的变化	缺陷密度随时间的变化

看着小 M 还是不太明白，老 Q 说这些指标可以说明哪个子系统问题多，哪些人特别善于找问题，哪个阶段出的问题多，哪个阶段找出的问题多。现在手工查找缺陷制造者还挺麻烦的，但以后假如跟配置管理系统联系起来，就可以很容易地知道哪些人容易出问题。

这么解释小 M 听明白了，也感兴趣了，对着老 Q 提供的表格看了几个实际的例子。平时觉得让人放心的开发人员果然是缺陷密度低，而几个"手快"的开发人员虽然产量高，但缺陷更多，所以缺陷密度大。小 M 啧啧称赞，以前是凭感觉判断，现在有数据基础了。

随后，老 Q 又拿了一张表，说是统计了项目组整体的几个重要指标，反映了项目组的处理缺陷的能力，见表 6-10。

表 6-10 处理缺陷能力指标

指 标	计 算 公 式	含 义
缺陷发现能力	计划发现的缺陷数与实际发现的缺陷数之差与计划发现的缺陷数的比率	测试小组发现缺陷的能力，直接与测试用例的数量和质量有关
缺陷引入率	一段时间内发现的缺陷数与缺陷总数的比率	反映某个阶段缺陷发现活动的有效性，期望越早阶段的引入率越高
缺陷清除率	一段时间内关闭的缺陷数与缺陷总数的比率	反映某个阶段的缺陷修复活动的效率
缺陷密度	系统或模块中的缺陷数与其规模（KLOC）的比率	在一定测试的用例密度下，能够反映出开发质量
缺陷驻留时间	缺陷从被发现到关闭在系统中停留的时间	反映缺陷修复的效率，也和解决的难度有关

最后，老 Q 根据分析结果，提出了一些改进建议。例如，一些手快的开发人员要降低其产量，让他们自己增加单元测试案例。对于常出现严重性错误

的子系统，请架构师进入帮助审核架构设计。有的开发人员缺陷平均驻留时间比较长，请小 M 注意一下能否帮助他们改进查错和修改的方法。还有几个缺陷的驻留时间特别长，是几个重要问题始终得不到确认造成的，建议小 M 出面与客户沟通。

看到平时乱七八糟的各种表单经过老 Q 这么一整理，就得到这么多有用信息，可以直接指导工作，这次小 M 对于老 Q 彻底信服了。

6.5.5 经验与教训

缺陷跟踪过程能够有效管理缺陷从发现到修复的全过程，保证发现的问题不被遗漏。缺陷记录不仅保证了缺陷的可追溯性，还能反映出大量的过程信息，是后续进行统计分析的宝贵信息源，因此不能忽略这个过程。

缺陷跟踪的基本步骤包括提交、判断、分发、修改、复核、关闭等。涉及发现者、分配者、修改者等多种角色，因此，采用有效的管理工具非常必要。

通过对缺陷数量、严重性等级、缺陷类型等数据的统计分析，可以量化地了解缺陷特征，为发现问题和改进流程提供真实、可靠的依据。缺陷发现率和缺陷修复率等指标可以反映出不同组织间平均能力水平的差异，从而可以有针对性地进行改进和提高。

第 7 章

团队建设基本功

7.1 没权就不能管好团队吗——项目经理的领导力

开发组为了不让测试组白天等待，需要晚上加班修改完所有的缺陷。这样，开发小组持续加班，第二天经常不能按时上班。但是，有个员工 B 浑水摸鱼，即使没有加班也不准时上班。为了保持公正，项目组开始记录加班和考勤情况。

第二天员工 B 照例上班迟到了，小 M 当众批评了他。没想到，第三天他不来了，打了电话之后，他说自己昨天加班了，今天不舒服，需要休息一下。小 M 看到其他加班的人虽然疲倦，但是都来了。这个节骨眼上休息确实对团队其他人不公平；但不同意，又找不出什么借口。

小 M 觉得自己责任重大，但是权力不大。项目组里的人员都有直接上级，干完工作就走了，小 M 没有权力命令他们干什么，虽然号召大家来加班，但是真不来没有什么办法。即使工作有什么不对的地方，也只能指出来，实在不行了，也只能向公司要求换一个人。但是，一般情况换一个来上手时间长，没有办法，也只能将就，最多向上级抱怨一下。当然，对于工作表现好的，除了分配那点奖金的时候能够多给一点，向上级主管推荐一下，也没法给他们其他的好处了。

没有权力，该怎么管理一个项目组呢？

7.1.1 权力之外的招数

小 M 与顶头上司 S 总通了电话，抱怨 B 的行为，抱怨没有权力。S 总问："小 M，你需要什么权力呢？"小 M 还真的没想过这个问题。细细想想，所有的权力也就是奖励和惩罚。

"员工的动力与他们的激励程度直接相关。但是，奖励依据的是公司的政策，项目奖金的发放，只要在政策范围内项目经理可以做主，实际上已经下放了,年终奖也会参考各个项目经理的评估结果。另外一部分是晋升,这部分的提名和推荐总经理已经充分考虑了项目经理的意见,也已经下放。"S 总问,"你还需要什么权力?"

小 M 想,那么应该有惩罚的权力,比如,对上班迟到。S 总说:"项目组的考勤制度不能违背公司政策,你可以有自己的作息时间,公司也可以帮助进行迟到处理,但是,你是否事前将制度跟大家都约定好了呢?是否进行过警告和提醒?"这倒是提醒小 M 了,项目组确实没有明确说明过作息要求。

S 总说:"如果你对他不满意,也可以将他退回公司,公司负责给你调换一个人,但是你可要注意替换周期以及上手培训的时间。除此之外,你还需要什么权力?"小 M 真的不知道该怎么回答了。

S 总继续说:"不要说项目经理,就是事业部的所有'权力'也不过如此。你看看,是否可以在权力之外有什么别的做法?"在小 M 的请教之下,S 总介绍了些方法。

1) 公正。如果要使用权力,就要确定规则。在规则之下,一视同仁、平等客观地对待所有人。具体的行为规范如下:

- 规则一定要有言在先,不知者不为过,但是明知故犯一定不姑息。
- 如果要批评指正,一定要当面进行,背后不道人短。
- 对于违规的不能一棍子打死,要给别人改正的机会。

2) 表率。如果项目经理有让成员佩服的工作能力,就会获得一种权威;再加上以身作则、身先士卒就可以感染员工跟随项目经理一起前进。具体的行为规范如下:

- 要求他人做的,首先自己做到。
- 持续学习专业技术,谦虚谨慎,不懂就问,不能装"内行"。
- 多读书,扩大知识面,提高个人修养。
- 工作中保持自信、乐观和幽默。
- 诚实坦荡,信守诺言。
- 始终与员工并肩工作、一起加班。

3) 尊重。管理是有层级的,但是人格是平等的。要重视和理解他人的观点、行为,要尊重他人的工作成果。行为规范如下:

- 营造畅所欲言的氛围,倾听和理解他人观点,并要反馈和感谢。
- 尊重他人的生活空间和个人隐私。
- 尊重他人的工作成果,真心欣赏和感激他人。

4）关爱。关心每个人的内心感受、个人愿望和发展机会。针对个人最看重的方面，使成员得到最大程度的自我满足。比如，工作的挑战性，成就感，成功与成长，经济回报，其他的形式的奖赏与认可。行为规范如下：
- 关注个体的感受，换位思考理解他人。
- 在许可的情况下照顾个人的情感与情绪。
- 认识和发掘每个人的价值，知人善任，激励和鼓舞他们取得优秀的业绩。
- 关注个人意愿，真心帮助每个员工成功。

5）荣誉。让团队产生主观的能动性，使成员主动地想要去"拼搏"；让成员珍视团队荣誉，让每个人对自己、团队和公司的成就充满自豪。行为规范如下：
- 让团队对工作目标产生自豪感。
- 通过团队活动不断进行纵向比较，回顾团队的进步。
- 定时介绍整体状况，肯定个人或团队对整体的贡献。
- 让每个成员感到自己重要，感受到工作的价值和个人的进步。
- 表彰优异个体，通过激励先进促成争先的氛围。

最后，S总说："小B我了解一些，是有点个性，但工作成效还算不错。你应该跟他好好谈一次，听听他的看法。"

小M仔细记下了这些要点，然后逐条回顾自己的行为。至少要学会"尊重"和"关爱"小B，了解一下情况再说。但经过前面的对抗，两个人相互看着不对眼，要找他一对一地谈话，小M心里还真有点不情愿。

为了给谈话做准备，小M从小B原来的项目经理那里了解了一些情况，知道小B还是有很多优点的，然后他找到小B。见面的气氛很尴尬，小B一直低着头不说话，好像等着小M的批评。但是，小M并没有谈迟到的问题，而是说了别人对他的很多正面的评价，然后问小B："为什么在这个项目中你表现的不如人意，是不是我做错了什么呢？"

听到这些，小B有点出乎意料。他终于抬起了头，看着小M打开了话匣子。实际情况跟小M原来的看法不一样。原来，小B开始并不知道只有加班了第二天才能晚来的"潜规则"，看到好几个人都晚来，也就一起迟到了。但是，小M当众的批评让他很不服气，别人迟到没事儿，自己迟到了就要挨批，感觉既委屈又沮丧，认定是小M跟他过不去。因此也不想好好干了，后面的行为其实都是在赌气。

知道了这一切，小M觉得自己真的将问题复杂化了，也许早先问一下原因，提醒一下，而不是上来就当众批评，就不至于闹得那么对立。也许，客观全面地评价、真心地关心和爱护比针锋相对地管教更有效。

7.1.2 项目经理的双重角色

其实，很多项目经理都会遇到上面的问题。运作型业务强调的是规则，只要严格遵守要求，就能产生最大的效益。但是，项目不一样，需要创造性地解决很多没遇到过的问题，需要设立挑战的目标。因此，项目经理虽然名称是"经理"，但是有"领导"和"管理"的双重职责。只有把握好两者的关系，才能妥善解决团队活力和纪律问题。

除了以身作则，作为领导者，项目经理需要确定目标和方向、整合资源、激励和鼓舞团队；而作为管理者，需要确定计划和预算、组织和配置人员，控制和解决问题。

如果说项目经理需要权力，那么可以看看管理一栏的基本权力是否具备，见表7-1。

表7-1 领导和管理的对比

领　导	管　理
确定目标和方向： 要求领导者要超越现有的规则和秩序，做一些别人没有做过的事情，很多时候需要冒一定风险。目标的确定也需要一定的远见，能够从长远角度看问题，抓住实质，这可能是个归纳的过程	制订计划和预算： 要求制订工作的秩序，约束和防范，排除风险，具有一定短期性，因必须短期内完成既定的目标。形成计划的过程更像演绎的过程，将目标不断地细化
整合资源： 需要一个交流和沟通过程、需要团结所有人，通过正式和非正式关系获取资源，在这个过程中，领导者要承担责任，做出承诺	配置人员： 这是一个决策过程，需要为特定的专业岗位安排合适的人员，并恰如其分地发挥其作用；运用正式结构和指令，让其服从工作安排
激励和鼓舞： 不断激励团队，激发团队活力，设法使好事发生。要设法让团队创造性地解决问题，需要打破一定的规则	控制和解决： 为了确保项目的正常进行，要限制一定的活力，预防坏事发生。为了确保项目稳定和受控，需要大家遵从一定的规则和约定

对于项目经理来说，领导和管理没有谁对谁错，哪个好哪个不好，更多的时候需要平衡。没有必要的权力自然不行，但如果始终需要用更大"权力"才能管好团队，也是片面的。

7.1.3 领导力过头的错误

对于刚从技术岗位走上管理岗位的项目经理来说，一方面觉得没有权力，另一方面却可能过于强调"领导力"，而忽视了管理的作用。

1）表率过头——事必躬亲。认为自己会做得更快更好，而不信任其他人的能力。专业线上来的项目经理技术功底都比较好，虽然成了项目经理，但是早期可能仍比大多数的开发人员技术水平高。因此在项目开发过程中，经常对于技术人员的工作不满意。一旦遇到不满意的情况，立刻撸撸袖子就上了，亲自动手。完工之后，还要得意地说："看看，要做成这样。"甚至乐此不疲。很多员工遇到这种情况，要不然就躲着，怕被项目经理看到不合格的工作，要是被看到了，就自动站在一边等待着项目经理的修改。

这样做的后果是员工永远得不到提高，而自己也永远无法"解脱"；而且个人精力有限，势必偏离自己的工作重点——管理。遇到这种情况，比较好的方式是帮助员工找到问题，让他们自己改。改好之后进行检查，让他们知道错在哪里，应该改到什么标准。

如果这些员工本身有直接上级，应该和他们一起帮助员工改进。越过员工的直接上级且事必躬亲，不但会引起当事员工的不满，也会引起其他人的不安，可能给别人错觉，你对他的直接领导不满意。

2）信任过头——放任自流。一些项目经理可能会从"事必躬亲"走向另一个极端：充分授权，什么都不管。

部分刚刚担任项目经理的员工，认为要充分发挥员工的积极性，要充分信任。因此，特别乐于把工作交给别人，问问没问题、得到了员工的承诺之后，就什么都不管了，认为这才是对员工的信任。

但是，直到最后一天可能才发现，不仅员工没有完成工作，甚至自己早先都没有说清楚怎么回事，因此中间已经出现偏差了都不知道，这时一切都已变得不可收拾。

项目经理授权也必须承担最终的责任。充分授权可不是推卸责任，如果没有检查，再"完美"的计划都会成为泡影。因此，无论把工作交给了谁，都得当成自己的事！事前要说清楚，特别要说明交付物是什么，标准是什么，看看员工是否真的清楚了。中间的检查也不是不信任，至少可以中间关心一下进展，问问员工有什么问题吧。

3）"平易近人"。有的项目经理非常强调团结精神，将自己视为团队的领导者和利益的代表，但是可能走向了另一个极端，往往试图通过表明对上级的不满拉近与员工距离："这可真是个馊主意！可上头坚持要这样，我也没办法……""公司怎么出这样的制度啊，不是难为人吗？"

项目经理可能认为，这样的表态可以表明自己与团队是一体的，这样大家可以紧密地团结在自己周围。但是，这样的效果，可能适得其反。员工可能觉得，你跟领导的关系这样僵，可能很难得到提升，跟着你未必有好的出路。也许，员工会觉得，你一天到晚抱怨公司，早晚会离开的，哪天说不定你就走了，没有什么好的出路。因此，反而会造成员工的不安。实际上，项目经理该承担高层与项目组之间的缓冲，而不是矛盾的激化者。有的项目经理，一旦面对上级或高层的时候，又恰恰不敢直接表达不满，造成的后果是员工认为你是两面派。实际上，项目经理是公司委派的项目负责人，必须代表公司利益，想掩盖你是管理者的事实恰恰会丧失员工的信任。

4)"好好先生"。有些内向的项目经理，特别不敢说不，不敢批评和处理不符合标准的工作。员工完成工作不管怎么样，都会说"好吧""还行"，即使遇到工作的成果很差，也会说，放着吧。员工根本不知道到底做得怎么样了，好像无论做成什么样你都是满意的。

这样的后果是员工认为你本人就不是一个认真的人；即使你事后帮助员工完成了不合格的工作，员工也永远不知道你真正的要求到底是什么，松散习气会蔓延并长期存在。因此，一旦有问题一定要明确指出并重申标准，让员工知道错误的后果，并承诺不再发生。同时说明你是一个说到做到的人，别人也要如此。

5)"好恶分明"。每个人都有优缺点，项目经理心中对下属有所喜好是不可避免的。但是，这种个人的喜好一定不能带到工作中来。有的项目经理总是有意无意中就会将一个员工与另一位员工进行对比："看看×××，人家干的活多漂亮，再看看你的。"

或者，别人对项目经理抱怨的时候，项目经理会根据自己的喜好进行评判，"×××今天又出错了""我早就看×××不顺眼了，这家伙能不能有点长进啊"。

这样做的后果是团队很快会根据你的喜好分成两个部分，并形成对立。一拨是你喜欢的人，另一拨是你不喜欢的人。如果不喜欢的一拨人同病相怜，经常会聚在一起抱怨，"项目经理今天又说我了""前几天也说我了""你看×××，天天围着项目经理转，无论做什么项目经理都说好"。这样，项目组就会分化成两个小团体，从而使事情更加恶化。

因此项目经理要一视同仁，对事不对人，以团队的和谐稳定为处理问题的根本出发点。遇到员工抱怨别人，一定要首先保护不在场的人，"可能你们有误会，让我先了解一下情况好吗？"因为在事情弄清楚之前，不在场的人是无法辩解的。

真的有矛盾，只要双方没有激烈到相当的程度，可以把双方叫到一起谈，把他们的误解化解。如果双方都非常激烈，则要分头做工作，待双方态度都比较缓和了，再将双方叫到一起谈。

7.1.4 经验与教训

权力之外，项目经理更多靠的是领导力。领导力不是空话，需要落实在具体的行为规范中。但是不要走向另一个极端，以领导力代替管理。

7.2 谁是谁（Who is who）——如何让项目组快速热身

小 M 发现项目组的人员逐渐多了，但是由于项目组的人员比较动态，人来人往的大家相互之间并不熟悉。一次吃饭的时候，小 M 听到团队成员开玩笑，说："来了项目一个多月了，除了我们小组，还不知道 Who is who 呢？"

各个小组内部的人员了解相对多一些，他们一起工作，一起讨论，一起吃饭，但是小组之间的交流很少。这带来了一个潜在的问题，就是形成了比较密切的小团队，有的时候一个成员与其他小组发生了一些分歧，回去之后与其他成员一起议论，然后整个小组一起指责另一个小组。

小 M 觉得，虽然可以让组员随着项目的进展自然地慢慢熟悉起来，但是，应该可以通过一些团队活动、有组织地帮助大家尽快熟悉并深入了解，逐步打通项目组的横向联系。

于是，小 M 与项目助理策划了一个让大家相互熟悉的活动，为了提高大家兴趣，特别将这次活动命名为"Who is who"。

7.2.1 事前准备——个人自画像

活动开始前，小 M 请助理通知每个组员制作自己的"个人画像"。通知的内容就很吸引人，把大家的积极性调动了起来。

想知道 Who is who 吗？先从介绍自己开始吧。请每个人使用 PPT 制作一页"个人画像"，要求：
- 上面贴一张自己的照片。
- 放一张最喜欢的人或者宠物的照片。
- 介绍一下个人的简历，越生动越好！并可以充分发挥自己的想象力，让别人一下子能记住自己。
- 为了能够让大家相互深入了解，请介绍自己的爱好、星座、座右铭，最喜欢的颜色，最喜欢的动物，最喜欢的食品，最想跟大家说的一句话等。

- 女孩子不愿意透露年龄，可以用属相代替，这样可以小 12 岁！如图 7-1 所示。

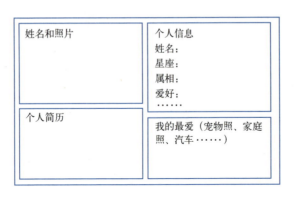

图 7-1　个人简介模板

7.2.2　个人介绍——简直是一次才艺秀

小 M 选择了一个比较轻松的下午，通知大家召开"Who is who"会议。这样的安排，可以在介绍之后直接共进晚餐。

活动的议程很简单，由组员逐个上台，对照"个人画像"向大家"隆重推出"自己，每个人 3~5 分钟就可以。虽然每个人时间很短，但是"表演才能"令人惊讶，简直成了一次才艺秀。

有个平时看着不声不响的团队成员，原来人家喜欢户外，都徒步了好几个国家了。

有的拿出了宝宝的照片，介绍的时候脸上充满幸福；有孩子的员工立刻相互之间问男孩女孩，多大了，兴致高的攀起了娃娃亲。

有的成员可是乒乓高手，已经跟客户搞起了乒乓外交，在客户那里小有名气。

有的是天才演讲者，能够让大家从头笑到尾，自己却始终一脸严肃。

有的是占星专家，已经在根据每个人的星座义务地为大家进行性格、命运分析了。

整个过程其乐融融，小 M 从来没有看到大家这么放松过。根据每个人介绍的自己的特点，很多都有了在项目中的绰号，而本人也乐得其所。很多年后彼此的姓名已经忘记了，但是项目中的绰号还能脱口而出。

7.2.3　自由组队——形成兴趣小组

每个人介绍完自己之后，小 M 请大家寻找共同点，自发组成几个兴趣小组。比如，发现很多人喜欢运动健身，尤其爱打羽毛球，就组织一个"羽毛球"组；发现有很多人喜欢凑在一起玩"三国杀""狼人杀"之类的桌游，就可以组成"游戏"组。这些小组还可以给自己起个有趣的名字，看似"嘻嘻哈哈"的取名过程，其实是"组员"快速熟悉的过程。

项目组中的美食偏好令人惊讶，好多人喜欢到处去品尝当地的美食，特别是特色小吃，于是起了个很接地气的名字"吃货小分队"，相约每周末一定要来一场说走就走的"City Walk"（城市漫步），实际真正的目标是立志"吃遍当地的特色小吃"。

这样的兴趣小组不仅仅是为了有趣，其重要意义在于这些兴趣小组往往横跨项目中的工作小组，可以有效地加强小组之间的横向沟通。

7.2.4　项目大家庭的档案

"Who is who"活动之后，所有的"个人画像"被保存在一个统一的计算机上，成为项目大家庭的档案，供大家查询。有的小组会打印自己的"家庭相册"贴在墙上。一些成员即使离开项目组了，个人画像仍然保留，后面还会有离别留言和寄语：

- "哥哥去××城市打工挣钱了，过一段时间回来看你们。"
- "我到×××项目组了，到那里的话找我啊，一起吃当地小吃！"
- 有的照片下写着助理帮着记的留言。"我在新疆出差，给你们寄了葡萄干；到乌鲁木齐来找我啊，请你们吃羊肉串！"

新来的员工加入，会将自己的画像加入大家庭，并利用中午的时间向大家介绍自己。还可以查阅家庭其他成员的画像，迅速了解团队成员。

当项目结束了，一份完整的项目大家庭档案，一些风趣温暖的留言，成为项目组的一段美好回忆。这是小 M 觉得最得意的一件事。

7.2.5　经验与教训

团队建设其实可以很有趣！通过一些简单的活动就可营造一个温暖、团结的项目大家庭。好的项目一定有一个好的团队，也许这是项目成功的开始。

7.3 我不是超人——渡过团队的震荡期

随着项目进入工作高峰，项目组人数增加很多，压力日渐增大。小 M 发现项目组的组员之间、小组之间发生冲突的频率也增加了，有的时候甚至在客户面前两个员工也会争执起来。

这时项目中已经聚集了公司各方面骨干，没想到这些高手之间更容易产生分歧。进行工作任务布置的时候，各个小组互相攀比和抱怨，一组声称已经满负荷了，而另外一组则马上指责说你们小组其实×××等几个人都没事情闲着呢。

这种情绪还会蔓延到各组的团队成员之间，大家相互推卸责任、即使滞后了也不做改进，拒绝加班。

更有甚者，有的成员竟然不经任何人同意就擅自离开项目组，并且声称不再回来。在这样的团队状态下，再先进的管理方法、再周密的工作计划都无济于事，因为计划根本无法有效推进，小组中的真实工作状况也难以弄清楚。

小 M 意识到，项目的团队管理出了问题。小 M 分头与一些对立的骨干进行了谈话，并且从中进行了调解，虽然表面上没有强烈的对立了，但实际上并没有改观，只是变成了更隐蔽的方式。

小 M 急忙组织大家聚餐，希望将大家拉在一起缓和一下。但是大家纷纷找借口不参加，大部分人觉得"忙得提不起精神来，别再吃饭了，让我们晚上多睡会儿觉吧。"

小 M 请 S 总帮忙，他听说这个原来管理规范的项目组出了问题，立刻到了项目组。但由于不了解情况，只能说一些表面的话。表达了对项目组的重视，鼓励团队成员的责任感，谈了公司的企业文化，倡导信任和开放式沟通。这样的讲话对项目的作用微乎其微，有的人当耳旁风，有的人则猜测谁告状了，领导是来含沙射影地敲打人的，弄得项目组更加人心浮动。

如果不能很好地解决这些冲突，项目组将面临很大的危险。现在看来没有什么超人能救项目组，只能求助于团队自己了。

"如果一个组织需要天才或者超人才能管理的话，那么它就不可能生存下去。一个组织必须是这样一种形式：在一个由普通人组成的领导集体下能够正常的运行。"——彼得·德鲁克。

7.3.1 同舟共济的团队

在巨大的工作压力下冲突在所难免。要创建良好的团队环境，就需要直接面对这些问题。只要不针对个人，也许公开这些矛盾可以暴露问题、激起讨论、澄清思想，寻求新的方案。

但是，如果上来就直奔主题，可能大家很难适应。于是，小 M 找了个周末的时间，在一个轻松的场合，将几个团队的核心成员召集在一起，然后谈了谈自己的对团队的依赖和感受。

小 M 说，项目组真像是一条船上的兄弟！在客户现场，就像在海上驾船航行。兄弟们有明确的一致的目标，就是这个战略意义的项目能够顺利上线。

但是，一艘船能够装载的资源、续航能力有限；项目组的资源也有限，不可能随心所欲调集各方人员，还必须在约定的时间内完工。

一艘船上的船员分工明确、专人专岗，岗位难以相互替换；项目组也一样，各个技术团队差异性很大，不能相互支援，有的时候需要相互等待。

在大海中航行的帆船要独立应对各种情况，独立分析判断并做出决策；我们的问题很多时候汇报请示上级根本来不及，花的时间能介绍清楚情况就不错了。

如果能到达目的地是所有船员的功劳，而船沉了，没有任何人能得到好处。自己现在面临的问题是：看到船在逐渐下沉，但是大家丝毫不担心船会怎么样，而是在担心自己的小组太累，别人没有按要求给你支持！

小 M 不是超人，只能依赖大家。今天就是希望大家打开话匣，说出真正的问题，一起寻找解决方案。

7.3.2 自己的问题自己最清楚

在一段时间的沉默之后，终于有人打开了话题。如果对照一个成功的团队，项目组的目标明确，组织结构清晰，岗位职责清楚；对比其他项目，有成文的工作流程和方法，非常规范，看着该有的都有了。但是工作起来却"总不得劲"，主要有以下几方面原因：

第一，组织结构的设置人为地造成了矛盾。项目中最重要的两个开发组是按照前台、后台的技术类别划分的，两个小组分别管理，相对独立，几乎像两个项目。开发的时候，同样一个功能在两个项目分别开发两个部分，但没有人对合起来的纵向功能负责。而且同一个功能的接口人老变，造成项目沟通成本很高。

第二，两个小组的目标是不要让开发工作卡在我这里。但由于沟通不足，双方开发的前后台程序对不上，造成测试的人员等在那里。而测试出来的问题，没有人愿意接手改，因为怕影响开发工作。这个问题，其实向小 M 反映过，但是没有人处理。

第三，工作重点不突出，战线拉得太长，总要派出人手支援不必现在进行的工作。剩下的人手严重不足，很多任务大家都知道无法按时完成。因此，反而没有了完成目标的动力，因为即使拼命完成了又会有新的任务下来，更累！

第四，由于项目任务之间的相关性，出现了工作负载不均衡的情况。但是缺乏横向的平衡和调度，有忙有闲。这时候，有些忙的员工自然进行攀比，因心理不平衡而拒绝接受任务。而小组长忙得要命，肯定抓"好用"的人，结果忙的人越忙，闲的人越闲，最后好用的人也变成不好用的了。

第五，项目组中过于强调领导力，强调沟通，缺乏必要的纪律。有的人上班迟到了，就以昨天加班为借口搪塞。项目经理又不仔细核实，结果"加班"的人越来越多，迟到的人也越来越多，最后，有的人甚至擅自离岗。其实对于违规员工的姑息，恰恰是对先进员工的惩罚。

第一次听到了骨干这么多的直接反馈，看似管理规范的项目，其实存在很大问题。这些问题让小 M 非常不安，这其中大部分的问题是由自己造成的，而刚刚还在慷慨激昂地讲了半天团队的理念。如果说今天做对了一件事，那就是听到了大家真实的声音。

7.3.3　改变团队

总结下来，项目组的问题有几个：

1）看似目标明确，但组织结构的设置有问题，每个小组目标之和并不是总体项目目标。大目标是保证每个功能前后台程序开发之后连接测试顺利通过。现在情况却是每个小组拼命赶各自的任务，但是没有协同，加起来的成效却不大。

2）工作没有重点，负荷超过了团队的承受能力。造成的结果是都知道目标达不成，反而也就不认为是目标了。项目的目标对每个成员来说太遥远，其实最切实的是一个可以看见、可以实现的目标，一个明确的考核标准。

3）奖惩不明，辛劳的员工做更多的事情没有奖励。闲的员工没有压力，违反纪律的员工没有惩罚。这样的大锅饭，好的员工也会变得越来越懒散。

为此，讨论制订了几个措施：

第一，调整了组织结构。不再按技术划分成前台、后台两个开发组，而是按照业务功能划分成了几个子系统小组。每个小组由业务、前台、后台、测试人员构成。纵向小组目标是一个功能的前后台程序连接测试通过。原来的小组长负责横向平衡资源、讨论和决策，作为机动的"帮手"。

第二，确定重点工作，因资源有限，集中精力进行开发和测试是重点。其余可以后移的任务一概暂停，一些着急的业务部门由项目组去进行解释，顶住了压力。这样，原来分散的一部分人员被编入开发组，一部分闲着没有任务的人员撤回公司。而项目中所有的人员都被动员起来了。

第三，信息透明。各组每天需要通过多少个功能的测试任务写在白板上，每天结束的时候，要求白板上的任务被清理干净。每项任务的负责人也写上，及时更新完成状态。工作任务一旦摆到明处，大家也知道了其他人的压力，所以不但互相比进度，甚至还互相帮助，形成了好的气氛。

第四，挑选骨干，确立榜样。一个好汉三个帮，每个小组都挑选了一些有上进心的骨干。在资源不足的时候进行横向补位。对于这样的雷锋也不能让他们吃亏。从公司申请了一笔奖金，对于超额完成绩效的员工每个月底进行奖励。对于这份及时的激励，骨干员工觉得是一种认可，钱不多，都主动请客了。

第五，稳定队伍，严肃纪律。严格请假和考勤的管理。对于不经同意擅自离开的人员如无明确理由一律通知公司，将他们认定为旷工。

7.3.4 团队才是超人

经过上述一系列调整措施之后，项目组的情况得到了很大的改观。

纵向管理之后，每个小组紧盯着白板上的工作。总体目标太遥远了，不如每天白板上的具体目标那样清晰。每天让白板干干净净，回家的时候觉得非常有成就。

几个骨干在困难的时候总是能挺身而出。在骨干的拉动下，组员之间也开始了相互帮助。他们不仅创造了开发效率的奇迹，并在连续两周的白天测试、晚上修改缺陷和发布新版本的高强度工作中表现出了惊人的能量。

按照团队建设的四个阶段，小 M 经历的是震荡期转入正规期的过程。四个阶段如图 7-2 所示。

- 第一个阶段称为形成期（Forming），个体成员转变为团队成员，开始形成共同目标；并会沉浸在对未来的美好期待中。
- 第二个阶段称为震荡期（Storming），一旦开始执行任务，就会遇到超出预想的困难。希望被现实打破之后，个体之间开始争执、指责，并且开始怀疑项目经理的能力。

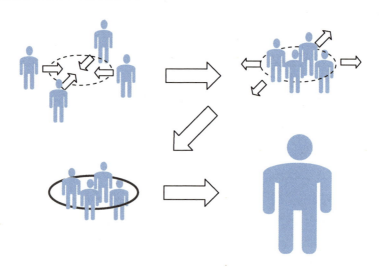

图 7-2　项目团队建设的四个阶段

- 第三个阶段称为正规期（Norming），经过一定时间的磨合，成员之间相互熟悉，矛盾基本解决，与项目经理也确立了正确的关系。
- 第四个阶段称为表现期（Performing），相互之间配合默契，对项目经理信任，成员积极工作、努力实现目标。

项目经理不是超人，其作用是将团队转变成一个超人！对一个项目经理来说，如果成员信赖你，并为自己是项目组的一员而自豪，这应该是最大的成功！

7.3.5　经验与教训

目标明确、职责清晰、组织清晰的项目团队和成功的团队之间还有很大差距。总体的目标和各组的目标之间如果不能一致，则难以实现组织效能。

目标如果超出了组织的承受能力，实际上起不到目标的作用。

团队建设不在于采用多先进的管理方法，而在于准确发现问题和找到恰当的对策，具体的目标和一块白板的作用远远大于一套理念。

团队的个体是一个个活生生的有感情的"人"，只要唤醒他们的团队意识和士气，就能激发出巨大潜能。因此，重要的不是你能做什么，而是你的团队能做什么！

7.4 别人眼中的你——怎样与"个性员工"沟通

项目团队士气高昂，工作关系基本理顺了，但是小 H 是个问题。

小 H 是一个能力非常突出的员工，她不但对自己工作要求严格，对于其他人要求也非常高。小 H 决不能容忍未达到要求的工作结果，对于别人工作中的遗漏或者错误会不分场合地进行指责，甚者经常当着客户的面指责自己同事。

小 M 曾经试图加以制止，她就立刻将矛头指向小 M，认为正是由于小 M 管理不严格，才造成这种局面。其"暴躁"的脾气使得团队成员都敬而远之，而使小 H 非常"孤立"。她也很少跟员工沟通。久而久之，她对于团队成员的"议论"非常敏感，只要看到几个人在一起谈话，她就认为别人在背后说她坏话。

这种情况不光影响了她本人的正常工作，还引起整个团队气氛的紧张。这让小 M 非常"闹心"，他曾经想把小 H 调离项目组，但是客户对小 H 却非常支持，项目组其实也离不开她，怎么办呢？

7.4.1 项目组中的个性员工

项目团队建设中最头疼的事情之一，就是一些性格鲜明、不服管的员工。他们往往能力比较强甚至深得客户的支持。因此，经常借自己的地位指责其他员工，并挑战项目经理，造成项目组内部冲突频繁，成为最难管理的"个性员工"，小 H 就是一个鲜明的例子。

小 M 知道，要让小 H 认识和改正缺点，并非一件容易的事，沟通的方法非常重要。曾经尝试与她单独沟通，并直接指出其问题，但小 H 认为小 M 对她有偏见，而且很不屑地表露出小 M 比她资历浅，能力有限，根本没有能力管理团队，对小 M 的话基本听不进去。

小 M 向她的前任项目经理了解情况，前任项目经理介绍对她只能采取"哄"的办法来解决。虽然这样可以回避矛盾，但结果是造成小 H 更加"不可一世"，成为项目中的特殊人物，所有的人都怕她，躲着她。

小 M 不想让同样的一幕在这个项目中继续下去。因此，必须想个办法与"个性员工"进行有效沟通，让她客观地认识和改正自己的缺点，解决项目组中的冲突。

7.4.2 团队会议的作用

小 M 想到,也许让团队而不是个人给小 H 一些客观的反馈,可能她更容易接受一点。让她像照镜子一样,了解她在别人眼中是什么样子的,正确看待自己的优点和不足,以便改进。

区别于工作会议,这样的团队会议不讨论具体的工作内容和完成情况,而是交换团队成员之间的看法,或者成员对团队的看法。在这个过程中,小 M 希望自己不是下结论的人,而是寻求答案的人。其目的是帮助团队成员正视问题,公开问题,以帮助个人和团队改进工作方式。

小 M 组织的团队会议的规模一般在 5~7 人,被邀请参加会议的或者与小 H 在同一个小组,或者与其有密切工作关系,以确保相互之间的了解比较深入。团队会议的模板如图 7-3 所示。

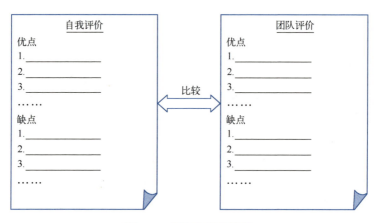

图 7-3 团队会议的模板

团队会议的具体过程如下:

第一步,采取背靠背的方式分别进行"自评"与"他评"。先请被评价人离开会议室,对于近期工作中表现进行自我评价,内容可以涉及性格、能力和态度等方面,分"优点"和"待改进"记录在"自我评价"表上;同时,会议室内的其他人员也给出两方面的评价,但要求在给出评价的同时能够给出事例。

第二步,会议室内的团队评价完成后,选举一个主持人,将结果汇总到"团队评价"表上,然后请被评价人返回会议室。

第三步,主持人先不给被评价人看"团队评价"的结果,而是让被评价人逐条宣读"自我评价"的结果。在其宣读的过程中,逐条与"团队评价"

的结果核对。如果双方看法一致，则在"团队评价"结果后面打"√"，如果相反则打"×"，如果"自我评价"提及，但是团队未提及，则在"团队评价"表上补充，并打上"+"标志；反之，如果"团队评价"提及而"个人评价"未提及，则标记"○"。这张表格像一面镜子，客观反映了自我认知和他人看法之间的差异。

第四步，完成"自我评价"之后，由主持人宣读"团队评价"，并说明双方评价的差异。被评价人可以询问被给出某条评价的原因，特别是对于标记了"×"和"+"的条目；但是，不能争论或者试图推翻评价。因为，"这是别人对你过去一段时间的表现的反馈，不管你是否是这样的人，你已经给别人留下了这样的印象。你要做的是发现产生误解的原因，改变行事方式以期今后改变别人的看法，而不是去努力解释以证明我不是这样的人"。这才是团队评价的核心价值所在。

第五步，请所有的参与评价的人员在评价表上签字，并请被评价人保留。

7.4.3　一次团队会议

下面，通过小 H 的案例与大家分享一下团队会议的实际过程和把控要点。

小 M 邀请了几名与小 H 工作关系密切、包括发生过争执的员工参加会议。刚开始，小 H 的情绪非常紧张，要求她出去进行背靠背评价时，她甚至认为这是针对她个人的"批斗会"。

其实，会议室内情况并非如此。项目经理首先请大家从她的优点开始进行评价。通过一些实际的事例，大家都认为小 H 的工作确实非常认真，其交付质量可以说是小组最高的！其次，她主动挑其他人的交付缺陷，完全是分外的事情，对她自己没有任何好处，"找茬"的真实目的其实在帮助提高团队的口碑；而且，生活中的她其实非常豁达，从来不计较个人得失，但为了工作中的事却这样"火爆"，为了什么呢？还不是为了提交"完美"的产品吗？这样，大家逐步转变了原来对小 H 偏激的看法。

不过，谈到小 H 的缺点时，大家还是非常激动。她与组员沟通生硬，态度粗暴，还很多疑，搞得这个项目组气氛紧张，很多员工看到她走过来都不敢说话。特别是她常当着客户的面指责其他组员，使得客户除了她不再信任其他组员，而她自己则俨然成为客户利益的代言人，对其他同事横加指责，完全游离在团队之外。

为了使后续沟通尽量平和，大家推选了一个平时跟她关系不错的员工作为主持人，综合了众多意见，整理出了团队评价，如图 7-4 所示。

```
团队评价
优点：
    ■ 工作非常认真，交付质量高
    ■ 尊重客户，取得了客户的信任
    ■ 对于质量敏感，主动发现了很多问题
    ■ 豁达，不计较个人的得失
    ……
缺点：
    ■ 脾气暴躁，沟通生硬，批评不分场合
    ■ 在客户面前指责同事；拆台而不是补台
    ■ 团队意识不强，不爱参加集体活动
    ……
评价人签字：
    xxx xxx xxx xxx
```

图 7-4　个人评价样例

过了大约 20 分钟，小 H 回来了。可以看出她的忐忑不安。其"自我评价"如图 7-5 所示。

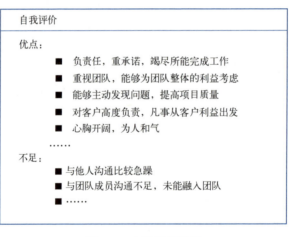

图 7-5　自我评价样例

等她念完自我评价之后，很多人都笑了，"你这么火爆的人还敢说自己为人和气"。要是在平时，小 H 听到这样的话肯定又急了，但这次却没有发火，而是小声说："办公室之外我没跟你们吵过吧？"大家仔细一想，基本上还真是这样。看来，有些事面对面直接谈反而没事，背后议论才容易引发矛盾。

自我评价之后，她还提出了对项目组的看法，认为项目的质量管理松散，组员不够负责。交付客户的文档很多都有明显的错误。她虽然无力确保全局的质量，但却希望保证眼见之处是一片净土，所以一直在力所能及的范围之内，帮助改进他人的错误。听了她的自我评价，在座很多与她发生过争执的人都知道了她挑剔的真正原因，所以开始理解她了。

随后，主持人向她宣读了团队评价的结果。当她听到自己的优点的时候，可以明显看到她的态度一下子松弛了下来。事后听她自己说，当时她的第一反应是"感激"，万万没有想到自己的优点大家其实都看在眼里了，更没有想到尽管得罪了这么多人，大家还这么认可她的能力和业绩。

当说到她的缺点和造成的后果时，她已经开始站在对方的角度去理解问题了。对于当着客户面"拆台"的问题，她耐心地询问该如何做才比较恰当。于是，大家纷纷出主意，告诉她该如何补台，如何顾及客户利益又能团结同事。对此她欣然接受，而且之后工作中，她确实是这样做的。

但是对于"脾气暴躁"的这条，小 H 感到非常震惊，并且完全无法接受。她询问了原因，组员举了几个例子，但她仍然不承认那是"暴躁"。也许对一个女孩子来说，被人这样评价很难下台。这时小 M 出面打圆场，大概意思是：无疑生活中的"她"的确非常豁达，但是工作中确实也比较"火爆"。虽然出发点是好的，她自己也不认为是暴躁，但是给别人留下的印象确实如此。今天，大家已经知道了原因，但还是要客观地告诉她，希望她能够接受这个教训，并加以改正。对于这样的观点，她终于可以接受了。

对于她提出的项目质量问题，大家认为确实存在。一是新手比较多，二是要赶进度。但是没有想到，她主动提出来可以在文档提交客户之前，由她负责评审。对于这样的建议小 M 已经是不胜感激了。

随后，她又作为评价人之一，为其他组员、包括发生过冲突的同事进行了评价。这时的她已经判若两人，不但开始理解他人，还能够善意地分析错误产生的原因并指出如何改进。

问题就这样解决了！在这之后，她为这个项目立下汗马功劳，项目结束后也获得了提升。如果不是那次团队会议，不去正视和解决这样的问题，事情可能会是另一个结局。

7.4.4 经验与教训

通过团队会议的方式，告诉"个性"成员存在的问题并探讨解决方法，可以提高反馈的公正性与被接受的程度，避免了项目经理对"个性"成员的直接指责而引起新的矛盾。

对于参加评价的人来说，虽然说了很多，其实一旦把纸交给对方，纸上写了什么是记不住的，避免了对他人的成见。对于被评价人来说，不知道评价过程中具体谁说了什么，避免个人矛盾。如果一段时间之后再评价，比对不同时期评价结果就可以看到自己的成长过程。

团队会议的召开，需要一个比较安静、舒适和相对封闭的环境，也需要大家的情绪和精神比较放松。切忌在成员之间刚刚发生冲突、组员还带着强烈情绪的情况下开会。每次会议并不一定要对所有的人进行评价，可以重点选择3~5人即可。

团队会议的组织，不是一个简单的流程的执行过程，更需要项目经理的领导艺术。言辞的尺度、批评的火候、气氛的控制，都需要很多技巧和方法。既不要激烈争执搞成针对某人的"批斗会"；也不要回避问题，搞成你好我好的"神仙会"。

团队会议的效果跟项目经理的领导力和管理艺术有很大关系，最关键的是要"真诚"，牢记"帮助别人找出问题、帮助别人进步"的出发点。就像小H在拿到了大家对她的评价时说的："除了父母，还真没有别人这样认真地谈过我的优点和缺点。"

7.5 饭桌上的话题——如何让聚餐更有意义

项目接近尾声，按照常规又要聚餐了。

按照项目的习惯，在项目启动及一些重要里程碑节点，伴随着刚刚完成阶段性工作的喜悦，大家都喜欢聚餐庆祝一下。这些阶段点上往往有一些成员即将离开项目组，聚餐也同时带有为同伴送行的含义。

聚餐的确是个轻松的场合，大家可以一边喝酒、一边聊天，尽情放松。但是，以前的谈话海阔天空；这次，小M希望聚餐能够更有意义一点。

小M想事前准备一些话题，让大家比较集中地交谈，总结过去、改进未来，巧妙地利用这样的机会进行团队建设，也许可以达到事半功倍的效果。

7.5.1 提前设计的话题

需要准备什么话题呢？如果搞成个人总结，会让餐桌的气氛太正式了。最好是几个简单的话题，让大家能几句话说明白。至于内容，可以从员工的角度看看团队和工作中的成功与不足，也可以是非正式的在团队成员之间的相互评价。

为此，小 M 设计了这样几个话题：

- 个人最大的一个收获，或最高兴的一件事。
- 个人最大的一个遗憾，或最不满的一件事。
- 团队（或部门、公司）最大的成功之处是什么？
- 团队（或部门、公司）最需要改进之处是什么？
- 对项目经理（或上级领导）提一条意见或建议。

小 M 通知大家，晚上有聚餐，但是给大家留个任务，提前准备好 5 句话回答上面的问题。但是一定"具体、形象、有事例"，可以是非常小的一件事，禁止空洞无物的概念。

7.5.2 饭桌上的"表白"

晚餐开始了，一共二十来个人，分两桌坐。小 M 宣布，伴随着阶段工作的完成，今天一方面庆功，另一方面是个总结。希望大家今天边吃边聊，表白一下自己的真实感受。

演出开始了，每个人针对本阶段内的切身感触，从五个方面总结，当发言人总结完之后，还纷纷利用这样的机会，对最想感谢的人或事进行表白。

一些即将离开项目组的成员发言后，在座的每位同事可以谈谈对发言人印象最深的一件事，或者对其感触最深的一个特点，帮助其了解自己在别人眼中的形象。

小 M 成了主持人，主要任务是营造轻松、坦诚的气氛；幽默的评述最受欢迎，非常有助于大家敞开心扉；但是，有"度"的控制，不能搞成相互吹捧，或者脱口秀。

7.5.3 感人肺腑的留言

小 M 对这样的"聚餐"感触非常深：原来每个员工其实有这么多的想法，很多想法与自己的预期竟然有这么大的差异。

从一些印象深刻的反馈中，可以看出大家都谈到些什么内容，也可以感受一下现场的气氛。

员工 A："最高兴的事情是上次向广州平台的一个同事小 C 要资料，尽管我们从来没有见过面，结果他给了资料之后居然主动打电话过来向我解释。回去之后我要请他吃饭，好好感谢他！"

——"予人玫瑰，手有余香"，帮助了别人的人听到这话才是最高兴的！

　　员工B，由开发中心派到客户现场工作："原来老嫌现场的同事办事没准儿，需求一会儿一变，到客户现场才知道直接面对客户是多么不容易，回到基地要跟同事们说说这里的情况。这是我最大的收获。"

　　——与其让人"换位思考"，不如直接让他们"换位试试"。

　　员工C："最高兴的是中秋公司给我们送来了月饼，其他几个公司没有，特别羡慕我们。很高兴！"

　　——没想到这点小事就让员工这么高兴。其实发什么不重要，关键是员工觉得公司没有忘记大家，这才是最有面子的事！

　　员工D："上次公司×××领导来请我们吃饭，没想到他竟然记得我的名字！"

　　——其实领导心里应该很惭愧，做了这点小事员工一直还记得，员工做了多少，又能了解多少呢？

　　员工E："上次客户让我介绍业务流程，是F帮我熬夜整理的PPT，敬一杯！"员工F："啊，我怎么不记得了？"

　　——帮助别人的人自己都忘了的事，被帮助的人还一直记得。当帮助别人成为习惯，这样的传统就会传递下去。

　　员工G："老大（项目经理），遇到事情不要一天到晚老愁眉不展的，让我们看着紧张……"

　　——小M自己没有意识到的情绪也会影响团队，看来要学会控制自己；无论心中憋着什么愁事，脸上都要充满信心！谁让你是大家的靠山呢。

　　员工H："老大，看你一天到晚要填那么多的项目管理的表格，是不是可以让我帮帮你，你轻松点，我也可以学习一下。"

　　项目经理："啊？！有这等好事，你怎么不早说啊？"

　　员工H："你也没问啊！"

　　——什么是团队啊？就是有什么困难都可以寻求帮助的地方；不过，一定要记得开口。

　　员工I："最大的收获是认识了这帮兄弟们，老大对我够关照的！老大你真不容易，回公司请你吃饭啊！老大……"

　　项目经理："嘘！不要老大老大的！下次当着外人可别这么叫，要是不小心跟缅北什么的扯上点边儿，我的麻烦可就大了……"

　　有了这样的融洽氛围和值得依赖的伙伴，项目中还有什么不能克服的困难呢？

第 8 章

身为项目总监

8.1 忙！不知道忙什么——项目总监是干什么的

在成功完成了几个大项目之后，小 M 升任项目总监了，成为 S 总的副手。S 总告诉小 M，希望他统一负责事业部在建项目的管理。小 M 忙问具体的职责是什么。S 总说，职责说不上，最重要的是要解决三个问题。

第一个问题，对项目的状况看不清楚，总是提心吊胆的，要不就不出事，一出就是大事情，经常是客户的 CEO 直接一个电话就过来了，劈头盖脸一通骂，而自己还不知道怎么回事。如果项目的情况能够透明一些，提前防范和处理，就不至于老是出事。

第二个问题，就是项目预算的时候都挺赚钱，但是最后核算下来，部门却不怎么赚钱，不知道钱都亏在哪里了。一方面肯定是部分项目组超出了预算，另一方面是事业部的多项目之间的资源调度出现了问题，资源的使用效率决定了事业部的利润水平。

第三个问题，现在 IT 项目的复杂度、时间跨度都很大，同时涉及多个项目、多个部门、多个伙伴。客户经常抱怨需要去协调公司内部各个部门，公司各部门之间相互推诿，则会直接影响客户满意度，甚至直接使客户失去信心。因此，希望项目总监能够作为统一的"服务界面"，整合内外部资源，保证客户提出的问题"到此为止"，一定解决。

听下来，小 M 对项目总监的具体职责的理解如下。

- 项目群管理：负责监控多个项目的运行状态，跟踪和解决问题，确保项目能够按期交付。
- 项目间资源调度：负责建立和管理一个高效的交付团队，并合理配置和使用资源，确保部门的整体交付效率。
- 内外部资源整合：作为统一的服务界面，整合公司的内外部资源，贯穿售前、交付和售后的整个服务过程。

看看这些事情跟原来的项目经理职责区别不大，还有项目经理帮忙，小M觉得工作应该难度不大，于是欣然接受了任务。

但小M很快发现，事业部里好像没有什么事情跟项目总监没有关系！大大小小的事情好像都要小M管理。人多了，事杂了，客户的电话不断，项目经理的电话不断，不时还有员工的电话……

小M陷入了应接不暇的电话海洋中，每天精疲力竭。而回到家最困惑的却是想不起来自己一天都忙了些什么。对于如何解决S总的三个问题，确实一点头绪都没有。

8.1.1 项目总监的生态环境

带着疲惫和疑问，小M找到了S总进行沟通。

小M坦率地说，自己一点工作头绪都没有，每天忙得要命，却不知道自己的价值是什么。那么，项目总监对公司的价值是什么呢？

S总说："那你倒说说，项目总监与项目经理有什么不同？"小M谈了自己的看法：

- 项目经理管理一个项目，自己现在大大小小要管理几十个项目。
- 项目总监不再直接管理项目，而是通过项目经理管理项目。
- 项目管理时间跨度上大很多，从售前支持，甚至更早的业务策划，一直到交付之后的运维服务都要负责。
- 接触范围大了很多，不但涉及客户，还要涉及外部的合作伙伴，内部的各个部门，因此工作非常繁忙，如图8-1所示。

S总建议小M如果要改变现状，至少有两个方面可以改进：

- 面对这么多的项目，事无巨细都是自己一个人管肯定不行，应该设立一个组织持续地对项目进行管理。
- 项目总监的管理内容一定与项目经理不同，所以要找对切入点；要找对切入点，一定先要分析现状和问题，寻找改进的机会。

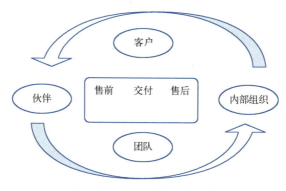

图 8-1　项目总监的生态环境

8.1.2　从哪里入手

按照 S 总的建议，必须建立一个公司级别的跨项目的执行机构——项目管理办公室（Project Management Office，PMO），这样才能从组织层面对众多的项目进行管理。

为了避免与项目经理的职责发生重叠，PMO 成立的时候就非常明确，是项目经理的支持者和项目间的协调者，项目经理仍然是项目直接负责人。PMO 的主要职责如下：

- 统一管理各项目的进展，编写项目简报。
- 跟踪需组织级解决的问题和风险，组织专题会议进行讨论和决策。
- 负责项目组之间的横向资源调度。
- 负责任命项目经理。
- 项目之间的沟通协调。
- 负责组织过程资产的收集和管理，共享知识、方法和经验。
- 负责超出了项目经理的权责范围的事故、投诉等事项。

从哪里入手作为项目群管理的切入点呢？小 M 想，需要解决的是 S 总的前两个问题。第一，不要让项目的状态不透明，让 S 总知道提心吊胆的原因是什么。第二，项目为什么最后不赚钱。

因此，小 M 这次不急着处理问题了，而是先弄清楚问题的原因。通过到项目组的深入了解，并且与客户的不断沟通，小 M 发现了几个问题：

1）商务谈判时范围就没说清楚，因此预算的时候都偏乐观，随着项目的进展，不断地变更、变更，最终项目就超支了。

2）对项目的执行过程完全不透明，不知道项目内部发生了什么，一些问题长期得不到解决，积压之后变成大的问题集中爆发。

3）目前的项目核算，可以计算清楚实际投入和计划投入的差异，但是没有绩效管理，最终才发现超期和超支。例如，按计划每个月投入10万，实际上每个月也投入了10万，从财务数据上看不出问题，但是CPI却不知道，实际上只干了预计任务的50%。

4）项目结项之后匆匆散去，其实项目文档和资料没有收齐，也没有客户的结项文件，项目经理已经奔赴另一个项目，而客户经理来收钱的时候，面对一大堆问题没有能力解决，最后一笔款迟迟收不回，而这笔钱往往就是项目的利润。

问题找到了，该怎么解决呢？

8.1.3　新官上任三把火

1. 第一把火：两头说清，过程透明

首先，要说清楚项目的目标，进行立项评审。以前项目的范围还不明确就已经匆匆开始项目了，在范围不明确的情况下，项目计划、项目预算的象征意义大于实际的管理意义。因此，立项审批的主要目的，是审核项目的工作说明书，审核项目范围是否明确，计划和估算是否合理。除此之外，还要对《质量保证计划》《人力资源计划》进行审核，对项目组统一填写的《风险评估表》组织专家进行评审。只有这些审核通过之后，才会通过正式的流程批准项目开始执行。

因为有了上述资料作为跟踪的基准，才能在项目正式启动的时候说清楚项目"基线"。项目进行中，基线可以修改，但是必须通过正式的组织级变更流程。

其次，后头要说清楚项目的执行情况——结项评估。因为在项目开始的时候，已经有了立项资料作为"基线"，结束的时候就可以对照基线检查工作的完成情况。不管项目做得怎么样，总能够计算出实际的损益情况，并寻找与最初预算的差异，作为项目管理的经验教训积累下来。如果中间基线发生了变化，对照变更的过程，也能说清楚变更的原因、变更的工作量。鉴于项目之间存在相关性，为了能够共享知识和经验，需要将各个项目组的交付物和过程文档都分类整理，集中在组织一级保存，结项的时候统一整理和归档。

再次，里程碑评审。在项目进行过程中，不必关注执行的细节。但是，对于关键里程碑，一定要知道项目的进展是提前了、滞后了还是正常时间到达。

因此，在里程碑上 PMO 会参与项目的评审会议，评审交付物是否完成、是否达到了质量要求，项目经理管理上的成功和不足是什么，团队是否稳定、士气是否高昂，项目的关键绩效指标是否有大的偏差。根据里程碑评审的结果综合考虑是否按计划进入下一个阶段，是否需要调整计划和预算。

最后，要求项目组每周必须上交周报。周报的内容比较简单，不需要太大的工作量。除了本周计划的完成情况、下周计划工作，重点是项目中的风险和问题。上报的问题通过 PMO 的分类和汇总，可以让高层领导提前知道项目中的隐患和已经发生的问题，一来不要让高层领导总是面对"惊喜"，二来一些重要的问题可以从组织层面协调帮助项目组解决。让交付过程透明的示意图如图 8-2 所示。

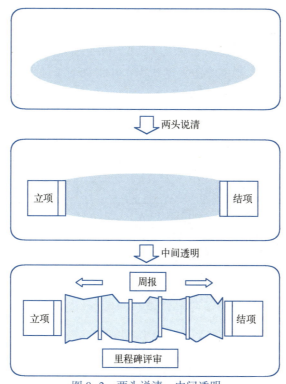

图 8-2　两头说清、中间透明

2. 第二把火：过程审计和偏差控制

两头说清、中间透明，都是以"看"为主，并没有深入项目的内部进行管理。怎么才能确保项目按照预期的计划正常的进展呢？这就需要深入到项目的管理过程中去。

首先，虽然公司有各种各样的管理规范，但是在项目组中执行得怎么样并不清楚。因此，先要知道项目中的实际情况。为此，从组织级的层次对项目的执行过程进行审计。在事业部中设立了内部的项目监理，不定期对项目组进行审计，检查项目的执行过程和评估项目风险。监理检查出的问题作为过程缺陷，通过组织级进行干预，通过必要的手段持续改进，确保项目组能够不断改进过程。项目监理的另外一个任务，是对项目经理进行必要的过程辅导，横向传递各个项目组之间最佳实践，有效地共享知识。

过程审计干预了项目的执行过程，但是，对于项目执行的运行指标，还是没有最直接的控制，为此，另外一项举措是对项目进行偏差控制。

有了周报之后，PMO就有了项目的进展信息。因此，不光可以按照时间比对实际值和计划值，还能够比对"挣值"和实际值、计划值之间的差异，对项目进行绩效评估和预测（参见4.4节）。除了绩效指标，还可以分析质量的缺陷指标、变更量、离职率等关键指标，并将每个项目的状态用仪表盘直观地显示出来，如表8-1和图8-3所示。

表8-1 项目状态报表

		报告期号	1	2	3	4
报告时间		期初日期				
		期末日期				
进度偏差	关键路径	进度偏差/天				
		进度偏差率				
	次关键路径	进度偏差/天				
		浮动时间/天				
		进度偏差率				
挣值分析/人天		PV（计划价值）				
		AC（实际成本）				
		EV（挣值）				
		BAC（完工预算）				
需求变更		期初点数				
		期间变化点数（含增、删、改）				
		本期需求变更率				
		累计需求变更率				

(续)

	报告期号	1	2	3	4
报告时间	期初日期				
	期末日期				
完成度	本期计划完成数				
	本期需要完成数（计划+延迟）				
	本期按时完成数				
	本期延迟完成数				
	延迟到下期的任务数				
配置变更	期末配置库中配置项数总计				
	期间累计变化配置项数总计				
	本期需求变更率				
离职统计	期初员工人数				
	期间离职人数				
	人员流失率（%）				
加班统计	本期正常工时总计/小时				
	期间加班工时总计/小时				
	本期加班率（%）				
缺陷统计	需求	待解决数				
		关闭数				
	设计	待解决数				
		关闭数				
	编码	待解决数				
		关闭数				
	测试	待解决数				
		关闭数				

有了报表，就有了项目情况的量化管理基础，PMO可以对这些指标进行判断，看看是否在偏差的控制范围之内。一旦发现偏差超过了安全范围，PMO则立刻深入项目着手调查原因，帮助项目组进行调整和改进，并持续进行跟踪直至恢复正常。偏差比较大的项目也向总经理进行预报，让高层领导提前有准备，提前防范和解决。

3. 第三把火：项目经理任命

好的项目经理是成功的一半。项目经理的管理水平，直接影响着项目的进

▶ IT 项目经理成长手记　　十周年纪念版

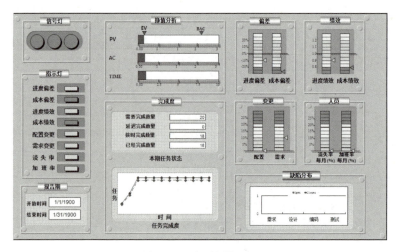

图 8-3　项目控制面板

展，甚至直接影响项目的成败。小 M 已经不能直接管理项目了，要通过项目经理去管理项目。如果能够选择好项目经理，项目就能省好多心。因此，在立项的时候选择合适的项目经理接手项目，就是成功的一半。

但是，项目经理的选择是一件比较困难的事情。怎么评估项目经理是否合格呢？通过 PMO 的摸索，建立了一个项目经理的评估和任命流程。

第一步，述职。述职的目的是评估候选人是否满足项目经理岗位描述的要求。参加评估的人员包括公司相关高层、项目总监、项目监理，并可以邀请 1~2 名项目经理作为同行评审专家。通过多个人对项目经理候选人进行评估，会全面和准确些。

评估会议在两小时之内，过程如下：

- 候选人介绍对项目的工作思路和方法。
- 审核人提问，考察候选人的素质和技能。
- 候选人离场，最后由审核人交流讨论，给出审核意见和结果。

第二步，评估。结合候选人过去的经验以及述职中的表现，对项目的理解，给出指导性意见，并给出评估结果，分为以下四种：

- 通过。
- 有条件通过：候选人必须完成条件中规定的培训或学习内容后才能获得正式任命。
- 复议：候选人必须完成指定的培训或学习内容后，重新安排述职。

■ 不通过：不能任命，并由项目总监重新推荐人选。

第三步，任命。一旦通过评估，则正式任命为项目经理，向其颁发公司签署的《项目经理任命书》，同时获得必要的签字和审批权限；《项目经理任命书》到期后任命自动失效，项目因故暂停时，或项目经理中途因故离开项目，也要撤销任命。

第四步，签业绩合同。一旦正式任命之后，公司将与项目经理签订业绩合同。自签订业绩合同之日起，项目经理按规定的指标考核，同时享受浮动工薪待遇。项目经理任命书的格式如图 8-4 所示。

项目经理任命书

编号：_____

_____ 先生／女士：

现任命你为_____ 项目（编号：_____）的项目经理，全权负责该项目的项目管理工作，同时授予相关的签字和审批权限。你的工作职责包括：

■ 管理客户关系及项目开发过程，以取得客户对产品及开发过程最满意的评价。
■ 管理项目团队，使之高效而愉快地工作，并获得最满意的工作体验。
■ 按照规定的需求、进度、成本和质量预期完成项目的交付任务。

此任命自 ____年__月__日发布之日起生效，至 ____年__月__日失效。

公司授权人：_____ 日期：_____

我已认真阅读并完全理解任命书中的内容，并承诺对工作职责中所规定的内容负全责。

项目经理：_____ 日期：_____

图 8-4　项目经理任命书

利用项目经理的任命过程，可以充分了解项目经理的长处和短处，PMO在监控项目的过程中会加以注意。仪式感还是很重要的，通过这种方式可以增加项目经理的责任感，并明确对项目的责权利。项目经理能顶起来的事情多了，项目中的烦人事就少了，这样就可以避免中途换将造成重大的损失。

4. 火想烧得旺要靠柴

尽管只是几个简单的措施，但是在推进中还是遇到了很大的阻力。项目经理抵触情绪非常大，认为很多项目提前开工是因为迫于客户的进度压力，延期也是因为客户的原因不能按期结束，自己在一线面临着这么大的客户压力，后面还有PMO设置的这么多的障碍，很不公平。

小M完全理解项目经理的这些压力，这些情况都是事实。但从组织层面考虑，项目经理的职责就是要对这些事情负责，不能把困难当成借口，而要当成需要解决的问题。为了有效进行推进，从组织层面还是出台了几项政策：

第一点，调整了项目经理的激励政策。项目经理一旦接手项目，将享受一定比例的浮动工薪，但是浮动部分能拿多少，则根据项目的执行情况最终进行核算。这个举措将项目的损益与奖金挂钩，调动了项目经理的积极性，有了解决问题的基本动力。

第二点，是从行政上赋予了PMO几个重要的控制权：

- 签合同需要进行合同评审，范围不清楚的情况下不签约。
- 在立项的资料不齐或者没有通过立项评审的情况下，不能向项目组派人。
- 项目完成之后，在交付物提交完成、核算清楚之前，不发项目奖金。
- 项目周报必须按时提交，如果不能按时提交将视为过程缺陷，在计算项目奖金的时候按比例扣除项目经理的奖金。

第三点，从工作方式和方法上，要求PMO进行角色的转变。行政上赋予PMO几个重要审批权限，是给了PMO尚方宝剑。但尚方宝剑是为了让PMO更好担负起职责的，而不是到处砍人的，最好的情况是不用才对。因此，PMO虽然是最终的审核者，但工作中应该谦逊地站在一个支持者的位置，扮演着资源协调者、问题解决者和工作指导者的角色。

第四点，调整了PMO中的部分人员，下了很大决心调集了几名一线的优秀项目经理加入PMO。他们在一线项目中"摸爬滚打"过，对一线的情况非常熟悉，说话能够切中要害，因此很有威信，能够服众。

通过这些调整，渐渐地使得PMO与项目经理之间的关系变得融洽和协调起来。三个举措有效执行下去之后,项目中的情况逐渐透明,项目总监的工作逐步有序。小 M 总算是知道为什么忙了。

8.1.4 经验与教训

项目总监从直接管理项目,到通过项目经理管理项目,需要角色和方式的变化,需要一个组织长期地、稳定地对项目进行管理。

项目群管理不是代替项目经理进行管理,而是从更高层次上帮助协调资源、共享知识、更高层面上解决问题,预警风险,让项目平稳进行。

好的项目经理是成功的一半,与其匆匆忙忙派一个项目经理,不如好好地进行评估和任命,避免中途换将引起项目的波动。

好的制度需要有力的执行,执行中不能回避问题,要分析清楚原因对症下药,要保证责权利一致才能落实。

8.2 项目经理怎么知道每天该干什么——《项目经理手册》的诞生

小 M 的公司通过了 CMMI Level3 的评估。软件能力成熟度模型集成(Capability Maturity Model Integration, CMMI)是由美国国防部与卡内基梅隆大学和美国国防工业协会共同开发和研制的,其目的是帮助软件企业对软件工程的过程进行管理和改进,从总体上改进组织的质量和效率。CMMI 共分 5 个等级,Level3 是定义级,这说明公司不仅有了一整套项目的管理措施,而且管理措施已经变成了制度化的管理体系与流程,管理的规范性上了一个新的台阶。

但随着项目过程审计的进行,小 M 发现公司的流程和规范在项目组中的执行情况却并不乐观。特别是大批新任项目经理在管理时不断出现错误和遗漏,各种过程逐渐"走形",规范慢慢"退化"!而且,虽经不断提醒,甚至采取严厉的惩罚措施,仍没有好转的迹象。

小 M 与老 Q 等管理团队成员多次与项目经理开会、沟通和访谈,就想弄清一个问题:为什么总是出现错误和遗漏?项目经理反馈了各种各样的原因,集中在以下几个方面:

- 工作头绪多,不清楚什么时候该干什么。
- 流程和规范多。常用的还能弄清楚,不常用的不熟悉,用的时候找不着。

- 有些流程只规定了怎么做，但没说明该什么时候做，不知道与日常工作的关系。
- 遇到突发事件时比较慌乱，会忘记规定要做的事情。

项目经理是一个综合的管理岗位，确实需要面对许多管理流程。对刚刚承担项目经理角色的"新项目经理"而言，需要相当长的时间才能逐步掌握所需流程和规范。一方面新项目经理培养周期长，一方面业务成长快，"青黄不接"造成"老项目经理"成了各部门争抢的"香饽饽"。

如何能让"新"的项目经理快速熟悉过程规范，成了继续发展的重要瓶颈。

8.2.1 问题的原因

"解铃还须系铃人"，小 M 和老 Q 等人试着从项目经理的角度看了一下他们所需要面对的流程和规范，发现数量确实比较大，但同时也发现一些问题：

- 过程文件"堆积如山"，组织方式分散，非常不利于项目经理掌握。除了 PMO 规定的项目管理制度，软件开发规范在技术部门中，项目管理过程有的在商务流程中，有的在财务制度中，还有的在人力资源制度中。
- 过程定义面向多种角色。流程定义一般是将"任务分一二三四五步，其中有 ABCD 四个角色，每个角色的职责是什么"。从流程制定者角度看，这样的文档结构非常清楚。但对于项目经理这种要参与很多流程的角色来说，要从"堆积如山"的流程中"挑出自己的职责"，并且弄清该什么时候去做，的确不是件容易的事。特别是那些新上任的项目经理，经常感觉"一头雾水""无所适从"也就可以理解了。

联想到有一种团体操表演：很多人同时举起不同颜色的板子就可以拼出不同的图案，对观众来说，关注的肯定是"图案是什么"；但是，对于每个负责举板子的人来说，最重要的是要知道"什么时候该举哪块板子"。

此时大家才恍然大悟，明白了以前工作的失误之处：我们一直在跟项目经理描述每个"图案"是什么，而没有告诉他们该在何时举起哪块"板子"。要想让项目经理清楚什么时候该做什么，就必须从项目经理的角度出发组织过程文档。

8.2.2 解决问题的思路

"从项目经理的角度出发组织过程文档"这一思路的具体措施，就是整理一本《项目经理手册》。这个想法很好，但如何做却不是件简单的事情，手册至少需要满足下面几个条件：

- 不是重新创造，必须与现有流程一致，不能有遗漏或者冗余。
- 不能简单抽取，必须按照一定的规则组织起来，保证条例清晰。
- 不是"字典"，必须与项目经理日常的工作内容挂起钩来。

简单说，《项目经理手册》除了要让项目经理知道什么时间该做什么，还要保证"按照要求做了，所有的流程就被正确执行了"，这必须要一个系统的方法才行。这时候，自然想起了"法宝"——《项目管理知识体系指南》[4]。受到其中过程组分类方法的启发，经过大家的讨论之后确定了思路，如图8-5所示。

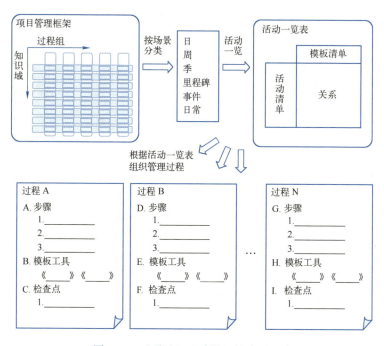

图 8-5　《项目经理手册》的编写思路

第一步，建立项目管理框架，纵向按照启动、规划、执行、监控和收尾5个过程组分类，横向按照项目管理9个管理域分类；按照上述矩阵结构重新组织，将现有的过程和规范分别放到矩阵的不同"格子"里，形成一个描述项目经理工作内容的"项目管理框架"。

第二步，对于项目管理框架上的活动，按照发生频度或场景进行分类，形成项目经理"活动一览表"。

第三步，对活动一览表中的每个活动进行详细描述，包括具体的步骤，使用的模板、工具或者IT系统，以及验证的检查点，完成《项目经理手册》。

8.2.3 《项目经理手册》的诞生过程

1. 建立项目管理矩阵

项目管理矩阵纵向按照《项目管理知识体系指南》[4]中的启动、规划、执行、监控和收尾5个过程组分类，横向按照项目管理10个管理域分类。理论上这很简单，但要实际落实却需要花些工夫。

这是因为，《项目管理知识体系指南》[4]中的启动、规划、执行、监控、收尾5个过程组是"管理过程"，不能直接与业务流程进行映射。因此，必须从实际的业务流程中找到"标志"性事件作为切分点，将具体的管理流程进行分类重组。通过比对《项目管理知识体系指南》[4]定义和实际业务，找到了公司实际项目生命周期中管理的6个标志性事件，如图8-6所示。

图8-6 项目管理矩阵

- 售前立项：识别出一个商务机会，在系统中建立项目号。
- 签订合同：以法律形式确定项目责任。
- 售中立项：内部准备完成，批准了预算、进度计划，项目经理可以获取资源执行项目。
- 组织监控：项目"执行"过程中，项目经理正常的管理活动是"执行"活动；某些受到组织级监控，并可以强制采取纠正措施的活动被认为是"控制"活动。

- 验收开始：验收的条件已经具备，开始启动验收过程。
- 项目关闭：项目完成验收，完成收款，系统中关闭项目号。

依照上述6个"标志"进行切分，就可以将5个过程组直接映射到业务流程的不同阶段：启动，对应从"售前立项"到"签订合同"之间的活动，重点是确定范围，估算成本。规划，则对应"签订合同"到"售中立项"之间的活动，重点是完成各种计划的制订。执行，是项目经理对项目的控制过程。监控，是组织级对项目的干预活动。收尾则是指从"验收开始"到"关闭项目"之间的活动。

横向划分时没有照搬《项目管理知识体系指南》的十大知识领域，而是根据业务实践特点进行了一定调整。第一，整合管理没有单独列出，因为工作框架的作用就是细化整合管理的内容；第二，项目干系人管理直接具象为客户管理，这样更贴近实际也更加聚焦；第三，因为采购管理都由公司采购部门统一负责，所以在项目管理框架中也不用考虑。综合上述调整之后，横向划分为范围、进度、成本、质量4个主要知识领域，以及风险、人员、沟通和客户4个辅助知识领域。

2. 构造项目经理工作框架

根据项目管理矩阵构造项目管理框架的过程相对比较简单，只要将所有项目经理参与的管理过程分别放到矩阵的不同"格子"里。为了方便使用，框架分为主过程框架（见图8-7）和辅助过程框架（见图8-8）两个部分。对项

图 8-7 项目经理工作框架（主过程）

▶ IT 项目经理成长手记　十周年纪念版

启动	规划	执行	监控	收尾	
风险管理 问题管理 项目风险评估	风险管理 问题管理	风险管理 问题管理	重大风险 重大问题 事故处理		风险
项目经理任命 确定组织机构 关键角色任命 资源配置	制订培训计划 制订资源计划	里程碑导入培训 员工成长沟通 员工满意度调查 报派工管理	资源偏差 人员离职 加班率 人员效率	释放人力资源	人员
客户期待沟通 确定满意度调查对象	沟通交付目标 制订知识转移计划	项目进展沟通 客户满意度调查 人事变动沟通	客户投诉	组织项目验收	客户
启动会	制订沟通计划	晨会 周例会 里程碑会议 团队会议		项目总结会议	沟通

图 8-8　项目经理工作框架（辅助过程）

目经理来说，这个管理框架非常直观地给出了其在整个项目生命周期所需要管理的所有事项。从中，也可以看到不同活动的一些特点：

有些活动是具有非常明确的阶段性的。例如，立项、结项和计划。

有些过程则贯穿项目生命周期，比如，问题和风险管理。

执行和控制有比较强的关联性，并且是日常活动的主要内容。

3. 项目经理"活动一览表"

项目管理框架明确了项目经理该做什么，但为了进一步让项目经理知道"什么时候该做什么"，对所有的活动按照执行的频度或者使用的场景进行了划分，完成了项目经理"活动一览表"。

因为活动一览表是从框架中导出的，可以确保"每天这样做了，所有的流程就被正确执行了"。同时，表中还规定了活动所必需使用的模板、工具和信息系统，因此，项目经理知道自己需要掌握哪些东西，用的时候能迅速上手。

例如对"执行"和"控制"的管理活动进行说明，见表 8-2。一个项目经理的典型工作场景如下。

- 每天：必须召开晨会，更新底层计划和完成度矩阵（一种度量任务完成比例的表格），记录个人周报的工作进展。

第 8 章 身为项目总监

表 8-2 项目经理活动一览表（部分）

阶段		活动	工作说明书	范围矩阵	项目管理信息系统	中层计划	项目量化管理计划	培训计划	完成度矩阵	底层计划	个人周报	项目周报	项目控制面板	项目质量周报	项目里程碑报告	业务联系书	完工证明	变更管理系统	报派工系统	员工满意度调查表	客户满意度调查表
	日	晨会									●										
	周	周例会							●	●	●	●	●	●							
		维护范围矩阵		●	●																
	季	员工满意度调查																		●	
		客户满意度调查																			●
执行和控制	里程碑	里程碑评审			●	●									●						
		阶段完工证明															●				
		里程碑导入培训					●														
	日常	项目重估算			●		●														
		报派工管理			●											●					
		员工成长沟通			●							●									
		项目进展沟通			●							●			●						
		团队会议													●						
	事件触发	团队管理			●																
		问题管理			●																
		变更管理		●	●													●			
		人事变更沟通			●																
		客户投诉														●		●			
		事故处理	●																		

203

- 每周：必须完成周例会，更新范围矩阵。
- 每个季度：季末必须完成客户满意度调查和员工满意度调查。
- 里程碑：到达每个里程碑的时候完成里程碑评审，签收阶段完工证明（财务确认收入用），并为即将进入的阶段进行导入培训，包括下个阶段的规范、流程和技术培训。
- 日常工作：这类活动没有固定的时点要求，可以根据项目实际情况安排。例如，根据客户的要求定期汇报项目进展；遇到范围超过阈值之后进行的项目重估算；人力资源变化时进行操作；至少每个季度召开一次团队会议等。
- 事件触发：遇到风险、问题、重大变更、人事变动、运行事故和客户投诉等突发事件的应对流程。

4. 活动的详细描述

基于活动一览表，从原有的过程体系中抽取相应的部分，详细描述每个活动的过程、模板和检查点（过程审计的依据）。这样，一本《项目经理手册》就形成了。这里以"里程碑会议"活动为例，说明手册的内容是怎么组织的。

（1）会前准备
- 质量经理组织对阶段交付物进行评审（同行评审）和审计。
- 文档作者对评审和审计发现的问题完成修改。
- 配置管理员将应该纳入基线的配置项纳入基线，对基线完成审计。
- 项目经理对里程碑的各度量数据进行偏差分析、确定纠正措施。
- 质量经理对本里程碑质量状况进行分析总结，汇集到《项目里程碑报告》中。
- 项目经理完成《项目里程碑报告》内容编写。

（2）会议过程

1）项目经理介绍《项目里程碑报告》，包括以下各项：
- 项目实施情况，即里程碑目标完成情况，以及进度、成本、范围的度量数据分析。
- 从"团队士气""人员稳定性""执行效率"方面对项目团队进行评估。
- 说明重要客户的动态。
- 分别对客户层面、内部层面说明风险及应对措施。

2）质量经理介绍项目质量状况，包括以下各项：

- 交付物缺陷修改情况。
- 阶段审计不符合项和修改情况。
- 缺陷原因分析。

3）项目总监询问项目的状况，批准本阶段结束和进入下一阶段，参考信息包括（但不限于）：

- 项目的里程碑目标是否达到。
- 项目量化管理的数据是否有偏差，偏差是否在预警值、控制阈值以内；对于超过预警值、控制阈值的是否有相应的原因分析及纠正措施。
- 前次里程碑问题、纠正措施的实施效果是否已经达到。
- 对项目组风险和问题进行审核，解决项目组存在的重大问题。

（3）会后工作

- 将评审结论记录到会议纪要中。
- 在公司 PMO 的数据库中更新里程碑状态、实际结束日期，完成里程碑漂移图，并更新项目《中层计划》。
- 向项目总监提交《项目里程碑报告》，审批通过之后，向客户提交。

（4）模板

参考附件：《项目里程碑报告》，见表 8-3。

表 8-3 项目里程碑报告

客户名称		报告区间	
项目名称		项目经理	
项目所在阶段		质量经理	
项目编号		报告日期	
相关附件			
一、项目实施情况			

填写说明：叙述项目整体运行状态，主要工作进展。从进度、成本、质量、范围和过程等方面汇报。

二、团队评估		
关注点	评估	对策
团队士气		
人员稳定性		
执行效率		

（续）

三、项目质量分析

四、重要客户动态
1）客户投诉：
2）客户沟通：
3）客户反馈：
4）商务动态：

五、风险及应对措施				
序号	风险	等级	责任人	应对计划
1				
2				
3				

六、问题及应对措施				
序号	问题	状态	责任人	应对措施
1				
2				
3				

七、过程改进建议和反馈
填写说明：总结本里程碑内提出的过程改进建议，提出过程改进需求

八、下一里程碑工作计划
填写说明：概要描述下一里程碑主要的工作

九、批准及行动计划			
评审结论： （通过/有条件通过/不通过）		批准人	批准日期
填写说明：是否需要调整计划或进行成本变更			

(5) 检查点

- 里程碑会议前，项目组的工作产物是否通过同行评审。
- 进入下一阶段之前，是否通过了里程碑评审。
- 是否在里程碑会议上对项目的风险和问题进行审核。
- 是否在会后对会议上提出的问题制订了行动计划进行整改，并修改《项目里程碑报告》。
- 是否在下一个里程碑到来前执行了整改计划。

8.2.4　如何推进《项目经理手册》

首先是培训。有了《项目经理手册》之后，培训方式相应地进行了的调整。改变了过去重点培训流程的方法，而是针对手册中的内容采取了三种形式的定向培训：

- 实战培训，结合一个具体的项目案例，培训项目的计划制订、风险评估和控制过程。
- IT系统培训，针对手册的使用场景，培训相应的IT支持系统。
- 通过"最佳实践"的方式分享经验。例如让周例会组织得最好的项目经理进行讲解和演练，可以让受训者形象地知道"哦，原来一个周例会是这样开的"。

其次是监督机制。为了有效地在组织内推进，专门设计了过程审计的方法。因为在手册中为每个活动设置关键检查点，这样QA和监理可以进行检查，定期报告过程的执行情况。

再次是与考核挂钩。对过程的执行情况进行打分，而打分情况直接与项目经理的考核挂钩。

最后，是IT系统支撑。为了配合过程的执行和项目信息的收集，公司的IT系统不断升级，将项目管理的相关数据、信息和文件在组织级集中管理，并通过工作流设置了问题自动上报和升级机制。之后，将越来越多的过程转移到系统上，手册越来越薄，过程越来越多地融入系统。

8.2.5　经验与教训

《项目经理手册》在使用后，流程"落地"的效果大为改观。

- 项目经理工作条理清晰了，动作很少走样，新任项目经理进入角色的时间也大为缩短。
- 这样一个沉淀最佳实践的平台，可以不断将项目经理积累的方法和经验增加进去，并迅速推广到组织级。
- 遇到突发事件时，项目经理不再慌乱，而是迅速掏出手册"查查有没有说明"。

因此，可以说《项目经理手册》在帮助管理流程的"落地"方面有显著作用。这种以项目经理为中心重组过程的方法，有以下优点：

- 按照系统的方法进行分解和重组，不容易遗漏，甚至可以发现原有体系中的缺陷。
- 项目经理知道该在什么时间做什么；反过来，"按照要求做了，就能保证所有的流程被正确执行"。
- 通过手册这个桥梁，很好地建立了日常活动和管理流程之间的关系，将抽象的过程与具体的工作场景联系了起来，便于培训和推广。

但是，任何事情都有其两面性，工作中也曾出现过片面依赖《项目经理手册》进行管理的现象。

- 实际上，能够熟记手册内容，并不等于就是合格的项目经理。因为手册仅能保证大家动作一样，而不能保证效果一样。同样一拳打出去，是否将对手击倒还要看功底。因此，绝不能忽视项目经理能力、素质和经验，以及团队管理、沟通技能等方面的培养。
- 手册容易养成项目经理"照章办事"的习惯，时间久了会束缚了创造性，甚至形成"重流程、轻效果"的惰性。经常听见有人说："我已经按照手册做了……"言下之意"至于结果？跟我没有关系"。

因此，借鉴此方法要特别注意这两个方面不要走偏。

"行百里者半九十"，有了规范和流程相当于走了前九十里，剩下的十里就是过程"落地"；从难度上，这最后十里至少相当于征程的另一半。

8.3 三分钟怎么说清项目进展——三层计划方法

项目多了，项目汇报成了问题。领导经常要来了解项目的进展情况，小M已经管理了几十个项目，而且分别处于不同的阶段。即使汇报重点项目，每个项目经理一般也仅有20分钟的时间。

但是，领导一方面要求看到项目的宏观进展和趋势，另一方面还非常关注细节，甚至可能问到类似"这件事谁在负责？""有什么困难？"这样的问题。这样的汇报方式项目经理很难适应，特别是那些管理着几十人的项目经理尤其感觉"头疼"。

老实说，小M本人也觉得这样的要求过于苛刻。为了提高沟通效率，曾经把解决问题的关键放在了提高项目经理的沟通技巧上，包括统一的汇报模板、演讲技能培训，但是效果有限。

原因很简单，虽然表达能力得到了很大的改进，但是一旦被问及很多执行层面的具体问题时，项目经理仍不能准确提供信息。而领导的想法也非常有道理，如果一个项目经理不能说出问题出在哪个"点"上，又怎么采取正确的措施控制好项目呢。"三分钟说不清项目进展，说明你的管理没到点上"。

仔细想想"说不清楚"的原因不是表达能力的问题，而是不知道该从哪个层面上管理。

8.3.1 从"全局"看到"个体"

针对如何三分钟能说清项目进展的问题，小 M 和老 Q 等团队成员，一起进行了讨论。发现问题的难点不仅是项目多了，而且是项目的规模大了，一些项目之间还存在关联性。在这种情况下，仍然按照小项目的方式进行管理，没有分出计划的层次，就会造成上述问题。

大项目一开始就会有一个"主计划"（或称高层计划，里程碑计划），并得到客户和公司高层的认可，轻易不能更改；各个项目小组需要据此制订一套自己的详细计划。理论上，可以继续逐层分解，直到分解到"每个人每天做什么"这样的详细程度，但在大项目中这样做有很大的困难，原因之一就是软件项目的"不确定性"：

- IT 项目的周期一般比较长，过程中项目的需求、功能甚至目标都可能变化。
- 各种突发事件、问题、变更，都能导致计划在执行中的变动。
- 开发人员的个体能动性、情绪对项目的进展也有直接的影响。
- 基于预测的估算本身就有误差。

在这样的情况下，试图将计划分解成"每人每天"做什么，一方面计划会庞大无比，另外也缺乏实际意义。项目经理即使将所有时间都放在计划的维护上，也难以跟上"变化"。

其实，一个大型项目好比一场战斗，计划好比是作战地图，项目经理好比是指挥官。制订作战计划时，指挥官要对全局进行考虑，在地图上说明每个团的作战任务，之后每个团再确定下属各连队的战斗任务。作战中，情况经常变化，团长为了完成任务可以调整连队的部署，连队也要动态指挥班排作战。

但是，指挥官首先需要关注战场全局的态势，然后才会关注哪个团没有完成任务，进一步聚焦到某个"英雄连"的战斗情况，或者某个"尖刀班"突击进展。与此类似，项目大了之后，如果项目经理仍试图在一张地图中标注每个单兵的任务，就会使得地图密密麻麻、极其繁杂，不但无法执行，而且也看不出战局的整体态势。

因此,"说不清"的核心问题在于缺乏系统的方法分层计划、分层管理。但是怎样划分层次比较合理呢?

8.3.2 三层计划的分层

为了区分不同的层次,一是考虑不同的管理颗粒度,二是考虑不同的沟通对象和信息需求。但无论哪个层面的计划,都必须回答的核心问题是"现在进展如何""下面将会怎样"。

通过大家的学习和摸索,总结了一套三层计划的管理方法,从高层计划、中层计划和底层计划的不同层次管理。三层计划的管理框架如图 8-9 所示。

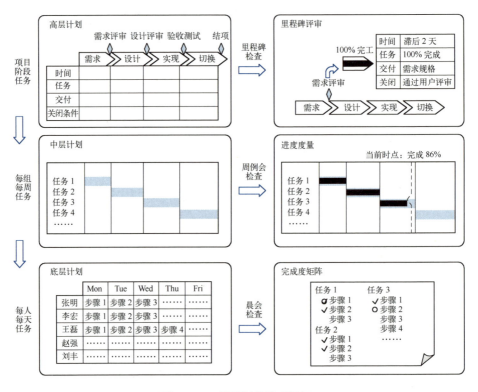

图 8-9 三层计划的管理框架

高层计划主要的沟通对象为客户或公司高层,具体可能包括 CEO、CIO、CFO、CTO、项目出资人,或者其他高层人士,因为大部分给 C 开头的人看,所以内部简称为"C 计划"。高层计划作用是快速、清晰地给高层一个项目

"快照",说明"项目目前处于什么阶段,在这个阶段预计还需要持续多长时间",以及"刚刚到达的里程碑是什么,下一个里程碑是什么",而这正是高层人员第一时间最想得到的信息。

中层计划的使用者和沟通对象是项目中的执行人员,包括项目经理、小组长和项目成员,它说明了"为了完成项目,必须完成哪些任务""这些任务正在(或者将会)被谁执行"。中层计划的主要作用是确保项目经理能够密切跟踪项目任务的完成情况,因此沟通的主题是"哪些任务应该被完成,什么时候能完成"。

另外,中层计划还应该说明任务之间的依赖关系,确保不同项目小组之间的有效沟通。沟通的主题是"这个任务应该在哪个任务之前完成;或者,这个任务必须和哪个任务同时执行"。项目经理最关注的是中层计划中任务的开始和结束时间,而不是执行的细节。中层计划一旦引起高层计划延期的时候,可以迅速追踪到"哪个任务出问题了"。

底层计划用来确定任务的负责人该如何工作,因此主要是被组长和具体责任人使用。底层计划作用是将中层计划的任务进一步分解为"关键步骤",确保执行者在非常详细(每人每天)的层面上计划和沟通,沟通的主题应该是"这个任务已经走到哪一步了"。底层计划不但能保证对中层计划的有效跟踪和清晰度量,而且在任务分解的过程中,可以发现原来对于周期或者工作量的估算偏差,为项目组提供一个"中层计划估算是否恰当"的快速反馈。

8.3.3 三层计划的制订过程

(1)高层计划的制订

一般项目在售前的方案论证阶段,客户就会提出项目的整体工期要求,有时招标书中也有明确的时间要求。高层计划以里程碑为基本元素将项目划分成若干个阶段,并明确每个里程碑对应的标志性事件、交付物、时点和关闭条件。

合同(或方案建议书)中专门有一个章节,说明项目的"实施方法",这可能是客户与公司架构师、咨询顾问和项目总监在项目的早期阶段共同完成的,可以直接转化为高层计划。另外一些项目,在商务谈判的过程中会确定工作范围,包括每个阶段的时间段和必须完成的工作,这样的"工作范围"也可以非常方便地转换成为高层计划。

以解决方案的实施项目为例,实施方法为事先开发一个标准的基本版本,然后根据不同客户的需求差异进行客户化。因此典型的阶段划分为"原型培训,差异分析,功能定义,客户化开发,出厂测试,试运行和投产"。每个阶段的大致时间范围和必须完成的工作都比较明确,这样"方法论"就可以方便地转换成高层计划。

高层计划的管理重点是里程碑。里程碑不仅是上个阶段的收口,还是下个阶段可以进行的条件。

关闭条件在每个里程碑节点进行检查,如果大家不同时完成,就不能进入下个阶段的工作。比如,设计阶段的里程碑是设计必须通过评审,但是进入下个阶段的条件是设备必须到位。

高层计划的详细程度取决于项目的不同需求。一般对于项目周期为3~9个月的项目来说,里程碑的时间跨度应该在3~6周之间;每个阶段内,任务颗粒度应该是以周为单位进行计算的。

如果其中有一些以"日"为单位计算的任务非常关键,就直接放在高层计划里,以突出其重要性。如果一个项目的周期非常长,里程碑的时间跨度也不要超过6周。时间跨度和任务颗粒度的确定原则,是方便项目经理进行沟通和管理。

在项目组内,高层计划可以使用Excel表格进行管理。在组织层面,项目的高层计划信息量不大,非常便于使用信息系统管理和监控。

高层计划的例子见表8-4。

(2)中层计划的制订

高层计划完成之后,标志着项目有了清晰的里程碑。中层计划的实质,就是将高层计划中的任务分解为以"小组"为单位的任务集合,其制订过程需要项目经理、架构师、质量经理以及各个小组长密切配合。

虽然项目一开始就可以定义详细的中层计划,但如果方法论成熟,可以在进入某个阶段之前再详细定义中层计划。换言之,完成"下个阶段"的中层计划是"上个阶段"的一个任务。

结合解决方案实施项目的高层计划例子,在进入"差异分析"阶段之前再详细定义"差异分析"的中层计划,即明确必需完成任务、工作量和依赖关系。在"差异分析"阶段快要结束的时候,应该根据"差异分析"的结果制订"功能定义"阶段的中层计划。这样的过程不断滚动进行。

中层计划的制订是项目经理的职责,但最好以团队方式进行,计划中如发现分工不明,组织结构不清晰,应尽快明确组织结构和职责。"团队"方式共同制订计划时项目经理可以与关键角色或者负责人直接讨论,避免"闭门造车",过程如下:

表 8-4 高层计划表

	第1周	第3周	第7周	第10周	第14周	第17周	第18周	第20周
开始日期	第1周	第3周	第7周	第10周	第14周	第17周	第18周	第20周
结束日期	第2周	第6周	第9周	第13周	第16周	第17周	第19周	第20周
应用开发	准备	需求	设计	开发	测试	切换	试运行	结束
开发环境	配置管理机		开发环境	测试环境	生产环境			
系统实施				数据转换切换方案	系统安装		试运行支持	
人员培训	启动培训	设计方法培训	开发规范培训	系统管理员培训测试方案培训	用户操作员培训		维护人员培训	人员释放
标志事件	启动会	需求评审	设计评审	子系统开发测试完成	模拟测试成功		通过验收	
交付物	工作范围 工作计划 标准规范 需求分析方法和模板	需求分析报告	系统架构设计报告 外部集成方案	源码 系统 缺陷分析	测试报告 模拟测试分析		试运行报告	验收报告 文档交付
关闭条件	范围、计划、方法通过评审 需求分析模板通过方法验证 启动会正式审批	需求分析报告通过评审	设计通过评审开发环境就绪	子系统缺陷关闭 测试环境就绪 系统管理员通过培训	并行业务数据正常 生产系统就绪 用户人员培训合格		试运行无严重以上缺陷 任选两家通过验收 维护人员完成移交	签收验收报告 完成商务

第一步，为提高效率，可以先由项目经理和架构师完成初始的任务分解和工作量估算，将高层计划分解为每个小组"任务"和"约束"：包括每个小组的工作范围（需要完成的任务），小组对外依赖关系，完成任务所需要的资源（每个小组需要多少人，关键素质是什么），下一个里程碑的要求。一般需要召开一个会议，并请小组长以上成员参加。

第二步，各个小组在项目经理的指导之下制订自己的中层计划，也就是以"任务"和"约束"为基础，围绕如何按期到达里程碑制订详细计划。中层计划必须明确每个任务的起止时间、任务的先后次序（也就是任务之间的依赖关系），以及任务的负责人。虽然不同的阶段允许不同的详细程度，但一般的颗粒度要求是"每个小组每周"的工作内容。

因为中层计划一般会有多人参加执行，滚动制订计划的好处是这个时候各组成员基本到位了，所以如果条件允许，尽量让小组成员一起参与制订过程。这样可以直接获得小组成员对于计划的"承诺和认可"。小组在制订过程中，一定要与项目经理反复沟通，不要猜测，有问题就问。

当各个小组完成了自己的中层计划之后，由项目经理负责汇总成为整个项目（到这个阶段）的完整中层计划。

第三步，将汇总之后的完整中层计划给所有的小组（至少是各个组长）讲解和确认。一般由项目经理负责介绍，让参会人员确认所有的任务都被说明了，没有被忽略的内容，工作量的估算是否准确和合理，各个小组是否清楚相互的约束关系。这个过程其实也是一个检查和评审过程。

一般中层计划中任务的颗粒度应该以天为单位计算，即这个任务需要 A 工作三天，那个任务需要 B 工作 5 天。以差异分析阶段的中层计划为例，比如对应"储蓄业务组"高层计划的任务——完成"差异分析文档"，中层计划分解结果可能是"确定功能清单""确定差异讨论会议计划""开户业务差异讨论""存款业务差异讨论""差异文档汇总"和"差异文档评审"等工作内容。

中层计划制订完成之后，应该张贴出来，让所有人员都能看到。中层计划推荐使用的工具是 MS Project，一是方便进行版本控制，可以管理多个基准并进行回溯；二是能够比较方便地进行任务跟踪。

（3）底层计划的制订

中层计划的完成，标志着已经明确了"每个小组每周"的任务。一旦这些任务被委派给了确定的"责任人"之后，个人就可以着手制订底层计划。

这部分可参考 4.3 节的内容。

8.3.4 三层计划的跟踪

三层计划的跟踪和管理是自下向上的，对应按照个人、小组、项目的组织结构，将项目的管理分成晨会、周会和里程碑评审三个层次，各层次之间保持一定的灵活性。

晨会和周例会在前面的章节都有介绍。实际上，有了晨会对底层计划的管理基础，中层计划的管理效率会提高很多。中层计划采用周例会方式管理，基本上是汇总每个小组的底层计划的完成情况并局部进行调整的过程。主要任务包括：组长首先根据上周底层计划完成状态，项目经理更新《中层计划》中的任务完成情况；最后，项目经理和小组长一起制订下周工作计划。

有了中层计划的信息基础，其实每周、甚至每天都可以知道是否可以按期到达里程碑。但是，对于里程碑还是需要正式的评审过程，这就是"里程碑评审"会议。里程碑评审需要组织级的参与，目的是确认上个阶段的完成、批准下个阶段开始的过程。具体的任务包括：

- 交付物纳入基线并完成审计。
- 对进度、成本、范围的度量数据进行分析。
- 对项目团队进行评估。
- 评估风险及应对措施。
- 评估项目质量状况、交付物缺陷修改情况、过程审计不符合项的修改情况。
- 评估客户的情况，听取客户有无重大问题的反馈。
- 由项目总监确认项目的状况，批准本阶段结束和进入下一阶段。

三层计划管理过程中，各层保持相对的独立性和灵活性。

- 个人工作只要不影响底层计划的完成，可以每天进行调整。
- 底层计划如果不会影响到中层计划的进展，组长可以直接调整，而不需要通知项目经理或者架构师。如果底层影响到了中层计划，则应该通知项目经理和架构师，并说明变更的原因。项目管理团队可以据此评估对于后续计划的影响，并采取适当的措施进行管理。如果需要，还可能跟其他小组沟通中层计划的变化。
- 如果中层计划的变化影响到了高层计划的里程碑，则应该作为重大变更，由项目经理迅速汇报到项目总监层面，讨论具体对策并采取措施。

通过这样的管理方法，项目经理可以看到项目的当前状况和整体趋势，还可以逐级向下追踪，直到发现有问题的"点"，因此，可以与各个层面进行清晰的沟通，能够"三分钟说清项目状况"。

8.3.5 经验与教训

三层计划的管理方法，其核心是采用自顶向下、滚动更新的方法分层制订计划，并随着工作的进行逐步细化计划；采用白板记录和更新底层计划，动态跟踪每个人的工作任务完成情况，自下向上逐层汇总，最后确定项目的整体状况。

但是，这种方法也有一定的适用条件。

- 需要有比较明确的"实施方法论"，即每个阶段工作流程、任务比较清晰。
- 在规模比较大时才有必要，对于仅有一二十人的小型软件项目来说，可以直接管理到底层计划。
- 在产品或者非现场开发的模式下比较有效，因为项目组有比较大的自主权，受外界的影响比较小。

8.4 总经理的肩膀——怎么创造项目

项目群的交付逐步走上了正轨，小M刚想放松一下，就被召集参加事业部的管理团队会议。

会议上，S总介绍了公司的整体业务状况，说明小M负责执行的项目成了灯塔客户。后面的拓展方向有两个，一个方向是将原来灯塔客户的解决方案不断向新的客户推进。另一个方向，是在老客户的基础上，不断推出新的解决方案。

小M问，不是负责项目群管理吗？S总说，那只是职责的一部分。项目总监与项目经理的一个重要区别是项目经理立足于按预期交付成果，而项目总监则要负责为客户提供长期的服务。

项目总监参与项目的时间跨度要比项目经理大很多，贯穿于客户项目的整个生命周期。项目的起点可以延伸到发现项目机会，而终点则延续到项目交付之后的售后服务过程。客户需求是不断发展的，在维系客户关系的过程中，根据客户的业务发展需要不断发掘新的机会，不断满足客户新的需求，把一个客户长期服务下去。

因此，项目总监就是总经理的肩膀，要帮助总经理拓展更多的客户，提供更多的服务。不仅要"交付项目"，而且要在交付的过程中"创造项目"。

创造项目？小 M 听到这个词挺兴奋！这意味着自己能够开拓新的业务了。可是怎么开始呢？

8.4.1 跟客户谈什么

为了创造项目，小 M 开始不断与客户沟通，维护客户关系。说实在的，小 M 对客户关系的理解就是请客户吃饭，跟客户聊天。S 总笑了，这些事情一个普通的销售都可以做，你的目的是持续为客户服务，不断地发现客户的需求，不断拓展业务空间。

但是，说起来容易做起来难，见了客户都不知道该说点什么，总是谈不深。

S 总说，跟客户谈话想有深度，几个因素要想清楚。

第一，要确实了解客户的情况。如果我们有项目在进行过程中，就具有得天独厚的优势，想想看，竞争对手想见到客户都难，你却可以天天跟他们在一起。因此，尽可能了解客户的 IT 现状、组织结构、人员情况，特别是客户的"业务情况"，就很容易发现客户的"痛"是什么，这就是新的商业机会。

第二，要找对谈话的时机，如果进行中的项目还一塌糊涂的时候，就专注解决现在项目的问题，千万不要在这个时候又去跟客户谈什么新的项目。一定要在系统上线、运行稳定，客户已经比较满意之后再谈比较好。

第三，谈客户感兴趣的话题。客户对两方面的内容比较感兴趣：第一是自己的事，第二是新的技术和知识。小 M 虽然有一定的积累，但必须尽快学习行业知识，对客户的业务有比较深入的了解，才能有共同语言。客户也需要不断地学习新知识和技术，因此，自己需要不断学习新产品、新技术，才能谈客户感兴趣的新鲜事。

这个方法确实管用，顺着客户感兴趣的议题就能谈起来。但是，虽然聊得很热闹，但怎么也"发掘"不出商机来。

S 总建议，下次谈的时候不要一味说公司的产品有多好、功能多强大，而是想办法找到对客户的价值。确实，对于小 M 这样技术出身的项目经理，喜欢从技术的角度诠释解决方案。但客户最需要的是从业务的角度与他们讨论问题,如果能够几句话说清楚客户需要什么,就能引起客户的共鸣。若能说清楚项目能解决什么问题,带来什么价值,就很容易获得客户的支持。

小 M 知道了努力的方向,在沟通中首先了解客户的问题,然后回去进行了一定的准备,找到能够解决问题的产品和方案,下次再沟通的时候就可以更进一步了。经过这样的多次沟通之后,终于从最初有一个想法逐渐形成一个方案。

终于,在一次沟通之后,客户对小 M 的方案产生了兴趣,请小 M 拿出了一个书面的方案,然后再详细进行讨论。

8.4.2 如何整合资源

项目机会传递到公司,大家发现这不是一件容易的事。客户现有的 IT 架构非常复杂,要实现客户需求,不仅涉及公司内的多个产品,还要协调合作厂商一起制订解决方案。

小 M 找了多个部门,很快掌握了公司的产品和解决方案的主要功能和特点;在公司高层的支持下,还开阔视野发掘新的合作伙伴。在寻找外部资源的时候,小 M 发现不仅要懂技术,还要找到各方的共同利益,才能达成共赢的合作关系。这对小 M 真的是个不小的挑战。

找到这些资源还只是开始,需要方方面面的人员凑在一起为客户制订一个方案建议。小 M 理解整合资源的意义了,也知道为什么需要项目总监了。这样的事确实项目经理难以完成,而架构师缺乏客户的视角和整合能力。

在此过程中,小 M 心里也犯嘀咕,这个项目其实在客户内部还没有立项,投入这么大的力量,万一拿不下项目怎么办。小 M 问 S 总,这样的投入是否值得。S 总反问:"你觉得我们在做的事情的意义是什么?"

"实际上是在帮助客户梳理需求、提出方案,从项目生命周期看,是在帮助客户内部立项。"

"完成立项之后,谁对项目的需求最了解?"

"当然是我们了!"

"那就是了!你在策划项目,这就是总监和项目经理的区别。结果可能赢,也可能输。但售前允许失败,值不值你要做出判断。此事全权由你负责。"

S 总将判断的权力下放了,支持和信任让小 M 感受到肩膀上的压力更加沉甸甸的。这次,小 M 理解了 S 总的压力是什么了:一旦决策失误,这些投入就可能都打了水漂。小 M 已经成了 S 总的"肩膀",承担着与 S 总一样的压力。

项目总监的压力和项目经理完全不同,那个是来自确定目标的压力,这个是来自不确定性压力。

8.4.3 怎样签新项目

项目的方案建议交给了客户,客户通过内部的审核,终于在内部立项了!内部立项意味着有了预算,明年就可以启动项目了,小 M 非常激动。

虽然项目是小 M 帮着策划的,但是客户内部立项并不代表项目就是小 M 的,客户仍然需要经过正式招投标才能最终签订合同。这时候,小 M 理所应当地成了售前小组的负责人,客户经理、项目经理、专家团队组成了售前团队。

几轮售前交流下来,终于等到投标的时候了。技术方案、实施方案小 M 都不发愁,重要的是估算和报价。项目经理对项目总体成本能够比较清楚地进行估算,估计也在客户的承受范围之内。但如何报价要考虑的问题可远比估算成本复杂多了,毕竟要面对不同的竞争对手。如果价格没有竞争力,则失去项目机会,策划了半天相当于给对手做了嫁衣;反之,则赔本赚吆喝,没有任何利润。好在客户经理在这方面比较擅长,小 M 发现自己还有很多东西需要补,否则还真没法儿做生意。

惴惴不安地等待之后,终于拿到了中标的通知,可以进行商务谈判了。小 M 突然发现,什么收入确认原则、收款节奏和比例等一大堆条款还弄不清楚是什么意思,又多了很多知识需要补。看到客户经理在谈判桌上能够对这些条款应对自如,小 M 以前对销售的那种潜在的轻视逐渐消除了。

小 M 做项目经理的时候,有被不平等条约折腾的经历,知道签一份合理、严谨的契约的重要性。但是昨天还是好朋友,突然要坐在桌子的对面针锋相对地一条一条地谈条款,真是件让人不自在的事!小 M 老觉得"客户关系这么好,怎么好意思谈钱呢",碍于面子不太好意思拒绝对方的条件,甚至有些明显的疏漏也不太敢去澄清。

销售代表知道后挺身而出说:"你唱白脸吧,我唱黑脸,谈判就是相互平衡和让步,你觉得需要坚持就让我来。现在谈是亲兄弟明算账,如果以后谈就是撕破脸了。"小 M 对于销售的难处开始理解了,以前老责怪销售签订不平等条约,这次自己亲自操作,才知道每个条款的谈判都是多么艰难。

终于签订合同了,拿下项目了!小 M 长出了一口气,终于学会了"创造项目"。这个项目如果能够顺利实施,可以继续从客户那里得到长期的服务订单。而有了这个项目的解决方案和这支项目团队,又可以开拓一个新的业务领域。

8.4.4 经验与教训

项目总监要学会创造一个项目并进行管理,只要复制这样的过程,就可以以现有项目为基础,不断发掘新的项目机会,不断签订新的合同,不断组织人力资源进行业务扩展。

具备了某一客户和某一业务方向的拓展能力,项目总监作为总经理的肩膀,就可以撑起一片天空;项目总监距离一名总经理的距离,就不会太远了。

第 9 章

项目群的质量管理

9.1 将交付物集中起来——组织级的配置管理

老 Q 可以说是质量管理方面的资深人士了,对于单项目的质量管理已经游刃有余。在小 M 升任项目总监之后不久,老 Q 也被提升为了高级质量经理。两个人又成了搭档,共同负责管理一个项目群。

老 Q 才刚刚接手工作就遇到了麻烦,当下最头疼的问题就是多项目的配置管理。老 Q 突然发现项目群的管理难度可不是增加了一点半点,而是发生了本质的变化。这是因为,项目群中的项目之间是相互关联的,比如产品研发项目之间、研发项目与客户化项目之间,或者存在接口关系,或者需要共享开发成果。

但是,由于各个项目组的版本发布规范不一致,开发进度不一样,加上又分散在不同地域,所以相互之间往往弄不清接口标准的变化或最新版本的情况。经常发现两个系统因接口错误无法连接,或者因版本错误造成已经修改的错误重复出现。

对于内部的研发项目,老 Q 每天穿梭于各个项目组的配置库之间,虽满头大汗总算还能来得及更新。但是,对那些分布在客户现场的客户化项目老 Q 可就回天乏术了。

由于问题不断,现场项目不断打电话指责研发项目的版本有错,内部的研发项目之间也相互抱怨。面对项目进度的不断延期,小 M 终于坐不住了,火急火燎地找到老 Q,请他尽快拿出一个解决问题的办法。

9.1.1 从"分散"到"集中"

1. 为什么需要集中的配置管理

为什么在单项目中执行得好好的配置管理过程,到了项目群中就不灵了呢？老Q也不是神仙，不是拍拍脑袋就能想出办法的。好在项目群中质量经理有好几个人，有个专业团队可以依赖。于是，老Q找来了各个项目的质量经理，想先弄清状况，再想办法解决问题。

还是人多力量大，通过大家讨论，很快发现现行的配置管理过程应用在项目群中的一些问题。

现行的配置管理过程是针对单个项目的开发过程和组织结构设计的，由每个项目独立地管理配置库。一般要等到项目结束后，才会把最终交付物提交出来；但是项目群中多项目并行开发，过程中就要及时地同步接口变化信息、共享中间结果。

其实，一个项目组多模块开发也有类似情况，但是数据都在一个配置库中，地理位置集中，问题容易解决。而现在每个项目独立，配置管理工具不统一，加上地域分散，客观上造成了相互之间信息交换困难。而项目群也没有相应的机制确保大家同步和共享信息，主观上大家没有想到要自觉地做这件事。

这样看来，问题的根本原因在于：项目群管理需要各个项目之间相互协同，但是与之对应的配置管理系统却相对孤立，又缺乏信息的同步和共享机制，所以造成了协同混乱。

解决问题的关键是在项目群级别建立统一的组织级"主配置库"，集中管理所有项目的知识资产；其中每个项目的子配置库是"主配置库"的一个子集，但可以按照权限访问指定的共享内容。通过一个虚拟空间内项目间信息的同步和共享，支持物理分布的协同开发。

为达到这个目的，必须改造现有配置管理体系，将分散的配置库升级为组织级的集中的配置管理系统。

2. 集中的配置管理方案

工作思路很快获得了领导的同意。老Q带领一个团队负责设计具体方案和实现方法。系统的基本结构是以项目群的主配置库为中心，对分布在各地的交付物进行统一管控。集中的配置管理系统分成三个部分，如图9-1所示。

- 主配置库：部署在公司的一台大型服务器上，集中管理所有项目的交付物。内部的研发项目都直接连到主配置库上，实时地进行存取访问。
- 项目配置库：客户现场的客户化项目组不能实时连接在主配置库上，需要建立本地的项目配置库。主配置库中有每个现场项目配置库的副本。现场项目定期将交付物上传到主配置库，同时从主配置库将所需内容的

第 9 章 项目群的质量管理

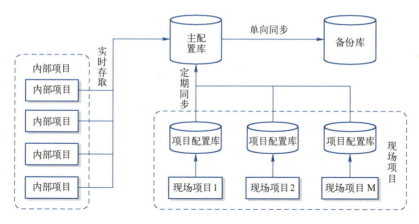

图 9-1 集中的配置管理系统

最新版本同步到本地。
- 备份库：因为主配置库集中了项目群的所有交付物，对安全性和可靠性要求非常高，所以建立了一个异地的灾难备份库，通过专线将主配置库信息单向同步到备份库。这样，即使主配置库出了问题也能通过异地备份恢复过来。

对于备份库的设计还有个小插曲：老 Q 觉得备份库成本比较高，向小 M 汇报的时候怕小 M 嫌贵，没想到小 M 答应得非常痛快，并为大家算了一笔账。项目群中有几百个开发人员，一个工作日的成本就将近几十万。因此，假设丢失 1 天的工作成果就相当于损失几十万。对比这个数字，几万的服务器和几千的网络专线费用就显得非常便宜了。

3. 实施过程和效果

通过选型，公司采购了新的配置管理系统，该系统同时支持集中和分布结构。而系统的实施过程也是一个规模不小的 IT 项目，所以划分了清晰的实施阶段：
- 使用新的配置管理系统建立"主配置库"和"备份库"，并为各个项目组分配独立和共享空间。主配置库和备份库均选用了高端服务器，以满足性能的需要。
- 内部项目直接切换到"主配置库"上。
- 客户化项目则分两步：首先更换新的配置管理系统，并移植老系统中的数据。这样，客户现场的项目配置库与主配置库就一致了，可以确保信息交换顺畅进行。然后，建立各个项目配置库与主配置库之间的网络连接，并将数据上传到主配置库。第一次上传时有些项目的数据量比较大，因此通过光盘和或其他介质形式邮寄给老 Q 导入主配置库，以确保基础数据一致。
- 制度化数据同步和备份机制，定期通过网络进行主配置库和项目配置库之间的信息同步，以及主配置库和备份库之间的备份操作。

运行中发现，集中的配置管理系统主配置库负载很重。为了减轻主配置库的负载，采取了一些必要的措施：
- 对纳入配置库中的内容进行了限制，非自主知识产权的内容不纳入。例如，开发管理工具、参考资料等只要放在文件服务器上即可。这样每个项目的配置库大小一般仅几百兆字节，最大不超过 1 GB。
- 主配置库和备份库之间的操作使用脚本自动进行控制，选择负载较低时段操作，并在传递前进行压缩处理。
- 为了避免各项目配置库与主配置库同步的时间过于集中，同步操作提前做好计划，选择相对空闲的时段分批进行。

集中的配置管理之后，项目之间信息同步的及时性得到很大的改善，配置管理员的工作变得简单多了，再也不用跑来跑去了。而且，项目群中任何人、任何时候都可以从主配置库获得最新的交付成果。这样，不但利于各个项目组的共享成果，而且利于管理者通过对交付物的查询和统计了解项目进展。

因为大家面对的是同一个主配置库，里面内容又是最新的，所以整个项目群就成了一个虚拟的"大项目组"，协同性有了明显提高。

9.1.2 从"文件"到"任务"

1. 为什么要基于"任务"进行配置管理

集中的配置管理系统上线之后最明显的改进是信息同步的即时性，但并不是所有的问题都迎刃而解了。各项目发布出来的版本还是经常有差错，遗漏文件的情况时有发生。这到底是怎么回事？老 Q 再次与质量经理一起深入实践，分析现有的工作流程，希望找到原因。

通过调查发现，一个新版本包括的"特征"都是各种开发任务结果，开发任务种类包括功能增强、变更请求和缺陷修改等。工程师在进行这些开发"任务"的时候，极少局限于单一文件，一般情况下会涉及多个文件。

比如，为完成一个变更任务，可能需要修改两个源文件、一个头文件、一个表单文件和一份帮助文档，这五个文件中任何一个没有包含在配置项中都会导致错误。但目前使用的基于"文件"配置管理工具只记录文件的版本变化，不记录修改的"文件"和"任务"之间的关联。为此，工程师需要手工记录为完成一个"任务"修改了哪些文件以及修改之后的版本号是什么，并通过电子邮件、电话，甚至用口头方式通知配置管理员，以便将这些文件包含在新版本中。

当开发设计的源文件上升到几千甚至几万量级的时候，假设一个新版本包括几十项"任务"，而一个任务又涉及 5~10 个文件，那么配置管理员就要精确地抓出几百个版本正确的文件构建新版本。这个过程工作量大、环节多，中间任何一个地方出错，都可能造成发布的错误，而且出错之后非常难查。

看来，现在系统的规模和复杂度大大提升，原来手工管理任务和文件关联的方法已经不能适应，需要进行改进。通过查找资料，老 Q 找到了一些基于"任务"的配置管理系统，一些功能对解决现有问题非常有帮助，例如：

- 这种系统能够自动建立并管理开发"任务"与被修改的"文件"之间的关系。
- 能够根据多个"任务"之间依赖关系，控制众多"文件"的演变和依赖关系。
- 发布新版本的时候，可以自动根据"任务"准确获得所需文件，避免遗漏和错误。

基于"任务"的配置管理系统最大的好处是免去了手工记录和零散收集"任务"和"文件"的关联信息所带来的麻烦，因此大大降低了中间环节出错的可能。两个系统的区别如图 9-2 所示。

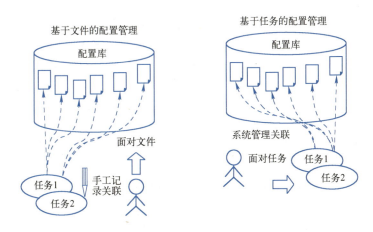

图 9-2 基于文件和基于任务的区别

2. 基于"任务"配置管理系统方案

老 Q 满心欢喜地将想法向小 M 做了介绍，没想到小 M 却犯了难。

原来，项目群刚刚投资升级了配置管理系统，并进行了大范围的集中管理改造，耗费了大家很多时间和精力。虽然集中管理之后确实给项目群层面带来了很多好处，但是一线开发人员感觉变化不大，而且对额外增加的工作有一定抱怨。

现在，系统刚刚稳定下来才几个月马上又要换，抛开资金因素不说，再次让大家投入时间精力就太折腾了！但是，随着老 Q 的不断鼓动，小 M 也觉得基于"任务"的系统是解决问题的有效方法，左右为难还真拿不定主意了，于是与老 Q 一起找到 S 总商量。

S 总的想法跟小 M 类似。经过大家的讨论，确定了一个折中的方案：这次不要急急忙忙上来就搞"大工程"，可以先找几个项目小范围试点一下。如果试点效果好就推广，这样钱花得值，风险也小。

按照这个策略，老 Q 与质量团队一起制订了先试点、再推广的两步走方案。具体的路线是这样的：

- 先找几个有代表性的项目做试点，使用两套系统并行运行。这样确实增加了一定的工作量，但毕竟影响范围小。
- 为了确保试点工作顺利进行，由厂家技术人员和试点项目的质量经理、配置管理员一起组成联合小组。联合小组不但要负责系统的实施、项目组成员的培训，还要负责新老两个配置库之间的代码同步，减少对开发人员的影响。
- 试点之后联合小组会同试点项目组进行评估，通过对比两个系统在效率、准确性等方面的数据，为是否推广提供量化决策依据。

工作很快就启动了。几个试点项目中有的配置管理已经非常成熟，对于基本的操作并不陌生，有很好的"群众基础"；有的是项目管理基础相对薄弱，自己没有太多想法，有人帮助实施新的配置管理系统自然是"何乐而不为"呢？

通过几个月的试点，发现基于"任务"配置管理系统确实给大家带来了好处，几方面人员均有反馈：

- 开发人员认为，因为不必去硬记为完成某个"任务"都修改或创建了哪些文件，省去了大量烦人的操作，而且还能保证正确，所以非常支持。
- 集成和测试人员反馈，系统能自动生成新版本的层次分明的发布清单，其中包含新版本完成的工作以及任务之下的变更集（文件和目录），工作起来省时省力。
- 项目管理者觉得，新系统的任务列表说明了新版本需要完成的"任务"，以及任务的优先级和最后时限，项目组成员能够从整体上了解任务之间的依赖关系，开发工作进展非常有序。
- 其他项目组反馈，项目之间的协同性也得到了很大改善。如果一个开发人员想使用其他项目的工作成果更新自己的工作空间，可以直接根据需要的特征查找"任务"，然后根据"任务"提取对应文件就能构建一个新的版本分支。

最后，通过联合小组和试点项目组的评估，认为基于"任务"的配置管理系统在准确性和工作效率方面都显著提高，组间协同也有很大改进，试点工作得到了大家的认可。这下小 M、S 总心里有底了，于是决定将系统推广到整个项目群。在不到两个月的时间里，项目群再次升级配置管理系统，完成了从基于"文件"到基于"任务"的转变。

9.1.3 从"手工"到"自动"

随着业务的发展，项目越来越多，规模越来越大，系统越来越复杂，配置管理的工作量也越来越大。加上 CMMI 评估之后对于度量工作的要求也大大提高了，现在需要统计很多数据，老 Q 的质量团队进入了超负荷运转工作状态。

老 Q 想找小 M 为质量团队增加人员。但老 Q 知道，小 M 的特点是花钱买系统从不心疼，但想说服他增加人员会非常困难。因为小 M 认为系统投资是一次性的，投入之后组织能力就可以沉淀和固化下来；而增加人员是持续的成本，人员多了管理难度上升，人员变化了能力也带走了。但是，目前情况是大家都已经超负荷工作很久了，这个问题不能回避，所以还是决定找小 M 谈谈。

说明来意之后，小 M 并没有马上表态，而是让老 Q 说明新增人员的职责是什么，现在质量经理哪些方面工作量大，是否都需要质量经理做，是否可以通过 IT 系统的改进自动处理一些费时费力的工作。如果这些问题有明确答案了，真的缺人可以加。

老 Q 觉得小 M 说得有道理。回去分析了一下发现，工作量最大的两块一是版本发布工作，二是开发过程的度量工作。分析下来工作量大的原因如下：

原来版本发布的过程需要多个环节。例如，在配置库设置基线，在变更管理系统和缺陷追踪系统中修改变更和缺陷状态；编写测试清单、安装部署手册以及发布说明；还需要创建版本号、构建新版本，并通知相关小组获取新版本。这些环节涉及多个系统和部门，过程中需要几组人在多个系统间切换，过程复杂且容易出错。

开发过程的度量也是 CMMI 提出的过程改进需要，需要分析开发效率、缺陷密度、缺陷分布等数据，以便评估过程改进的效果、指导过程改进方向，为管理者提供决策依据。但是，因为数据分布在几个系统中，需要质量经理导出到 Excel 表中，再通过手工加工处理成需要的格式，然后才能进行有价值的分析。

这两块工作其实难度都不大，但是因为系统分散，要在各个支撑系统之间手工倒腾数据，所以费时费力。而这些信息的传递、加工和处理工作对质量经理和开发人员来说都是"不得不做的没有价值的工作"。

老 Q 他们几个发现，现在集中的配置管理系统可以实时看到所有交付物的状态，如果在此之上进行一些二次开发，将耗时的统计过程交给系统中自动执行，就可以大大减少工作量，将管理过程沉淀和固化到 IT 系统中。

老 Q 找到小 M 说明想法，并请求小 M 安排几个工程师做二次开发。"将管理能力固化到系统中、变成组织能力并不断优化"正是小 M 喜欢的，这次小 M 爽快地答应了。于是，老 Q 获得了临时的人力资源，组织了一个开发小组，进行"版本自动发布系统"和"自动度量系统"的开发。

1. 版本自动发布系统

版本自动发布系统通过配置管理系统之上的二次开发，整合配置管理、缺陷追踪、变更管理等多个系统，可以基于"任务"设置配置库的基线、构建新版本、自动比较基线间的差异，生成新版本的部署文件清单，更新变更和缺陷的状态。这样，系统可以自动驱动发布过程不断前行，如图 9-3 所示。

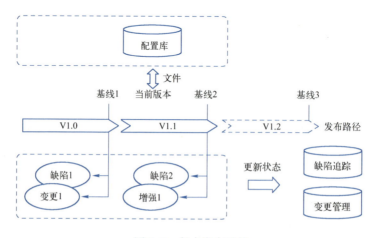

图 9-3　版本发布系统

版本自动发布系统上线之后，不仅降低了质量经理的工作量，还带来了其他好处。例如，各个岗位的员工能看到统一的工作界面，跟踪发布进程走到了哪一步，使得发布过程一目了然。系统中记录了从开发到上线整个生命周期中所有版本的关联，可以追溯到中间任意基线以及相关代码，保证了版本的可回溯性。

2. 自动度量系统

自动度量系统也是在集中的配置管理系统基础上，通过一定的二次开发工作完成的一个统计和查询系统。这个系统可以定期扫描主配置库中交付物的变化情况，获取大量有价值的数据，并能对这些数据进行加工和整理。这样质量管理人员就可以把精力转移到对数据的分析上，而不是数据的获取和加工上，提升工作效率和产出价值。

自动度量系统主要实现的功能如下：

- 因为有"任务"和"文件"之间的关联，所以能够通过查询文件是否通过测试并正确检入配置库以确认任务是否完成。如果在规定的时间内任务还没有检入，就说明出现了延误。这样，质量经理可以随时查询任务的完成情况，清楚、客观地了解项目的进度。
- 因为计算每个工作任务从检出到检入的时间间隔，就可以知道完成任务所用的实际时间，从而可以知道一个版本、一个任务或一个文件的修改时间。根据这个数据，就可以统计出个人、项目甚至整个项目群的工作效率。
- 因为系统记录了缺陷来自哪个文件，可以反向查出文件的作者是谁，文件是在哪个阶段完成的，错误的原因是什么。通过对这些信息进行缺陷分析，就能知道哪个阶段产生缺陷最多，哪些文件的缺陷密度大，哪些人员最容易出错。这些分析对于提高质量有重大的意义。

上述两个系统上线之后，替代了大量手工工作，降低了质量经理的劳动强度，也提升了版本发布和度量工作效率及准确性。项目结束之后老 Q 不用增加人手了。而最满意的是质量经理，他们再也不用面对各种表格和文档埋头苦干了，他们现在面对的是一个自动化的系统。

9.1.4 经验与教训

项目群规模较大，项目组之间关系增多，这时集中的配置管理系统可以有效管理知识资产，将项目群变成一个虚拟的"大项目组"，明显提高信息同步和共享效率、提高项目组之间的协同水平。

在对于规模较大、系统复杂的开发工作，基于"任务"的配置管理系统因为管理任务和文件关联，可以大大降低版本发布中间环节出错的可能，提高版本管理的准确性和效率，对组间协同也有很大帮助。

在集中的配置管理系统之上，在版本发布和度量方面尝试进行了一定的二次开发，通过自动进行一些费时费力的数据传递和处理工作，降低了质量经理的工作量，提高了工作的准确性和工作效率。而且，通过 IT 系统可以将这些管理流程和组织能力固化下来并持续优化。

在系统升级和选型的过程中，可以采用先试点再推广的方法。这样可以积累经验，降低风险，避免了"大工程"因为一个决策失误带来的巨大损失。

9.2 再好的过程不执行也没用——如何进行过程审计

前面提到，为了让项目经理知道每天该干什么，所以推出了《项目经理手册》。手册的一个特点就是每个过程都特别设置了若干个检查点，实施过程中由项目监理不断针对检查点进行过程审计，确保了过程的"落地"。至于为什么会这样做，背后还有一个故事。

在正式推出《项目经理手册》之前，曾经在一些项目中进行试点。试点的项目经理对手册的推出纷纷表示赞同，并表态会积极实施。但过了一阵小 M 就发现项目经理并没有认真执行。

例如，晨会是最容易检查的，每天早晨小 M 在各个项目组转悠，发现很多都没有按照要求进行，有的项目组将晨会改成了午会，有的甚至在下班前草草打几个勾了事。晨会的目的是检查前一天的工作进展并布置当天的工作，如果推迟到中午或晚上进行，则第二个目的就不容易达到了。

为此，小 M 将不按要求开晨会的项目经理叫来批评了一顿，虽然项目经理当时都答应得好好的，要积极整改，但是几天过去之后又找各种借口不按要求执行了。

小 M 觉得如果这么简单的一个过程都不能保证按要求做到，那么其他过程的执行情况也就可见一斑了，于是找到老 Q 讨论，能否通过一个有效的机制，而不是靠个人的承诺，确保过程规范能切切实实地"落地"。

9.2.1 怎样确保过程规范"落地"

老 Q 也认为,一直以来都是制订过程规范容易,但要落实很难,而要长期坚持执行那就难上加难了。这是因为人都有避繁就简的本性,项目经理也是人,按规定的过程工作必然要付出额外的精力。开始还能迫于压力按要求做,一旦中间荒腔走板没人管就会放松,时间一长就流于形式或干脆放弃,所谓的过程规范也就形同虚设了。

那么有什么办法解决这个问题呢?法律之所以能够长期保证执行,一是要有警察管,二是违反了就要承担后果。因此,要想确保过程规范长期执行不走样,第一,要有人定期检查过程规范的执行情况,也就是过程审计;第二,过程审计的结果要与考核挂钩。

但第二点的基础是第一点,而目前缺的就是定期的过程审计,不是不想做,而是不知道应该怎么做。因为完整地对一个项目组进行过程审计都挺困难的,现在大大小小有几十个项目,怎么审计得过来呢?

老 Q 认为,其实可以修改过程审计的方法。虽然完整地检查全部过程的执行情况很难,但是可以对一个过程的关键环节设置若干个"检查点"。所谓的检查点是没有歧义的标志性控制点,例如要求晨会必须早晨开,检查点就可以设置为"是否在早晨 9:30 前完成晨会",错过这个时间就是违规。一个过程只要设置几个关键检查点就可以基本保证不走样,而对检查点的审计就简单多了。因此,可以对检查点不间断地定期检查,使大家逐渐养成执行的习惯,最后就变成组织的文化了。

对"检查点"进行检查是个好主意,这样过程审计的可操作性就强多了。经过商量之后,对此事进行了细化,确定了几个关键措施:

- 在《项目经理手册》中,为每个过程设置若干检查点。这些检查点只有是/否两个状态。
- 建立组织级的过程审计制度,派专人定期对项目中的检查点进行审计。
- 根据检查点中合乎要求的点数占总点数的比例,判断过程规范的达标率,达标率与考核挂钩,同时也能反映一个项目组过程规范的落实情况。

但是,应该由谁来负责过程审计呢?负责过程审计的人,一来要对过程规范非常熟悉,二来要有一定的开发经验深入发掘问题,这样的人很难找。如果没有能承担过程审计的人员,上面的一切又都是空话。

老 Q 想到,其实公司现在就有项目监理和项目审计制度,这些监理经验丰富,虽然不像第三方监理那样独立，但可以直接向公司高层汇报，所以有很高的权威。差别仅在于他们的审计内容主要针对财务状况、公司制度和交付情况，如果能将检查范围扩大到项目的过程执行情况，就可以把过程审计的工作开展起来。

小 M 和老 Q 一起找到公司领导，汇报了这个基本设想。领导很支持，特意指派了几个有一定项目开发经验的项目监理负责小 M 的项目群的审计，并由老 Q 负责设计过程审计的流程。为了能够取长补短，小 M 和老 Q 也抽调了几个资深的质量保证人员与项目监理一起组成了一个项目审计小组，准备展开过程审计工作。

9.2.2 怎样进行过程审计

1. 项目监理的职责

老 Q 与这个小组要做的第一件事就是确定项目监理的主要职责、审计范围和审计方法。经过讨论后确定：

- 项目监理职责是深入项目一线进行审计，检查项目的进展状态、规章制度和过程规范的执行情况。
- 项目监理的工作成果是《项目审计报告》，审计报告记录问题并提出改进建议。为确保审计的客观性，审计结果与项目监理的利益无关。
- 项目监理应该跟踪发现问题的整改情况，但不负责具体的整改行动。
- 项目监理可以从第三方角度对项目进行独立的风险评审，识别潜在风险并提出防范措施。
- 项目监理应该参加里程碑和关键交付物的评审，确保评审过程有效、关键交付物符合标准。

2. 项目审计的范围

确定了项目监理的职责之后，马上讨论项目监理需要审计哪些内容。因为过程审计要扩展到项目过程规范的执行情况，结合项目监理原有的审计内容，初步确定了审计工作的三个方面。

- 状态：包括项目范围、进度、成本、质量这几个指标上有无偏差，整体上有哪些重大的风险和问题。
- 干系人：对客户、伙伴和项目团队的情况进行评估，了解客户反馈、团队士气和员工满意度等情况。
- 过程：对项目中规章制度和过程规范的执行情况进行评估。过程规范的审计内容包括软件开发过程、质量管理过程和项目管理过程等方面，如图 9-4 所示。

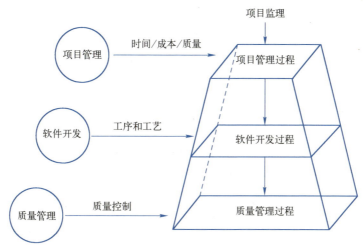

图 9-4 项目监控机制

确定了这些内容之后,项目监理的项目审计报告的基本内容也确定了,《项目审计报告》的格式见表 9-1。

表 9-1 项目审计报告

项目编号		项目名称		报告日期	
项目经理		项目总监		项目监理	
本期审计内容					
1					
2					
……					
类 别	信 号 灯	问题描述		项目组反馈	
过程	✓				
范围	×				
进度	✓				
成本	○				
质量	✓				
风险	✓				
人员	✓				
客户	○				
其他	×				
改进措施和建议					
编号	内容	负责人	要求完成时间	效果	确认日期

注:✓—正常;○—预警;×—有问题

3. 过程审计表

过程审计是新增的内容,涉及的过程规范非常多,很多过程本身也比较复杂,应该怎样进行审计呢?结合老Q提出的检查点的概念,项目监理一起对目前需要审计的过程进行了梳理,并设计了一张《过程审计表》。审计表中对每个检查点只会做出"已查""未查"和"免查"三个动作,而检查结果只有"是""否"和"免"三种情况。这样的审计工作容易操作,而且不容易产生争执。例如,晨会、周例会和里程碑评审会议的《过程审计表》参见表9-2。

表9-2 过程审计表(部分)

编号	信号灯	过程域	检查项	检查点	检查记录	检查结果	说明
……	……	……					
3	○	沟通管理			已查	64%	
3.1			√	晨会	已查	100%	
3.1.1				是否小组每天召开晨会	已查	免	
3.1.2				是否在早晨召开	已查	是	
3.1.3				晨会是否控制在15分钟内	已查	是	
3.1.4				是否使用白板或其他可以公示信息的工具标注完成状态	已查	是	
3.2			×	周例会	已查	0%	
3.2.1				是否每周召开周例会	已查	否	
3.2.2				是否有完整的项目周报	已查	免	
3.2.3				是否将周报抄送相关客户	已查	否	
3.2.4				是否收集并更新风险与问题	已查	否	
3.3			○	里程碑评审会议	已查	80%	
3.3.1				会议前交付物是否通过同行评审	已查	是	
3.3.2				项目经理是否提交里程碑报告	已查	是	
3.3.3				是否对项目的风险和问题进行审核	已查	是	
3.3.4				是否对会议上提出的问题制定行动计划并进行整改	已查	是	
3.3.5				项目组是否在下一个里程碑到来前执行了整改计划	已查	否	

注:√—正常;○—预警;×—有问题

有了《过程审计表》和《项目审计报告》这两样东西,项目监理开始试着对项目群中的项目进行了一轮过程审计。初次检查下来就取得了很大的成效，用"检查点"对过程进行审计的方法也暴露出很多原来很难发现的真实情况，有时候虽然结果看起来一样，但其实执行过程不一定合乎规范。就拿晨会来说，如果只看展示出来的底层计划，大家不会发现什么问题。但一旦设置了关键检查点，就会发现有的项目是早晨开，有的项目是晚上开；有的项目每天开，有的项目是好几天开一次。

9.2.3 怎样让审计深入项目

尽管第一次过程审计取得了显著成效，但是项目组也有不同的声音。没有多久小 M 就找到了老 Q，说项目组反映项目监理的审计就像走马观花，过来打打钩，听听汇报就走了。特别是对项目风险和重大问题的审计，几乎是项目经理说什么就汇报什么，有时还有理解偏差。项目经理觉得这样的审计不仅浪费时间，而且没有实际内容。

过程审计的本意是从第三方角度检查项目，如果变成了去问项目经理，跟项目经理直接汇报没有什么区别，还白白浪费项目经理的时间。

那么项目监理怎样才能深入项目，真正发现问题呢？监理的工作方法是关键。因此，老 Q 和项目监理决定对工作方式进行比较大的调整。项目监理不再是定期到项目组检查，而是与项目组一起工作，甚至一起生活一段时间，将监理工作融入项目组的日常工作之中。这样，项目监理除了整理《项目审计报告》的时间，其他时间都要与项目组在一起。

为了进一步落实这个措施，项目监理在制订月度工作计划的时候就预先与项目经理沟通好，在每个项目组里都"扎"一段时间。根据亲自看到、听到和感受到的情况，独立完成审计工作，然后与项目经理沟通和确认记录的问题。项目监理必须参加的几个项目活动包括：

- 项目晨会。了解项目底层计划执行情况，发现项目组个人级别的任务委派和管理情况。
- 项目周例会。了解项目组中层计划的执行情况，项目范围的变更情况，发现和跟踪项目组的问题和风险。
- 里程碑评审会议。检查变更和预算执行情况；检查项目组里程碑是否符合关闭条件，确保交付物达到进入下一阶段的质量要求；检查范围、进度、成本、质量、范围、风险、人员、客户和技术的偏差情况；检查项目组对问题和风险的应对策略、行动步骤；发现潜在的问题和风险等。

- 审计项目文档。对管理文档进行审计，检查项目计划、项目报告、问题和风险等文件是否被有效使用和及时更新。

工作方式的改进，为提升审计深度带来了很大的帮助。由于对人员的接触面广，参加的活动多，所以项目监理往往能够看到很多项目经理看不到的情况。

9.2.4 找出问题是为了改进

过程审计逐渐进入正轨，但项目监理与项目经理的冲突也逐渐加剧了。本来项目监理在项目经理面前就是不太受欢迎的人，因为项目监理是来检查工作的，还能直接向 CEO 汇报，所以有点打小报告的意思。发现了项目中的问题之后，项目经理最担心的自然是问题汇报到上级领导那里。

监理工作规范中为了保证审计的公正性，要求发现的问题一定要和项目经理沟通，请其确认真实性和准确性。而问题的沟通过程往往就成为激烈的争执过程，问题会受到项目经理的强烈挑战。项目监理说项目经理"不符合过程规范"，而项目经理则拼命解释说"符合！只是用了其他方法"或"做过！只是忘了记录"。

这种冲突多了之后，项目监理背负了很大的心理压力。怎么办呢？确实，如果仅让项目监理作为一个警察的角色出现，势必会引起项目经理的反感。因此，老 Q 和项目监理进行讨论，希望改变这个状态。

项目监理们觉得，如果只是作为警察挑毛病，不仅容易抵触，也并不能完全发挥其作用。其实，项目监理都是有相当项目经验的人，现在同时负责检查多个项目，算得上"见多识广"。也许可以发挥这个优势，从以下几个方面帮助项目经理改进：

- 很多项目中的问题是有共性的。一些潜在的问题项目成员自己可能不容易看到，但是项目监理却可以类比其他项目、在早期就识别潜在问题并消除隐患。
- 项目监理经常参加项目的里程碑和交付物评审，次数多了对于某类任务的工作量和完成时间都有个客观认识。对于一个项目经理来说，某类项目可能还是第一次接触，由于缺乏经验计划不容易做准。这时，项目监理就可以帮助项目经理估算工作量和制订合理计划。
- 项目监理熟悉公司制度和过程规范，接触面广，可以横向传播好的知识和方法，从一个咨询者的角度帮助提高项目的管理水平。因此，项目监理可以培训项目组的过程规范，分享各项目的最佳实践，推荐好的工具、技术和方法。通过传播一些团队建设方面的成功经验，还能起到一定的企业文化传播者的作用。

于是，大家一致同意改变项目监理以往铁面"警察"、就事论事的做法，而是"一手硬，一手软，找出问题是为了改进"。

"一手硬"是指对于审计的标准和结果要硬，哪怕项目经理采用了替换方法，但是只要不符合公司要求就是不合规定；哪怕口头说得再好，只要拿不出要求的书面记录就是没达标。而且，审计的结果任何情况下都不受项目经理干预。

"一手软"指对于检查之后的改进工作要软。要认真听取项目经理的解释，在审计报告中记录项目经理反馈。可以请项目经理说明现行制度有什么不合理的地方，或者项目经理所用的替换方法有什么优点。其实，替换做法虽不合规定，但并不代表这个方法是错误的，也许正是组织可以采纳和推广的。

"找出问题是为了改进"则是为了达到"治病救人"的目的，项目监理虽然不间断地对项目进行审计，但提交报告之前至少要对项目审计两次：第一次审计重点在于发现问题，第二次审计重点检查问题的改进情况。第一次审计时发现的问题只在"改进建议和措施"栏中记录，第二次审计时如果问题已经整改则不再上报，只有第二次还没有改正的问题才提报上级。这样对项目经理来说思想压力就小多了，问题虽然都有记录，但相当于多给了一次改进机会。因为只要改了就不会提报，所以项目经理整改问题的动力也大多了。

由于一手硬、一手软的有效结合，项目监理和项目经理的冲突减少了。"找出问题是为了改进"则提高了问题整改效率。这样，发现问题、改进问题的效果都提高了，这才是当初设置项目监理的真正目的。

9.2.5 经验与教训

要确保过程能够长期执行不走样，过程审计是个有效的方法。过程审计一方面要靠有经验的人来保障审计效果，另一方面是通过有效的方法提高效率。过程规范设置的关键检查点，可以保证过程基本不走样；结合检查点制订《过程审计表》可以提高审计的客观性和可操作性。不断地定期审计检查点能使大家对过程规范养成执行习惯，最后变成组织的文化。

过程审计必须深入项目实际，与项目组工作生活在一起才能取得相对独立、客观的第三方观点。过程审计的目的是为了改进。为了找出问题项目监理一定要硬，坚持检查标准；为了进行改进则要项目监理有软的一面，提供咨询和帮助。只有这两个方面有效结合才能不断改进过程规范的执行能力。

9.3 捂不住的问题——如何让交付过程透明化

老 Q 正在忙着看刚刚提交的《项目审计报告》，小 M 一脸苦闷地走了过来，他刚刚被 S 总批了一顿。

事情是这样的，刚刚一个项目组出了生产事故，刚刚上线的系统停了近半个小时。幸亏是在试运行阶段，还有老系统并行运行，没有对企业造成什么损害。对方高层领导一个电话就打到 S 总那里，劈头盖脸就是一通骂。其中客户最气愤的是测试中就曾发生类似问题，但是一直拖着没有解决，结果今天差点酿成大祸！

S 总还是第一次听说有这么个情况，安抚好客户之后赶紧找到小 M 了解情况。没想到小 M 对于事情的来龙去脉也一问三不知！这下 S 总发火了，狠狠批了小 M 一顿："你不是有 PMO 吗？不是有项目监理吗？不是有周报吗？不是有过程审计吗？投入了这么多的人力物力，可是为什么这么明显的问题却发现不了？"小 M 非常惭愧，无言以对。

老 Q 听了事情的经过，也有点纳闷。目前项目进展状态透明了，执行过程透明了；项目组与公司也有各种各样的沟通渠道，不存在沟通障碍。为什么先兆这么明显的问题却一直没有发现呢？看来不知道什么原因问题被"捂"住了。

老 Q 和小 M 都担心，如果找不到问题被"捂住"的原因，可能其他项目中也会出现类似的问题。因此两个人商量，怎么样才能让项目中的问题"捂"不住呢。

9.3.1 项目经理为什么想"捂"问题

老 Q 和小 M 首先找到了该项目的项目监理了解情况。项目监理反馈，听到过这方面的消息，但跟项目经理确认的时候被告知问题已经解决了，所以没有引起重视。项目监理就这样被轻描淡写地给挡过去了！

小 M 又找到了这个项目的项目经理，询问为什么周报中只字未提这个问题。项目经理反馈，这个问题早期并不严重，仅偶发了一两次，重新启动系统就能解决。因为在测试阶段，所以认为可能是系统不稳定造成的，并没有引起重视。最近进行客户培训时也发生过，觉得向领导汇报没什么用，让客户知道会影响信心，项目组自己解决就行了，所以压下来没有上报。这次试运行的时候问题再次出现，重新启动系统也不管用，并引起了客户的强烈不满。

小 M 和老 Q 不明白了，为什么向领导汇报没有用呢？可以请求帮助啊？项目经理说，以前向公司报告过各种问题，但公司反应迟钝，汇报之后没人过问，甚至重大问题报告也是石沉大海。与公司的迟钝相反，什么问题只要被客户知道了，就会异常敏感，一定要追问来龙去脉并不断催促解决，给项目经理增加许多麻烦。

原来如此！项目经理本来就懒得费工夫写报告，如果公司那边报跟不报没有区别，客户那里报了可能给自己惹麻烦，有问题当然还不如"捂"着算了。

小 M 接着问，为什么今天出事故了不马上向公司汇报，好让大家有个准备。今天客户直接找到 S 总的时候大家措手不及，非常被动。项目经理说，出了事故自然希望大事化小、小事化了，最好情况是问题解决了，公司又不知道，就这么过去了。最坏的情况也就是现在这样子了。小 M 心里那个气啊，说："对你是没什么差别，对 S 总和我差别就大了！"

老 Q 和小 M 弄清事情原委，发现问题在源头上就被屏蔽、过滤了，从表面看风平浪静，但不知道什么时候暴风骤雨就来了。

因此，要想让交付的过程透明，除了各种各样的流程和规范，最根本的一点还是要让项目经理愿意"亮"问题而不是"捂"问题。所以，一方要让项目经理有"捂"问题的压力，另一方面要有"亮"问题的动力。

9.3.2 怎样让项目经理愿意"亮"问题

为了让项目经理有主动上报问题的动力，老 Q 修改了原来的问题汇报机制，有三个重要的改变：

- 项目中出现重大问题的时候，如果事前项目经理已经汇报上级而未获解决，则上级承担主要责任；如果事前项目经理明知问题却不上报，则项目经理承担主要责任。

- 如果项目经理请求直接上级帮助但没有结果，则问题自动升级。项目经理向项目总监上报问题后如果 3 天内还未解决，则升级到事业部总经理那里；如果 1 周后还没有解决，则会升级到分管副总裁那里，直到最后升级到 CEO。
- 为了确保发生事故的时候公司能够第一时间知道，规定重大事故 1 个小时以内必须上报给公司，上报对象包括从项目总监到 CEO 的相关人员。

这样一来，项目经理主动上报问题的积极性大大提高，因为上报了责任就变成上级的了，而且上级还必须来帮忙，否则上级的上级就知道了，这样的好事何乐而不为呢？

为了确保这个机制的有效执行，老 Q 还请公司 IT 部门在项目管理信息系统中增加了问题自动升级的工作流，并与邮件系统连接了起来，问题升级时自动给上级发邮件。

也许是矫枉过正吧，制度执行之后喜忧参半。

好消息是突然之间好像所有项目同时打开了一个口子，大量的"重大问题"从项目组中冒了出来。

坏消息是项目组中无论什么问题都成了"重大问题"，从"笔记本坏了影响项目整体进度"到"关键岗位人员失恋影响工作情绪"都成了重大问题。

因为系统直接与邮箱相连，一时间各级领导的邮箱中都堆满了"重大问题"。虽然"重大问题"鱼龙混杂，但从没想到平静的表面下有这么多问题。这下项目中情况可真够透明的了。不过，也忙坏了各级领导，不断地沟通、过滤、调兵遣将。

面对满满的邮箱，小 M 苦笑着找到老 Q，开玩笑地说："原来是想让项目经理捂不住问题，现在是我自己捂不住了——问题太多、捂不过来了！"怎么才能防止什么问题都上报呢？这是新课题。

几天之后，老 Q 再次发通知对问题升级机制进行了补充说明，明确定义了什么才是"重大问题"，以及重大问题该发送给谁（见表 9-3）。这样，项目重大问题的上报终于慢慢平稳了。

对于小 M 和老 Q 引起的这场混乱，S 总还是给予了肯定。凡事有利有弊嘛，现在问题满天飞，总比不期而至的"意外"强。

第9章 项目群的质量管理

表9-3 重大问题汇报机制

问题类型	触发时间	汇报人	汇报方式	项目总监	项目监理	PMO	事业部总经理	分管副总裁
重大变更	发现当天	项目经理	问题报告单	○	○	○		
	上报后3天内得不到响应	项目经理	问题报告单		○	○	○	
	上报后1周内得不到响应	项目经理	问题报告单		○	○	○	○
进度失控	发现当天	项目经理	问题报告单	○	○	○		
	上报后3天内得不到响应	项目经理	问题报告单		○	○	○	
	上报后1周内得不到响应	项目经理	问题报告单		○	○	○	○
成本失控	发现当天	项目经理	问题报告单	○	○	○		
	上报后3天内得不到响应	项目经理	问题报告单		○	○	○	
	上报后1周内得不到响应	项目经理	问题报告单		○	○	○	○
重大事故	发现1小时内	项目经理	电话/短信	○	○	○	○	○
资源不足	问题发现当天	项目经理	问题报告单	○	○	○		
	上报后1周内得不到响应	项目经理	问题报告单		○	○	○	
	上报后2周内得不到响应	项目经理	问题报告单		○	○	○	○

9.3.3 敢不敢把问题"亮"给客户

因为项目监理长期深入项目进行审计工作，还经常与客户沟通听取反馈，客户渐渐都知道了公司有这么一些人专门给项目挑毛病。于是，很多客户方的负责人提出希望能够看到《项目审计报告》，了解项目中到底都有些什么问题。

《项目审计报告》是对项目中问题的客观呈现，完全是"报忧不报喜"。对于公司来说这样做的好处是重点突出，有助于深入了解问题、解决问题、改进工作。只要报告中反映的问题是真实存在的，暴露得越多越好。但这样专门谈问题的报告是否应该给客户看，立刻引起了极大的争议。

反对的一方认为：

很多问题都跟客户有直接关系，有些项目经理"捂"问题就是担心客户看到问题会失去信心，给自己造成不必要的麻烦。如果客户一下子看到《项目审计报告》中的这么多问题，会不会觉得"你们竞标的时候说得天花乱坠，怎么一执行起来就冒出这么多问题？你们项目组到底行不行？你们公司到底行不行？"

还有，《项目审计报告》中有财务和成本信息，这些内容如果让客户看到，知道了我们赚了他们多少钱，是否会给商务上带来意想不到的影响。

支持的一方认为：

客户化项目中，项目组天天跟客户在一起，问题其实根本瞒不住；"情况不明"的问题更容易引起客户的焦虑，甚至主观臆想而引起不必要的矛盾和误解。如果我们主动把问题说清楚，客户反而会平静下来，会增加信任。而且，现在的客户大都"身经百战"，见过的问题不少，心理底线比我们想得高多了。对于可控范围之内的问题多数都能接受，往往还会与我们一起解决。

至于财务和成本问题，大可不必担心。IT行业早就不是什么暴利行业了，赚取的都是非常合理的利润。在一些竞争激烈的领域，有些项目是微利、有些项目甚至是赔本赚吆喝。让客户看看我们的账或许还能博得点同情分，以后给我们合理一点的回报。

虽然正反两方面的意见都有道理，但从"交付过程透明化"角度考虑，客户的要求是合理的，客户完全有权知道项目好坏两方面的情况。最终，倾向性意见是应该将报告提交给客户看。

但是大家确实无法判断客户看到《项目审计报告》时候的反应，也都很担心引起轩然大波。为此，老Q与项目监理商量制订了具体细则，将《项目审计报告》提交客户的过程增加了几条特别的要求：

- 《项目审计报告》在发给客户之前，必须让项目总监确认；若有涉及客户内部关系、公司人事变化、安全保密等方面的信息可做调整。
- 《项目审计报告》由项目总监提交，提交后要与客户进行沟通；对于报告中提出的重大问题，一定要提前准备对应的解决方案。
- 如果真的有超出可控范围的重大问题，应该先在公司层面讨论出方案和对策，再通过双方高层领导进行沟通，从更高的层面解决问题。

就这样，《项目审计报告》正式向客户开放了，并且很受客户欢迎。面对项目组存在的一些问题，客户的反应没有我们预想的那样强烈，大多能够做到就事论事，关注点是如何尽快解决问题。有的客户还提出购买项目监理这样的服务，帮他们审计其他项目的情况，这也算是意外收获吧。

《项目审计报告》的公开,逐渐将以项目经理为枢纽的沟通机制,变成了立体的多层次沟通机制。除了项目经理的定期汇报,项目总监可以利用《项目审计报告》的沟通机会与客户的中高层进行定期的交流,而公司高层可以在里程碑和发现重大问题的时候主动与客户高层进行沟通。这样,双方执行层、管理层乃至决策层都有沟通渠道,而沟通的内容各有侧重。立体的多层沟通机制对增进项目共识,有效解决问题起到了很好的促进作用,见表9-4。

表 9-4 多层沟通机制

沟通层级	沟通内容	沟通频度	客户层级
公司高层	重大问题	根据需要	客户高层
事业部总经理	重大问题 关键里程碑	季	客户高层 客户项目主管
项目总监	项目审计报告	月	客户高层 客户项目主管
项目经理	项目验收报告	结项	客户项目主管 客户项目经理
	里程碑报告	阶段点	
	项目周报	周	

9.3.4 经验与教训

及时掌握项目中的各种问题是交付过程透明化的关键要素之一。要想让"问题"捂不住,首先要让项目经理愿意主动汇报问题,其次是建立有效的问题解决机制。重大问题得不到解决就要不断升级,不断暴露,直到解决为止。

对于交付过程中存在的问题,主动告知可以获得客户的理解、信任和支持。与客户沟通问题如果带着解决方案,可以将关注点聚焦在如何解决问题上。

与客户的沟通可以建立多个层级,不同层级的沟通内容各有侧重,立体沟通利于达成共识和解决问题。

第 10 章

组织级的资源管理

10.1 败则拼死相救——资源规划和调配

随着业务的不断发展，小 M 的事业部经常签订新的合同、拓展出新客户。但是，当签订合同的兴奋瞬间消失之后，马上面临的就是人员匮乏的烦恼。

刚开始遇到这种情况的时候，小 M 会去找 S 总帮忙，强调项目的重要性和前景，希望能从其他部门调集资源。这时 S 总就会笑着让小 M 看看自己的邮件，里面都是其他部门希望 S 总支援人力的申请。然后告诉小 M，"以前你是项目经理的时候，可以向我要人，今天你的职责是资源调度，就要自己去解决这个问题了。"

没人新项目就不能启动，招聘根本来不及！被客户逼急了，小 M 只好从其他项目组中抽调人员。但是，人家的项目也在进行中，当然对强行的抽调不满意。

为此，小 M 特别加强了项目经理的团队建设，鼓励项目经理之间发扬"胜则举杯相庆，败则拼死相救"的团队精神互相帮助。这招开始还是非常有效的，只要一听说别的项目情况紧急，被抽调的项目都本着"败则拼死相救"的精神输出人员。但是副作用也非常明显，不仅影响了输出人员的项目的正常运行，也大大降低了客户满意度；而有的项目则在预算的时候打余量以备"支援"他人。这些情况都造成了部门总体效率下降，绝对不是长久之计。

资源的问题让小 M 伤透了脑筋。S 总提醒："如果总是要求大家拼死相救，说明局面太被动了，可以看看是否能改进管理方法。"

小 M 觉得 S 总说得有道理，但应该怎么改进才能摆脱这种被动的局面呢？

10.1.1　为什么要人总这么急

小 M 觉得最大的问题在于，人员的招聘和培训是需要一定周期的，但是现在要人的时候都是"急茬"。虽然可以保留一定的人员余量，但是规模不可能很大，一旦需求超过储备就要从其他项目调集人员。

检讨下来，造成这个问题的原因，是目前资源调配的管理方法中存在几个缺陷：

第一个问题，是项目组的资源计划与部门的资源状况脱节。虽然项目组立项的时候都有一份明确的人力资源计划，说明需要什么样的人，在项目中的角色是什么，在项目中工作多长时间，什么时候可以回公司。但是，这份人力资源计划只是交给小 M 就算交差了，遇到情况缺人了就向小 M 要人。而 PMO 要按时为这么多项目准时调配资源几乎是不可能的，不仅是工作量的问题，最大的问题在于项目是变化的，集中调配的想法只具备理论上的可行性。

第二个问题，人员的状态不清楚。以前部门里人少的时候，所有人的名字小 M 都能叫得出来，哪个人在哪个项目脑子里也记得清清楚楚。但是，现在项目多了、人员多了，变化又非常频繁，小 M 根本记不清每个员工在哪里，在干什么，什么时候能回来。因此，遇到人员需求小 M 总是打电话到处找人，找不到就急急忙忙招人。

最好的解决方法应该是每个项目经理都能够通过一个系统看到部门内所有的资源状况，并根据项目的人力资源计划提前锁定部门中的人员，如果人员不足再申请补充，这样，就能预测未来的一段时间内资源使用状况，将急茬变成慢茬，从而为招聘和培训赢得时间。

10.1.2　报工到报派工系统

目前，PMO 使用一套报工系统记录每周的人员状态，每周项目组上报本周内的实际人数，然后 PMO 汇总出来上周每个项目组中有哪些人。但是，报工系统的问题是只知道当前的状态，不知道下周项目组会使用哪些人，因此没法预测人力资源的未来情况。

这样看来，只要对这个系统进行必要的改进就好，改进的思路也很简单，将报工改为报派工。主要的步骤是这样的：

首先，将部门中所有的人员录入到一个报派工系统中，系统中所有人员都是可以共享的资源，每个项目组都可以平等地使用。

其次，要求项目组制订人力资源计划后，在报派工系统中查找所需要的人员。一旦找到了需要的人员，就在系统中进行派工，明确某人在某段确定的时间内为某个项目服务。

被派工的人在派工之后会接到邮件和短信通知，需要在规定的时间内报到，通过报工说明在派工期间内实际工作的天数，并在规定的时间内返回公司。

这样做的好处有三个：

某人到某个项目工作的前提是被"派工"了，项目组必须提前按照项目的资源计划对系统中锁定的人员进行派工，这样就建立了项目与部门之间资源的关联性，能够预测未来一段时间内的资源需求。

因为可以从派工系统中看到未来一段时间内组织内的人力资源使用状况，从而发现哪些人在未来哪个时段可以使用，并进行提前预约。也就是说，尽管某人被 A 项目派工了上半个月，但是可以被 B 项目派工下半个月。预约如果不取消，到了时间就被转成了派工。这样，提高了资源的周转效率，如图 10-1 所示。

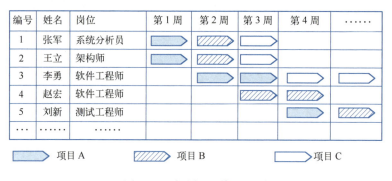

图 10-1　报派工和资源预测

如果需要的人员在系统中找不到，或者资源不足，则填写人员需求表，由公司负责调配或招聘。这样至少知道哪些人员是缺乏的，因为提前知道了资源缺口，就争取来了宝贵的招聘和培训时间。

10.1.3　执行中的问题

这个方法说起来简单，但是推进的时候却遇到了阻力。

首先，有的项目经理怕人员放回公司之后再想用的话要不回来，所以宁可让员工闲在项目组中。如果有人发现这些人闲置并进行派工，则项目经理马上打电话说这人马上就要用，让对方撤销派工。对方碍于面子，一般都会撤工。

这种游戏让"报派工系统"很快失去了权威性，项目经理发现闲置的人都不能用，所以自己也不会轻易放人。如此下去，报派工系统就将形同虚设了。

要解决这个问题，首先要改变项目组一个根深蒂固的组织观念：项目经理认为人都是项目组的，公司调配人员的时候都是"从我这里要人"；而现在要明确告诉他项目组人员都是公司的，使用资源需要从公司预定，使用完之后要还给公司，没有权力再干涉其他项目对人力资源的使用。因此，推行一条规则，只要人员处于闲置状态就可以派工，派工的项目组具有最高的使用优先级，也就是说抢到就归你了。

这个规则有了一定效果。但是，一些项目经理又发现了系统的新漏洞。因为系统允许预约，所以项目组会在派工到期之后，空一周立刻预约。其他项目组虽然能看到这些人当前是空闲的，但是因为空闲只有一个星期，所以大都放弃派工。在这一周的空闲里，项目组既不派工，也不释放人员，实际上员工仍在项目中工作。如果公司要求这些人回公司，项目经理就借口说公司也没有安排，回去还浪费差旅费，拒绝释放。等到过了一周之后，项目经理就将预约再延后一周。

因为报派工系统没有派工就不能报工，不报工就不能核算项目成本，所以这些项目在成本核算的时候会少算几个人，实际上免费使用着公司的资源。

刚开始，大家都想严厉惩罚有这种行为的项目经理。但是，实际上空一周再用的情况会真实出现，无法判定什么情况是真的，什么情况下是"赖皮"，如果处罚需要制定复杂的判定标准，否则很难执行。

后来，大家发现实际上把问题想复杂了，问题的根源在于未派工的人被留在项目组中，才有了被免费使用的机会。如果让没有被派工的员工必须离开项目组，让项目组不能免费使用资源，也就没有了钻空子的动力。同时，因为项目成本核算按照报派工系统的数据进行，一旦将资源释放回公司，项目组就不必承担闲置人员的成本，所以自然会倾向于将不用的人员尽量放回公司。

因此，措施很简单：严格规定任何一个员工，如果没有被派工就不能留在项目组，必须回公司报到或者休假，否则算旷工。

这样一来，很快杜绝了钻空子的现象。使用报派工系统之后，突然从各个项目组中"挤了"很多人出来。

10.1.4 资源调配和协调

虽然有了报派工系统和资源规划，但是项目组之间仍然会发生资源冲突，主要有以下几种情况：

第一种，临时性紧急需求。比如老项目中的人员被调到了其他的项目组中了，但是老项目中的系统出问题了，这时就需要从现有的项目中临时抽调出来解决问题。

第二种，关键的专家资源组织层面共享，不属于任何一个项目组。但因为是稀缺资源，所以势必会成为各个项目组之间争抢的资源。

第三种，就是虽然有了梯队培养计划，但是从项目中调人出来，还是一件比较棘手的事情，一来项目可能正处在人员紧张的时候，二来客户可能不同意，因此，需要调出人员的项目组的配合。

第四种，如果有一个员工未来一段时间可能闲置，但是两个项目可能都想要，同样会产生冲突。

第五种，已经被预订的人员，如果上个项目延期，不能按时被释放，则新老两个项目之间就会发生冲突。

对于这些资源冲突的问题，确实需要一个机构解决，这个机构就是PMO。要PMO解决这些问题，就要赋予其必要的权限和适当的原则。权限的优先级是：

- PMO具有最高的派工和撤工权限，在资源冲突的情况下如果裁定，可以直接执行任何人员的派工和撤工。
- 项目总监可以负责售前项目的派工，以及所辖项目的人员派工。
- 项目经理在任命之后，可以负责授权项目的人员派工。

资源冲突的解决比较麻烦，如果公说公有理，婆说婆有理，冲突的时候是无法判断应该怎样解决的。为此，PMO需要按照一定的资源使用的优先级进行裁定。

如果所需要资源正处于"闲置"状态，则可以立即进行派工。并获得最高优先使用权。如果资源已经处于派工状态，发生资源冲突时，资源获取的原则为：

1) 关键专家资源必须共享，项目组不能超期锁定关键专家。超过时间限度后，一旦其他项目组有了关键资源需求则必须释放。如果项目组不主动释放关键资源，PMO 在总经理授权后可强制进行释放。这样的要求其实是让项目组对专家的使用必须非常谨慎。

2）非关键资源在发生冲突的时候，已签约项目优于未签约项目、创收能力高的项目优于创收能力低的项目。

所需资源如果已确定无法从公司现有资源中提供，则由 PMO 告知人力资源部门进行处理，根据人力资源类别，建议外部招聘或者寻找外包的资源。

10.1.5 人力资源规划

报派工系统解决了人员的查找、派工、预测问题，并提高了资源的使用效率，从资源调配角度已经进了一大步。但是，业务规模扩大了，补充人员是必要的。资源的缺口怎么解决，特别是怎么满足动态变化的人力资源需求仍是个问题。

通过大家的分析发现，其实并不是所有的人员都需要通过招聘解决。从使用频度和获取的难度看，人力资源的需求分成了四类，不同的类别有不同的特点和解决方法，如图 10-2 所示。

第四类　短期，不好获得	第一类　长期，不好获得
第三类　短期，好获得	第二类　长期，好获得

图 10-2　人力资源分类

第一类，长期使用又不好获得的资源，比如系统分析员、咨询顾问、软件工程师、测试工程师、架构师等角色。他们都需要相当长的时间才能培养出来，即使招聘进来也不能马上用，需要在现有的项目中培养。对于这样的资源要求，事业部提前在项目中物色骨干、建立梯队。一线梯队每人负责培养1~2名可以随时接替自己的"影子"，影子形成二线梯队。一旦事业部有骨干的用人需求，则将一线的骨干调出，用二线梯队人员接替，或者调出二线梯队人员，到新项目中担任一线梯队的角色，以有序地培养和输出骨干人员。为了将梯队方案有效推进，事业部还与人力资源部进行了约定，一旦二线队员成为一线队员，岗位同步晋升、工薪同步跟上。这样，在组织中形成了非常积极的学习氛围。项目经理虽然要不断输出骨干，但是他们非常愿意利用这样的方式为下属的员工寻找发展机会，帮助员工成长。

第二类，长期使用，但比较容易获得。比如程序员，测试员，初级顾问。这些人员只要具备比较好的专业知识，通过适当的培训就可以上手。而且，第二类人员是第一类人员的基础，需要不断从中选拔和培养，将他们提升为一类人员。对于这些人员，通过与高校合作的方式，大量储备。例如，公司提供部分专业培训课程，放在高校的大三进行，大四的时候从高校招聘培训过的学生作为见习工程师到公司，进行模拟实战培训，然后进入项目组中实习。实习后根据表现情况随时签约，这样大大缩短了招聘和培训周期，人员储备比较充足。

第三类，短期使用，但是比较好找的资源。比如测试时需要短期使用的数据录入员，一些简单界面的规模化开发人员。这样的人员不需要大量保有。为此，可以将这样的工作外包出去，委托人力资源部门寻找合作的外包公司，提前签订框架协议，确定每个级别人员的价格。使用的时候，不必再商谈商务，直接按照框架协议中预定的价格就可以大量获取资源。事业部需要准备清晰的导入培训课程，确保人员到位后通过短暂的培训就可以上手。

第四类，一些短期使用、比较稀缺的资源。典型代表是专家资源，往往在关键的时候才会使用，同时又很难找。对于专家资源，在组织层面共享，统一调度和管理，确保使用在最关键的点上。同时，从外部聘请一些兼职专家建立一个专家库，急需的时候通过劳务的方式聘用，这样既节约了成本，又保证了充足的资源。

因此，这样规划下来，人力招聘的重点是一类的初级人员和二类的高级人员，这两类人员招聘的难度并不大。而人员储备中最重要的工作，反而是转移到了对一类人员的梯队建设和人员培养上了。

按照这样的分类方法，如果组建一个新项目就比较简单和迅速了：

第一，构建核心团队。骨干人员从梯队储备中调集，通过公司或者通过专家库获得专家资源，形成项目的核心团队，开始进行需求分析和方案设计。同时，少量招聘补充其他人员。

第二，筹备执行团队。因为程序员、测试员等人员的使用比较靠后，所以有一定的时间准备。通过筛选储备好的见习工程师并进行定向培训可以满足大部分需求，同时再通过招聘补充一些有一定经验的人员。

第三，启动外包资源。根据项目计划，向外包厂商发出需求，获得人力资源之后进行必要的培训，在项目进行过程中逐步加入项目。

如此一来，筹备一个新项目资源的过程可以进行得有条不紊。

只要有资源冲突，就仍然需要大家有"败则拼死相救"的精神相互支援。但是，由于有了资源预测、规划和冲突解决的机制，这种情况就不是常态了。

10.1.6 经验与教训

项目群管理中人力资源的规划直接影响着整体的效益。资源规划首先要将项目的人力资源计划和组织的人力资源计划挂起钩来，这样才能预测资源的使用情况。

项目群中的人员调配需要有系统支撑，但更重要的是观念的转变，项目组不能把资源看成自己的，应该是从公司借的，使用完成之后要还给公司。除了流程，要从核算制度上确保项目经理及时释放人员。

资源规划的目的是知道未来的使用情况，争取准备人力资源的提前量。人员获取应分析人力资源的类型和特点，整合内外部资源并提前建立好梯队，这样在需要的时候才能有备无患。

无论多么好的流程，资源的使用还是会发生冲突，这时，需要组织层面进行资源的协调，并按照一定的规则有序处理。

10.2 刨根问底——项目经理面试宝典

项目是公司的基本业务单元，项目经理是公司的中流砥柱。随着业务的发展，只靠自身力量培养项目经理已经无法满足需求了，因此公司开始从社会上招聘有经验的项目经理。

小 M 是项目经理面试的主考官。一段时间下来，小 M 发现招聘的质量参差不齐，最大的问题是一些招聘进来的项目经理"简历上看着是高人，面试时感觉是高手"，但是做项目的时候却眼高手低，与当初的评判有很大的差异。而项目经理一旦不能胜任工作，会直接影响整个项目的交付进度，后果比较严重。虽然有针对性地给他们做了一些项目管理知识和技能的培训，但是对那些基本素质和软技能比较薄弱的项目经理来说，培训效果事倍功半。

为了改进招聘质量，小 M 请人力资源部传授了一些面试的技巧和方法。但要在不到一个小时的时间内仅凭几个问题就评判候选人是否合格确实不是一件容易的事情。小 M 觉得，要提高项目经理招聘的质量，应该需要一些特别的技巧和方法。

10.2.1　有标准答案的问题没价值

小 M 找到老 Q 商量对策。老 Q 也觉得，虽然公司的面试题目比较完善，但是这些题目好像都有"标准答案"。随着面试人次的增加，公司的面试题目在网上都公布了，甚至还有热心人给出了面试"攻略"。其实，理论知识、管理流程这些东西，候选人基本上都能背下来了，看不出太大区别；而面试官真正关心的基本素质、实践技能和软技能这些方面却无法根据"标准答案"做出评价。

抛开面试题库，面试中的有些经验还是非常有价值的，只是对这些方法没有足够重视，也没有系统地进行整理。总结起来有 3 个经验值得发扬：

1）问发生在候选人身上的事，关注其态度和思路。例如，如果能够了解候选人遇到困难的第一反应是埋怨还是担当，就能判断出其责任心和主动性的大致情况。如果总是埋怨他人，对同事、上级、公司和客户不满，就不可能是个积极主动的人。如果能够主动担当，总是想法解决问题，就是个有责任心、积极主动的人。因此，面试时可以通过开放性问题将话题引到候选人亲身经历的事情上，进而相对真实地了解其遇事态度和处事思路。

2）抓住一个点，刨根问底地追问细节。小 M 和老 Q 作为考官，最大的优势是做过项目，熟知项目执行层面的各种细节。要想深入了解一个项目经理的实践技能，可以在候选人回答问题的时候抓住某个点，刨根问底地不断追问下去，一直追问到执行层面的细节为止。这种对细节的随机追问，一是候选人无法提前准备，二是只有亲身经历过的人才可能回答得出来，否则随着追问的深入总会露出破绽。

3）关注应试状态之外的自然反应。一般候选人在面试的时候会进入一种"应试状态"，说出来的话都是经过深思熟虑的；但是，应试状态之外的自然反应才最为真实。因此，可以在候选人不认为是面试的时候问一些"题外话"，根据其自然反应比较真实地了解其性格特点。

顺着这三点小 M 和老 Q 展开了讨论，两人一起设计各种题目，想象着候选人可能的回答，以及如何根据各种回答继续追问。看来人人都有点"一朝权在手，便把令来行"的嘚瑟劲儿，一旦要设计题目考别人的时候，两个人就都变得有点"不怀好意"起来；不仅设计的问题"陷阱重重"，甚至还"阴暗"地演练起了如何让候选人觉得"难受"的各种方法。当然,还得考虑两人谁唱黑脸谁唱白脸,万一候选人真的生气了才能顺利解围。

整理完问题和追问场景之后,两个人突然彻悟:以前被别人面试,从来没有考虑过考官为什么问某个问题,现在突然明白了很多问题后面的用意是什么。小 M 开玩笑说:"如果以后再有机会被别人面试,估计考官问题刚出口我们就会心里暗笑——原来想问这个啊!"

通过几次实践和改进,小 M 和老 Q 的面试三部曲终于成型了:一般小 M 当黑脸主考官负责提问,老 Q 当白脸副考官负责敲边,通过一唱一和的提问、追问甚至"逼问",能将面试过程进行得跌宕起伏,效果非常不错。

10.2.2 第一部:面试在"面试"之前开始

每次面试开场之前小 M 和老 Q 都会花几分钟与候选人寒暄几句。这样既可以让候选人放松,也可以了解候选人"应试状态"之外的自然表现。因此,面试实际上在面试之前已经开始了。

一般会由老 Q 看似很随意地问三个很人性化的问题:

"你是怎么过来的?""我们公司还好找吧?""你住的地方离这里远吗?"

如果候选人的真实情况是打车过来的、觉得公司很好找、住的地方离公司不太远。可能会听到这样三类回答:

1)第一类候选人问啥答啥,惜字如金,典型的回答是"打车过来的""还行""不远",除了直接回答问题外不会多说什么。基本可以判断这类候选人要么比较内向,不苟言笑;要么有点紧张,跟陌生人打交道还有点不自然。

2)第二类候选人乐于沟通,亲和力强,典型的回答是"打车过来的""好找!你们公司的牌子很显眼啊""不远,上下班还经常路过你们公司呢"。这类候选人不仅能回答问题,还会就势做一些发挥,拉近与考官距离,展现个人魅力,所以沟通能力一般不会差。

3)第三类候选人会借题发挥,传递信息。典型的回答是"打车过来的""好找!你们 HR 小姐说得非常清楚"(赞许公司)"住得不远,要是能在这里上班离家就近多了"(表达想获得职位的意愿,听上去也很真诚)。这类候选人在沟通的时候关注的是"你",会借机向"你"传递信息、影响"你"的看法。

遇到第二类和第三类候选人,老 Q 一般会接着问:"真的?那你了解我们公司吗?"

如果是做事认真、积极主动的候选人，一般都会提前查看公司的信息，甚至会主动询问一些关于公司的问题。这样的候选人会格外引人注意，他们清楚公司需要什么样的人，来的目的就是为了获取职位；他们不同于那些到处碰运气的候选人，不会浪费时间到一家不想去的公司面试。

有时候，候选人会表现得比较"冷淡"，甚至表现出几分"抢着要我的多着呢"的傲气，这时也不必急着下结论。他们可能只是想通过这种方式显示自己与众不同。如果后面的面试中发现他们真有本事，那么傲气可能只是性格特点；如果没啥真本事、只是想用这种方式"唬住"考官，那么说明其软技能还比较稚嫩。

虽然只是简单的开场寒暄过程，但是这时考官对候选人的待人接物水平已经有一个大概的了解了。

10.2.3　第二部：问题藏在"问题"后

开场之后即进入正式的面试环节。一般的自我介绍、履历核实和专业知识等问题都会很快带过，重点是询问三个经典问题。

这三个经典问题其实只是话题，目的是引导候选人介绍自己的一些亲身经历。当候选人开始介绍的时候，考官已经在虎视眈眈地寻找"破绽"了。一旦发现"破绽"，主考官就会发起连续追问，而真正的问题都隐藏在这些追问中。因为，对于实践技能来说，只有做过、经历过才会在脑子里形成一幅幅的"画面"；如果实践经历都有图有真相，追问时就能看出候选人是在描述脑子里的画面，而不是在背诵书本上的文字。

问题一：你管理过的最大项目团队有多少人？你担负什么职责？

简历中对项目的描述一般都很简单，很难看出项目的规模和难度，也很难确定候选人在项目中的真正角色。因此，前半问是为了根据候选人所领导的团队人数判断出项目规模和管理幅度。

在回答了人数之后，会立刻追问项目团队的组织和分工。项目团队的分工情况反映出项目的复杂程度，项目的组织结构反映出管理的难度。简单项目一般只会涉及开发，复杂的项目会有环境、数据、培训、切换等多种职责；小型的项目则一般由项目经理直接管理，大型项目会分成若干个小组分层次管理。

如果觉得候选人的回答有模糊的地方，就继续追问某个角色具体负责什么事。如果候选人不是真的管理过一个项目团队，想现场编出项目团队的组织结构和详细分工肯定是来不及的，会渐渐前言不搭后语并露出破绽。

后半问询问候选人担负什么职责，是为了确定候选人的实践技能覆盖了项目管理的哪些领域。虽然都叫项目经理，但是在不同的公司中职责和权限相差巨大，当然对基本素质和能力的要求也区别巨大。有的公司内项目经理只是个协调者的角色，实际的管理权还在部门手里；还有的时候一个大型项目组内有多个项目经理，"项目经理"实际只管理一个小组，责任轻很多。

在候选人说明职责之后，就可以找一两个职责内的"工作场景"询问候选人操作细节。例如，"你能介绍一下周例会是怎么开的吗？""团队晚上加班之后第二天还会按时上班吗？"对具体工作场景的细节描述能真实地反映出候选人的实践能力。

问题二：你在项目中遇到的最大困难是什么？

这个问题也是为了是引出候选人身边发生的故事。首先，根据一个人遇到的是什么样的困难，就能大概判断其职业发展到什么阶段了。之后便可以围绕着故事追问以了解其遇事的态度和处理的思路。一般遇到的困难大概有三类：

第一类，遇到的主要困难是缺"规范"，候选人会觉得公司管理不规范，流程不清楚，文档没有模板。这类候选人大部分都是刚刚开始担负项目管理职责的新人。例如，一些因技术出色而被提拔为项目经理的技术人员；或者是有一定理论知识，但是对落地的具体流程、工具和模板还不熟悉的新手。如果真的实际管理过一个项目，或多或少都会搜集或"创造"出一些"规范"，而且一定会知道最大困难肯定不是缺"规范"。

第二类，遇到的困难是各种具体的"事"。比如，客户需求经常变更，计划经常被领导改变等。这类候选人基本掌握了管理流程和方法，但感受到了实践中的难点之一"控制"。为了判断其实践技能的水平，可以继续追问："你怎么管理需求变更呢？"如果候选人想背"标准答案"就立刻打断，一定要让其说出"具体是怎么操作的"。在候选人介绍完流程还可以追问："客户不认为这是需求变更时怎么办？"真正实际负责过项目的人都知道，变更管理的难点不是流程和模板，而是客户不认可这是"变更"。问到这一步，没有在项目中"深度"滚过的肯定说不出一二三了；而只有切身经历过的人才能生动地描述与客户的沟通和谈判的细节，哪怕最终结果是没能说服客户，也说明候选人有一定软技能的经验了。

第三类：遇到的困难是各种与"人"相关的因素。对这类候选人而言，项目管理中的一般事务已经难不住他们了，面对的已经是凭项目经理自身力量无法改变、只能借助第三方力量解决的"高级困难"。例如：

- 项目团队人员的能力不足，人力资源短缺——这是项目经理最头疼的事，巧妇难为无米之炊。
- 没有考核权，对项目成员没有影响力——在管理中切实感受到责、权、利统一的必要性。
- 某个客户对项目非常抵触，而这种不满并非项目本身造成的。——项目中因为权力划分或利益分配造成的矛盾很难调和。

对于能列举出这些困难的候选人，可以继续追问："遇到这种情况，你怎么解决呢？"

这些困难只可能结合具体场景说出具体的方案，都没法从书本上找到"标准答案"。软技能成熟的项目经理，会知道因人而异采取不同沟通方法；或者看到人与人之间的关系并利用这些关系借力打力；知道引入第三方力量破解难题，甚至知道利用价值观、行为规范等文化因素影响他人。实际上，只要能说出这些层面的某个真实的实例，都是软技能相当成熟的候选人了。

问题三：当客户的利益和公司的利益发生冲突时，你保护谁的利益？

这是小 M 和老 Q 最得意的一个问题。显然，这个问题本身没有正确答案，选哪一方都是错的。其实，管理和技术最大的区别在于：技术是非零即一的，而管理可能零和一都对，也可能零和一都不对。因此，通过这个问题就大概可以判断候选人思维方式是非此即彼的技术线条，还是"跳出画面看画"的管理线条。

第一类候选人大概能占一半，会纠结于选择哪一方。如果候选人直接被禁锢于问题表面，则说明还不能"跳出画面看画"，可能还没有从技术背景的思考方式中解脱出来，软技能尚不成形。

第二类候选人大概能占到一小半，会意识到这个问题没法直接回答，会选择规避的方式绕开，例如，"那要看公司是要短期利益还是长期利益了""应该请双方高层协调解决""先保护我自己的利益（不能把自己夹在中间）"。如果候选人能意识到题面是个陷阱，知道不能往里跳，则说明其软技能已经有一定水平，基本可以保护自己了。

第三类候选人只占很小一部分，能够跳出画面看问题，在明白题目的用意之后通过反问立刻做个立场转换，例如：

"我还真的没有遇到过这种情况,您能给我举个例子吗?"

如果考官自己也举不出例子来,说明这种情况大家都没遇到过,用不着讨论一个不存在的问题。如果考官给出例子,则候选人可以反过来向考官追问细节,"攻防"关系就立刻转换了。如果考官给出一个具体场景:

"客户要求做一个需求变更。但是,答应了就会让公司亏钱,不答应就会让客户不满,怎么办?"

这时,候选人完全可以要求考官给出更多的细节,"这个需求变更是在项目范围之内吗?不变更会影响客户业务的正常运行吗?""是不是我们当初的技术方案有问题?"

说实话,遇到这样的候选人考官就会眼前一亮,后面的问题都不必再追问了。这样的候选人能够在困境中坚持独立思考,在众说纷纭时有独到见解。他们的软技能不仅足够保护自己,还能反转角色争取主动权,具备这种素质的人是非常理想的项目经理。

10.2.4 第三部:阳光总在风雨后

最后一步,是小 M 和老 Q 最乐此不疲的环节,就是压力测试。这个环节主要是为了考察候选人在遇到误解、指责或者尴尬场面时的自然反应。前两个环节不合格的候选人这时基本上就可以客客气气地送走了;只有在前面两个环节中过关的候选人,如果觉得还有必要了解其抗压能力,才会做这个测试。

一般都是小 M 扮黑脸,老 Q 扮白脸。两人会先使个眼色,然后就一起埋头浏览简历或整理资料,让候选人觉得面试已经结束了。沉默半分钟到一分钟,等候选人已经比较放松的时候,小 M 会突然很不客气地发问:

"看你的简历,怎么一到两年就要换份工作,这也太频繁了吧!"这时很多候选人就有点不自在了,解释说一直没有好的领导啦,工作不适合啦等。

小 M 马上会连珠炮似的发问:"如果每次都是领导有问题、工作不适合,会不会是你自己有问题?""你知道自己有什么缺点吗?""你说的这些也算是缺点?能告诉我离职的真正原因吗?""你的这个缺点哪个公司也不能容忍啊!"

如果候选人长期在一个公司没动过,就会换个角度发问:"为什么在一个公司这么长时间了还会想出来?""这么多年都没有获得提升,是不是你能力有问题?""既然领导这么赏识你提拔你,你离职不是辜负了领导的信任吗?!"

不断的加压和连续的提问,会让候选人感觉考官对他很不满意,感觉自己基本上没有机会了,既然没机会了,就不必忍了……

第一类候选人会彻底凌乱,或垂头丧气,或郁闷至极,甚至拍案而起!这时老Q要赶紧打圆场,甚至直接说明这是个小小的压力测试,无意冒犯,请求原谅。否则候选人一个帖子出去把公司骂得狗血淋头,以后公司的名声可就坏了。

第二类是比较成熟的候选人,虽然心里不满但能够控制情绪,平静地给出合理的解释,例如就是为了换个领域,或者为了照顾家庭等。

第三类是那些绝对老道的候选人,他们可能已经敏感地猜到大概用意了,不仅不会情绪激动,还会趁机展现自己。例如,"我一直在寻找一个适合自己的舞台,前面几个公司都没有提供这样的机会。但是你们公司发展方向和激励制度让我觉得这就是我要找的舞台,所以相信这次是长久的!"甚至还能说出来公司具体的吸引人的地方,不仅令人信服,也说明其态度认真,不是来碰运气的。这种打有准备之仗、头脑冷静的候选人,是不可多得的优秀人才。

到了这一步,面试三部曲就基本结束了。

10.2.5 项目经理的"成熟度模型"

面试完成之后,趁着对面试过程还记忆清晰的时候,小M和老Q会根据面试情况将候选人分成5个等级。

L1:有一定潜质。有责任心和上进心,学习能力强,想把事情办好。遇到问题知道找上级或他人帮忙。但沟通中会出现埋怨和牢骚,还没有意识到自己的情绪对团队的影响(如果以后对团队也发牢骚就麻烦了)。

L2:可塑之才。在L1的基础上,有一定抗压能力,遇事能心平气和地把问题叙述清楚,能意识到自己的情绪对他人和团队的影响。但是,抓住问题关键点的能力较弱,解决问题的思路还不清晰,通过一定培训和实践积累后可以胜任。

L3:入门人才。在L2的基础上,遇事积极主动,有分析能力,能找出问题的关键。能意识到人的重要性,有一定的软技能。但是,解决问题的方法和手段还不太成熟,实践技能还有待提高,只要给予实践机会并加以指导即可胜任。

L4：合格人才。在 L3 的基础上，能找到关键点并提出解决问题的方案，明确知道需要什么样的资源和帮助。软能力和实践技能都不错，仅需要给予必要的资源即可胜任，一般对组织和文化熟悉之后可能成长为优秀的项目经理。主要瓶颈是风险防范的能力。

L5：大师。在 L4 的基础上，能够自己建立关系和整合资源，会利用第三方的力量解决问题。经验丰富到能够预测和管理风险，不会给自己的领导惊喜，也不会给领导惊讶，能风平浪静、波澜不惊地完成项目。

10.2.6 经验与教训

面试时很难对候选人的基本素质、实践技能和软技能直接进行评判，但可以根据想了解的内容设置开放性问题，然后把真正的问题隐藏在结合具体场景的不断追问之中。

面试过程中可以更关注候选人遇事的态度和处理的思路。项目管理不是非此即彼的选择题，那些能够突破题目禁锢并能反转角色的候选人才是潜在的优秀项目经理。

不要放过面试前后的候选人处在非"应试状态"下的机会，有意地设置一些问题，观察候选人的真实反应有益于了解其基本素质和性格特点。

10.3 项目经理的摇篮——项目经理的社区

通过提拔和招聘，公司逐渐已经有了一个项目经理的群体。但是，在培养项目经理的过程中，还是遇到了一些瓶颈：

首先，项目经理很多来自各个不同的公司，一些流程和方法可以通过培训比较快的统一，但是对于公司的企业文化和管理模式则需要一定的方式才能逐步融入。

其次，项目经理群体横向之间缺乏知识传递和交流，一些好方法可以通过流程固化下来，但是一些软技能、危机处理的案例则无法共享。对于项目经理来说，企业文化、软技能、危机应对恰恰是在管理流程背后最重要的部分，决定了流程和方法的实际效果。

最后，项目经理的培养不仅需要一定的周期，而且人员的选拔非常重要。以前选拔的方式是找技术尖子，但是提拔之后发现他们并不喜欢项目管理工作，中途退出往往造成比较大的影响。最好是通过一个机制让好苗子有个露头和逐渐进入的过程，利于组织进行选拔和培养。

要解决这些问题，需要建立一个选拔和培养的体系。

10.3.1 为什么建立项目经理社区

通过一些资深项目经理的讨论，大家觉得比较而言，实践经验、软技能、企业文化等多方面，仅通过书本学习是不够的，公司又缺乏有效的培养，一般项目经理都是在实战中自己积累经验。目前，这个过程基本靠个人，周期比较长。

特别是因为项目组的相对封闭性，对于企业文化的感触比较少，因此"企业文化"的传承实际上是缺失的，基本上延续了项目经理原来所在公司的风格，造成了不同项目组的不同文化特色。

如何改进呢？结合各个项目经理的实际经历，感觉对于实践经验、软技能和企业文化的传承，有两种方式比较有效：

第一，通过教练一对一地指导和传授，会比从书本上获取知识要快得多；有机会跟着一个高手经历一个项目，可以快速增长实战经验。

第二，横向交流。依靠项目经理的圈子一起交流经验，分析案例是更加有效的方法。"别人吃一堑，自己长一智"，一个群体的智慧是巨大的组织资源。

综合讨论的结果，要多种方法并行，才能培养一批认可公司文化，具备相当的经验、技能和应对能力的项目经理，见表 10-1。

表 10-1 培养项目经理的方法

	阅读	培训	实战	教练	社区
理论知识	○	○			
流程方法	○	○			
实践经验		○	○	○	○
软技能			○	○	
企业文化				○	○

为此，需要在现行的培训体系之外建立一个项目经理和准项目经理相互学习、交流的平台，作为项目经理成长的摇篮，这个平台就是项目经理社区。

10.3.2 什么是项目经理社区

项目经理社区类似于一个自由交流和学习的沙龙,每个季度活动一次。参加人员除了项目经理,还包括一些助理项目经理、质量经理、项目骨干等有志于成为项目经理的"种子"。

社区活动的组织者是"盟主",盟主轮流担当,每次活动结束时推举下一届盟主,由下界盟主组织策划下一次的社区活动。盟主会在活动开始前一个月向社区内成员沟通本次项目经理社区活动的主题,并制订一个详细的活动计划,因此,一次活动本身也是一个规模不小的"项目"。这种方式不仅可以培养盟主的组织能力,也培养成员的责任心和公益心。

每次活动通常是一到两天,根据主题的大小而定。活动计划确定后,盟主就会组织相关人员为社区活动做准备。如果活动地点就在公司内部,那么相关准备工作就简单一些,只要请公司行政部门提前准备会议室、茶点还有预定聚餐的地点即可。

但是,很多时候项目经理们喜欢到外面找个场所,想换换环境,有别于正式的工作。那样就会让大家推荐一些场所然后去联系,并提交一个"员工活动"预算供审批。项目经理社区活动的住宿、交通等费用由公司承担,其余费用全部自理,体现了民主和自治的思想。

10.3.3 活动的内容安排

尽管活动内容可以自己安排,但是一些经典的议题可以供盟主选择。

- 公司新闻:请公司高层领导介绍公司各个方面最新的进展,以及最近公司的重点工作。这种介绍不仅是宣贯,很多时候管理者都是带着征求意见的心态来的,一线项目经理的反馈能提前发现可能遇到的问题,帮助改进政策。
- 最佳实践:请一个项目经理结合具体实例,分享一个好的工作方法,或者一个具体事件的处理过程,供大家学习。如果被大家认可,就将"最佳实践"记录在《项目经理手册》中,将流程固化下来。
- 案例学习:通过介绍一个成功或失败的典型案例,让大家讨论,成功之处在哪里,哪些地方可以改进。如果以前遇到过类似的情况,也可以分享。案例分析之后会形成一些实践指南,总结一些处理的基本原则,以及需要避开的陷阱。

- "银弹"：假设你有一颗银弹，可以解决任何问题，你会解决什么问题。通过银弹讨论，让项目经理聚焦扫描目前交付中最突出的问题是什么。然后，通过头脑风暴在一个专题上进行讨论，分析原因，提供方案。另外，在公司遇到具体问题的时候，也可以通过这种方式获得好的方法。
- 读书俱乐部：为了提高大家素养，形成共同的价值观和企业文化，每个季度会推荐一本书让大家阅读，分享读后的感想。
- 团队建设：盟主组织聚餐、游戏、旅游或者团队活动，帮助增进团队凝聚力，这些费用全部自理。

10.3.4 几次经典的活动

有几次活动因其意义特别，给小 M 留下了很深的记忆。

场景一：一起来学《项目经理手册》

公司刚刚推出了第一版《项目经理手册》，项目经理们对此感到饶有兴趣，于是在接下来的那一期项目经理社区活动中，项目经理们被拉到一个湖光山色的公园里，人手一本《项目经理手册》进行研读和讨论，并提出了很多改进意见。在当时留下来的一张照片中，项目经理们还兴奋地朝着镜头挥舞着《项目经理手册》。

而在后续的项目交付过程中，项目经理们也的确认认真真地按《项目经理手册》上的要求规范着他们的项目管理工作，也就在那一年公司通过了 CMMI4 的评估。

场景二："唱念做"俱佳的项目经理们

有一次项目经理社区活动的主题为项目管理与心理学，一位公司领导亲自上台给一群项目经理介绍如何在项目管理工作中灵活应用心理学，并安排项目经理们进行分组讨论和汇报。

既然要灵活应用，项目经理们上台汇报时，便不拘一格，有诗朗诵的，有说相声的，还有演小品的，就差载歌载舞了。那次还安排了几个总监做"毒舌"评委，点评兼起哄，现场欢声笑语，最后给表现出色的几个项目经理发了点提高个人品位的领带、名片夹什么的，以提升他们在员工和客户面前的形象。

这个题目如果是硬邦邦的培训，可能大家没有什么兴致。而通过这种活跃的形式大家不仅印象深刻，还知道了在实践中怎么应用。

场景三：PK 的战场

项目经理社区也并不总是和谐欢快的气氛，如果遇上项目绩效考核、激励制度等敏感的主题，项目经理们也会拍案而起，发出质问、抱怨、感叹等，气氛紧张。

有一次项目经理社区活动的主题是公司的项目激励政策宣贯与讨论。激励政策这个东西，向来是没有十全十美的，总是会有一些项目觉得受了亏欠，有失公允，而且每个项目都会感觉自己的奖金偏少，对项目组员工激励不够。

那天正好是老 Q 在台上宣讲和解释激励政策，看到台下的项目经理们表情从希望到失望，渐渐开始嘀嘀咕咕，交头接耳，嗡嗡声渐大，似乎是不满情绪逐渐上升。

好在这种社区活动还是很开放的，大家有什么想法随时可以提出，老 Q 暂停讲解，先让项目经理们说说感想，这下人人有话要说，拿不到奖金的自然据理力争，痛陈弊端，直接 PK 一把；拿得到奖金的也纷纷质疑，从奖金的额度到计算的方式再到发放的频率，挑出一堆毛病。

虽然是比较激烈的争论过程，但是项目经理却有机会充分发表自己的意见。现在的纷纷扰扰，总比到项目里面再有负面意见好。而通过老 Q 的解释说明，项目经理们也化解了一些误会，理解了为什么这样设计，逐步开始接受公司的制度。

之后，激励制度还是按计划实施下去了，而且项目经理在实施中还向项目组员工进行了解释和说明。在社区活动中先集中讨论一下可能遇到的问题，也帮助项目经理提高了到项目组去宣贯的能力。

10.3.5 经验与教训

项目经理的培养是个系统工程。项目社区作为项目经理的摇篮，在培养项目经理的实践经验、软技能和企业文化方面有很好的作用；同时项目经理社区也是公司沟通的一个有效渠道。

社区活动广受欢迎、成效显著。其中有三个非常重要的原因：一是有一个长效的组织机制，二是放手让项目经理自发组织，三是社区中所有成员平等交流，就算公司领导也只能作为一名普通成员。

10.4 我们的"兄弟连"——项目集管理尝试

最近，随着公司的几个主打产品在市场上全面铺开，交付之后的运维服务出现了一系列的问题。

  事情是这样的：一般情况下，产品上线后客户都会续签一个运维服务合同，服务内容一是保证系统正常运行，二是应对不断涌现的新需求。运维服务项目能给公司带来长期稳定的收入，又能增强客户黏度，因此很受公司重视。但是，与产品交付项目不同，运维服务项目数量多、人数少、周期长，又没有成熟的管理模式，随着战线不断拉长，问题逐渐暴露了出来。

  首先，几乎每个运维服务项目都要从原实施团队中"扣留"一些人员，导致产品交付力量不断被"消耗"，已经有些后继乏力了。其次，运维服务项目的人数少，腾挪空间小，有时忙得昏天黑地，有时又像闲云野鹤，工作强度极不均匀。最后，运维服务人员长久为一个客户工作，个人成长空间狭小，所以流失率明显偏高。

  小 M 与老 Q 商量如何解决这些问题，老 Q 做了个形象的比喻：产品交付团队好比是负责进攻的主力部队，运维服务团队好比是负责防守的守卫部队。守卫部队人数少、据点分散，相互之间如果没有联系就很容易被各个击破。因此，参照军事上的做法，应该将分散的守卫部队整编成守望相助、统一指挥的卫戍部队。

  小 M 觉得这个建议不错，但是希望听听一线项目经理的看法。在专题讨论会上，参会人员觉得老 Q 的方向没问题，但是有很多具体的问题需要解决。例如，每个运维服务项目都是跟着客户计划走，如何统一指挥？什么人负责统一指挥？当客户的要求和统一指挥的要求不同时，该听谁的？就在大家众说纷纭的时候，有个慢条斯理的"声音"说道，当前项目的格局与项目集类似，可以采用项目集管理的方法制订方案，这立刻吸引了大家的注意力。

  小 M 定睛一看，刚刚说话的正是前文提到过的那位善于用心与客户沟通的项目经理小 H（见 5.3 节）。经过几年历练他已经成为一名经验丰富的高级项目经理了；而且，他乐于钻研项目管理理论，经常能从他那里听到很多新名词。

  对于小 H 刚刚提到的"项目集"，包括小 M 在内很多人都是第一次听说，于是大家都急不可耐地问小 H："什么是项目集？和项目群有什么不一样？"

  小 H 不紧不慢、言简意赅地做了一番介绍。简单说，项目群是一组具有内在联系的项目，主要通过协调的方式进行管理，以达成一个共同的目标。例如，一个企业为建造一个 IT 系统而同时启动了多个相互关联的项目，每个项目交付一个子系统。因为子系统的特点不同，所以各项目的实施方法就会不同；但是，所有项目都为一个共同的目标服务。

项目集是一组类型相同或者有逻辑关系的项目，项目间统一配置资源。项目集虽然有统一战略目标，但各项目拥有自己的具体目标。例如，公司同一款产品实施了多家客户以后，随之启动了多个运维服务项目。由于实施的是同一款产品，项目的实施方法几乎相同；虽然每个项目客户不同，但战略目标都是高质高效地为客户服务。项目集管理的核心是集中地进行协调管理，通过共享资源和成果、优化成本和进度，以更好地实现战略目标或获得更大效益。

听了小 H 的介绍大家茅塞顿开，看来老 Q 的想法还有理论依据啊！小 M 当场决定拿公司销售量最大的 1 号产品做试点，将其相关的运维服务项目都纳入项目集进行管理，如果试点效果好的话就推广到其他产品线。

项目集试点的任务当仁不让地交给了小 H。小 H 经历过其他项目的熏陶，觉得"1 号产品运维服务项目集"这个名字太长了，应该起一个简短、响亮又好记的名字，这样才能引起关注、得到支持，达到事半功倍的效果。大家一起绞尽脑汁想了半天，试着取了七八个名字都不满意。最后，一位爱追美剧的项目经理无意中发现 1 号产品运维服务项目的成员几乎清一色是男生，于是建议取名"兄弟连"。

"兄弟连!"大家对这个名字一致叫好。做项目就是"打虎亲兄弟，上阵父子兵"，这个名字既体现了团队成员之间守望相助的亲密关系，也契合"胜则举杯相庆，败则拼死相救"的团队精神。于是，兄弟连正式成立了，小 H 也成了 H 连长。

小 H 说话虽然慢，可做起事来雷厉风行。他马上找到小 M 明确兄弟连的工作目标，两人讨论后确定了三个目标。第一，提升整体效率，不能让兄弟连的人数随着项目的数量线性增长。第二，要让兄弟连成为产品交付团队的保障，确保项目交付之后没有后顾之忧。第三，兄弟连要建立个人的上升通道和成长空间，避免人员流失。

明确了兄弟连的这三个目标之后，小 H 紧接着就开始了具体行动。

10.4.1　人人为我、我为人人

要提升效率，最有潜力可挖、见效最快的举措就是共享交付成果。由于兄弟连中项目的二次开发都是在 1 号产品基础上进行的，所以很多交付成果非常类似，完全可以相互参照、甚至直接复用；而软件的特点是复用几乎没有成本，所以节省的工作量就是直接效益。

实际上，在兄弟连计划执行之前，很多项目已经在有意无意地共享成果了，只不过都是非正式地随机进行的。例如，有时因为两个项目组之间关系好，经常交流发现了相互借鉴的机会；有时是因为人员流动，把交付成果从一个项目带到了另一个项目。现在，小 H 想要建立一种成果共享的机制，把这种无序的个人行为变成有序的组织行为，从而提升项目集的整体效率。

小 H 首先向公司申请建立了一个专门存放兄弟连所有成果的知识库；然后，制订了规章制度，要求各项目定时提交和更新交付成果，同时可以按权限查看或者下载他人的成果。由于知识库中内容繁多、数量庞大，小 H 还制订了分类索引的规范，并请大家按照规范整理成果。

虽然知识库的建立和维护需要占用大家不少时间，但是各个项目组都能按要求提交成果。学习和借鉴这些成果对大家帮助很大，例如，看到别人设计思路能够少走很多弯路，利用别人的成果直接给客户演示可以迅速锁定需求，因此查询和下载的人还是挺多的。

但是，与此形成鲜明对比的是复用成果的人却较少，除了一些简单的功能和程序片段有人会直接使用，"大块"的模块基本上没有人复用。小 H 担心如果复用率低，时间长了恐怕大家积极性也就没了；复用虽然比共享难度大多了，但这才是提高效率的最有效途径，所以必须趁热打铁往前推。想到这里小 H 有点着急，连忙找到小 M 商量对策。

小 M 觉得，按照一般逻辑肯定是复用现成的成果比自己开发省事；如果大家明知道有现成的而不愿意使用，一定是复用比自己开发还麻烦，这确实有点解释不通！但是，"解铃还须系铃人"，具体什么原因还要请小 H 深入一线自己去发现。

小 H 不愧是技术出身的项目经理，不仅在一线进行了广泛的调研，还一头扎进了一个项目组跟踪分析了一个放弃复用的案例……几天后小 H 终于恍然大悟，急忙向小 M 汇报自己的发现。

原来，兄弟连中进行的二次开发需求只会针对一个客户而不用考虑通用性，所以不像产品开发那样有严格的架构设计和技术规范。运维项目有苛刻的进度压力，项目组当然怎么快怎么来，所以程序的结构性较差，与数据库和其他模块错综复杂地绑在一起；加上运维项目需要经常修改，程序上补丁摞补丁，到最后如果不是直接负责人，别人很难一下看明白。

这些问题都给复用带来极大障碍。举个形象的例子，A 项目想要造一辆车，肯定会先到知识库里找找有没有类似的车型，结果发现 B 车最像，但是不能满足全部需要；那就拆个发动机用吧，不过拆的时候发现 B 车没有底盘，发动机与其他部件杂乱无章地焊接在一起了,拆起来很困难。等到好不容易把发动机拆下来了却发现不能运行,除非要搞清楚发动机与周边那些部件的复杂关系,然后再进行修改和重新调试。相对而言,看看 B 车发动机的设计思路和制造过程,然后自己重新设计开发一个新发动机来得更容易,而且对发动机的结构还更熟悉,以后维护起来也方便。

现在,项目组在成果复用时遇到的问题与上面的例子非常类似,因此,大家更多情况下是通过知识库查询一些需求和设计文档,顶多再找些简单的零配件,然后自己重新设计开发。要想提高复用率,就必须有统一的技术标准,遵循相同的标准框架,按统一规范开发各种组件。同样用设计汽车的例子,标准框架相当于汽车的底盘,各种组件相当于各个部件,如果部件都以底盘为基础进行连接,而且部件功能独立、接口标准,这样设计其他的车子时拿过来改改尺寸就能用了。

小 M 听到这里,觉得小 H 已经抓住了问题的关键并且找到了解决方案,今后所有的项目如果都按照技术标准开发就能提高复用的成效。但是,要想复用以前的成果就必须按技术标准重新进行梳理,将成果拆分成可以复用的各种组件,这可是一项工作量不小的任务,而且只能由小 H 的兄弟连自己解决。

小 H 和兄弟连的技术骨干做了仔细分析,决定先统一技术标准,完成标准框架;然后再整理出一些使用最普遍、复用率最高的基础组件。如果基础组件的复用效果好,就扩大战果,一批一批地整理其他组件。但是,这些整理任务都需要技术人员在不影响正常工作的情况下完成,小 H 很担心大家是否愿意接受。征求意见的结果令小 H 非常感动,几乎所有人都愿意义务完成这些工作,因为大家觉得这项工作的意义在于"人人为我,我为人人",自己是奉献者,也是最终受益者。

标准框架和基础组件两项工作完成之后,复用的效果很理想,发布的组件包其他项目组拆开就能用。在技术上取得成功之后,为了有效推进复用成果,小 H 还调整了兄弟连的实施方法,在完成需求分析后增加了一个复用评审的环节。

复用评审的方式是根据项目的需求邀请有过类似经验的其他项目组成员一起确定技术方案,参会人员可以建议复用哪些组件,介绍组件的功能和特点,说明其使用方法,这样可以提高技术方案的复用率。另外,如果项目有新增的开发内容,则大家一起考虑哪些功能可以提取出来作为组件,这样项目完成之后又有新的组件可以使用了。

通过建立知识库、确定技术标准和推行复用评审机制，不仅交付成果的复用率大大提高了，而且各种可复用的组件也逐渐积累起来，交付成果的共享和复用走上了正轨，兄弟连成功迈出了第一步。

10.4.2 一个高手镇四方

在成果共享机制初步完成之后，小 H 打算建立"资源共享"机制——让一个人同时为多个项目工作。如果能够实现资源共享，就能解决人员数量与项目数量成线性增长的问题，也能解决项目组忙闲不均的问题。

以前的项目都以现场交付为主，因为客户分布在天南海北，受地理因素的限制很难实现资源共享。因此，近年来公司一直坚持不懈地推进基地化交付：为了让客户对基地交付的质量放心，公司就请客户到基地参观，甚至让客户在基地工作一段时间体验严格的管理流程和先进的开发工具。为了解决远程通信的问题，公司投入资金拉专线建立了远程会议系统；为了能远程维护客户的系统，公司还建立了高级别的网络和信息安全体系；为了让客户也能分享基地化交付带来的收益，公司还大幅降低了服务价格。

随着这些工作的推进，现在公司 70%以上的交付工作都在基地完成，兄弟连中一半以上的人员也都集中在基地工作。因此，资源共享的客观条件已经具备，理论上只要做到人员统一调配就能完成模式的转变。但是，小 H 根据长期的一线工作经验推测，一旦要动"别人的人"，推进难度就会非常大；为了避免牵扯面太大，打算先从高端人才的统一调配开始，逐步建立资源共享机制。

执行了资源规划之后，项目中初级人员较为充裕，项目经理都会根据需要灵活配置。但是，高端人才培养周期长、招聘难度大，是典型的稀缺资源，又恰恰对项目的成败起着关键作用，所以是每个项目经理争夺的对象。而且，项目经理抢到"高手"之后都会"捂"得死死的，宁肯让他们在项目里继续干些"低端"的工作也不释放，这更加剧了"高手"的稀缺程度。因此，以"高手"为突破口实现项目集层面的统一调配，涉及人数少，发挥效益大，可以达到事半功倍的效果。

小 M 觉得小 H 的想法很有道理，但是为了避免思考不周，建议还是要跟兄弟连中的当事人沟通一下。

于是小 H 召集了当事人开会，还特意请小 M 坐镇，希望能够尽快达成一致。会议上小 H 刚刚介绍完统一调配高端人才的方案，会场立刻就人声鼎沸了。参会人员分成了两大阵营：缺高手的"空头"因为有机会争取到资源而双手赞成，拥有高手的"多头"则担心人员抽调打乱项目计划而坚决反对。这出乎小 H 的意料。看着两方力量势均力敌、僵持不下，他本人又不善争辩，于是请求小 M 直接拍板。但是，"多头"们也毫不示弱，声称如果从项目中强行调人，他们就不再对项目的成败负责，出了问题就请小 H 自己安排人员解决。

小 M 一边听着争论，一边认真思考着，"多头"们说得不无道理，强行抽调高手有可能影响到项目进度不说，如果因此造成项目经理气儿不顺、消极怠工，项目还真会出问题。到那时不但小 H 没法收场，就连小 M 也未必能挽回局面。看来，项目集和项目群还真不一样。项目群为了完成总体目标可以对子项目的目标进行调整和取舍，因此要先看全局再看局部。项目集虽然也有统一的战略目标，但首先要保证各子项目的目标能够实现；如果为了实现战略目标而牺牲了子项目目标，最终战略目标也无法达成。从某种意义上说，项目集要先看局部再看全局。看来今天还真不能硬来，需要一步一步引导。

想到这里，小 M 没有强行拍板，而是很谦逊地向大家请教几个问题。小 M 首先问道："现在是不是有些高手在做初级的工作？""空头"和"多头"都承认是有这种情况。小 M 点点头："那就是说高手的利用率还有提升空间。"

然后，小 M 又问"多头"："高手可以利用空闲时间去支援其他项目吗？""多头"表示当然可以，但是用完要还。小 M 又说："用完要还这个问题咱们一会儿再专门讨论。现在可以确定的是高手都可以支援其他项目！"

最后，小 M 问："高手其实各有所长，有的擅长需求分析，有的擅长设计，有的擅长技术攻关，有的擅长测试和调优。如果在你需要的时点，别人能派最擅长的高手来支援，是不是大家受益？"这个说法不仅"空方"感觉占了大便宜，"多方"也觉得很划算，就这样"多空双方"皆大欢喜地认可了。

小 M 总结道："结合前面两个问题你们给我的答案，我得出的结论是高手有时间去帮助别的项目，大家也愿意让高手去帮助其他项目；大家相互支援的话，所有人都会有更大利益。那么，这件事大家不是已经达成共识了吗？"

在场的项目经理愣了一会儿，没搞清楚怎么就自己把自己"套"进去了，但是结论没毛病。回过味儿来的几个"多头"想起了刚才悬着的那个问题，连忙问小 M："调走的人怎么保证按时还回来呢？"

小 M 说:"有个观念大家必须改变!什么叫还回来?这些人是你们的吗?刚刚很多人冲着小 H 叫板,好像觉得小 H 抢了你们的人,请问这些人是小 H 的吗?都不是吧。其实,这些人是我们兄弟连的宝贵财富!统一调配就是想让兄弟连中的每个项目都有公平的机会获得高手支援。既然刚才大家对大方向达成共识了,下面具体怎么操作就好谈了。"

经过小 M 动之以情、晓之以理的一通"煽乎",这下大家对高端人才的资源共享都没什么意见了。小 H 趁热打铁:"刚刚很多人担心统一调配会影响项目,我要是站在你的位置上也会这样想。解决这个问题最好的方法就是透明!会后,我们一起制订项目内部的资源调配规则,一起制订高端人才的资源计划,并把结果完全公开,大家看可以吗?"听小 H 这么说,大家都放心多了,气儿也觉得顺了,会议的目的终于达成了。

小 H 暗自庆幸,幸亏听小 M 的话开了这个会,否则硬推的话还不知道会遇到多大的阻力呢。

会后小 H 履行了诺言,首先确定了高手的调配过程和使用优先级原则;然后请每个项目组拿出项目计划,确定什么时候需要什么样的高手;最后,再把所有高手的资料整理出来,按照项目计划的需要进行调配,让一个高手同时或分时为多个项目工作。调配的过程中大家仍有争执,此时透明就显得尤为重要。有问题大家摆在桌面上谈,既然都是"兄弟",有什么不能谈的!就这样,高端人才的资源计划终于制订完成了。

虽然资源计划能明确每个高手什么时候从哪里来,什么时候到哪里去,但要真的实现统一调配并不容易。最大的问题是项目计划经常变化,有时需要紧急支援,有时不能按期释放,这时就需要大家相互理解和守望相助了。其实,再完美的制度也不能解决一切问题,团队精神和兄弟情谊永远是有力的保障。解决问题过程中一路走下来,最终效果显著,高手们发挥的作用有了极大的提升,终于不用再像以前一样开一个项目就加几个人了。

项目集统一调配之后,高手们比以前忙碌多了,需要在多个项目之间"云游",不断地完成自己擅长的工作。对公司而言,专业的人做专业事效率最高是好事,但人不是机器,对员工来说老是做同样的事而没有新的挑战,时间长了也会厌倦。由于看不到成长空间加之工作压力增加,有些高手萌生了换岗甚至离职的想法。

这个情况倒是有点意外,小 H 赶紧向小 M 求助。小 M 在人员管理方面经验相对丰富,先是点对点地与很多高手进行了深入沟通,之后在人力资源部支援帮助下,针对兄弟连的重要岗位推出了两个针对性的人才成长计划:AB 角计划和教练计划。

AB 角计划针对的是那些想横向拓展技能的高手，该计划要求他们除了本人擅长的技能之外，还要向其他的高手学习一个新的技能并作为其备份。一旦 A 角度掌握了 B 角的技能并能履行其职责之后，就给予 A 角一定的专家津贴作为奖励。这样，不仅员工个人的能力和待遇上升了，兄弟连资源调配也更方便灵活了。

教练计划针对的是那些想纵向发展的高手，给他们指定一到两个固定的初级技术人员当徒弟；一旦他们的徒弟晋升了，师父也可以提升。这样，高手有了帮手，自己就有机会做更深入和更有难度的工作；而且培养他人的同时会初步收获一些管理经验，个人能力也得到了提升。

这两项举措让兄弟连的高手们感觉到一番新气象，大家觉得无论横向发展或者纵向发展都有上升的空间；成长与待遇挂钩，能够看到成长的价值；而且，利用"云游"的机会可以学得更多，成长也更快。因此高手们的工作积极性提高了。

就这样，高端人才的共享机制初步完成了。现在，项目经理们更有底气了，以前只有一两个高手，现在每个关键阶段都有不同的高手帮忙把关；高手们也稳定了，虽然更忙碌了，但发展方向明确，学习交流机会增加，上升空间更大。小 H 也觉得很有成就感，原来是"一个高手守一隅"，现在是"一个高手镇四方"啊！

10.4.3　同一跑道内的比赛

兄弟连计划实施了一段时间后，小 M 直观感觉是运维项目资源不那么紧张了，但是项目究竟运行得怎么样还缺少一套量化指标进行客观评价。

小 M 找到小 H，希望根据兄弟连的特点建立一套独立的评价指标，一来反映各项目的执行情况，二来衡量项目集管理的效果。另外，兄弟连中的项目交付模式统一，技术标准一致，人力资源共享，可以说所有项目都是在同一跑道内进行比赛，可以统一用这套评价指标进行考核激励。

但是，兄弟连中的项目毕竟与产品交付项目特点不同，评价指标的设置和计算方法都需要做一些调整。因为评价指标还要用来考核激励，与大家的利益直接挂钩，小 H 决定还是要与兄弟连的项目经理们一起讨论确定。

兄弟连中的运维服务项目紧贴客户的日常运营，需要根据业务发展不断地升级改造，因此新版发布和上线频繁，而且进度要求苛刻，否则可能影响业务的正常开展。为此，新版的按时上线率成为第一个评价指标。

运维项目有的是新的需求，有的是修改缺陷，但发布之后都是直接投入实际使用，所以对质量要求极高，一旦出现影响业务运行的问题就是生产事故。因此，生产事故率成为第二个评价指标。

运维项目长期为客户贴身服务，是保持客户和公司持续合作的重要纽带。如果客户满意就能衍生出一些新的项目，如果客户不满意则可能直接影响长期关系。项目组除了按期交付，对客户的服务态度、处事方式也会直接影响客户满意度。因此，客户满意度作为一个综合考量指标成为第三个评价指标。

项目集实现资源共享之后，同一人员可能同时服务于多个项目，对哪一个项目管理好、氛围好是最有发言权的。因此，员工满意度作为第四个重要的评价指标，而且，会请员工为多个项目打分，这样就能比较客观地反映不同项目的实际情况。

原来没有采用项目集管理的时候，项目组忙闲不均的情况非常严重。一旦面临上线压力，不少项目就要持续加班。资源共享之后调配空间增大了，通过合理安排应该能控制好交付节奏、均衡人员负荷。为了检查兄弟连在这方面的改进效果，确保可持续发展，小 M 专门提议增加加班率作为第五个评价指标。

就这样，按时上线率、上线事故率、项目加班率作为评价项目的三个硬指标；客户满意度、员工满意度作为评价项目的两个软指标，从这五个方面基本就能量化评价每个项目的不同状况了。量化评价体系建立以后，将评价指标与项目经理的考核挂钩，再将考核结果与奖金直接挂钩，项目经理就有了努力的方向和动力。而小 M 和小 H 也可以通过指标横向比较不同项目的绩效，纵向比较每个指标的变化过程，实现对项目集的量化管理。

兄弟连运行了大半年，从数据上看按时上线率大幅提升，上线缺陷率、项目加班率均有大幅降低。客户满意度和员工满意度在保持稳定的基础上也有了明显的改进。除了小 M 与小 H 当初确定的兄弟连的三个目标基本实现以外，作为一个附带的成果，兄弟连的教练计划和 AB 角计划培养了不少骨干，兄弟连开始为产品交付团队输送人才，成了交付团队的人才基地。最终，小 H 圆满地完成了项目集的试点任务，小 M 开始将兄弟连的成功经验向其他几条产品线推广。

10.4.4 经验与教训

同一产品的不同运维服务项目目标不同、实施方法类似，可以考虑采用项目集管理的方法进行集中式管理。

项目集交付成果的共享和复用能直接提升效率。复用比共享的难度更大，但效益也更显著。为了有效实现复用，需要制订相应的技术标准和实施方法。

项目集资源共享可以有效提升效益，但是要考虑地理分布的限制。资源共享机制应该透明，而且不能牺牲子项目的目标。共享资源的同时要考虑个人成长问题。

项目集中项目的边界条件类似，可以使用统一的评价指标考核项目绩效，衡量项目集管理的成效。

第 11 章

组织级敏捷项目管理

11.1 组织级的管理体系是怎么建起来的

小 M 和老 Q 接受了一项重要的任务,负责管理一个已经有一定规模的应用产品部。接此重任两人既兴奋,又担忧。兴奋的是终于有机会去独立管理一个部门了,担忧的是没有管理业务部门的经验,究竟该从何入手,心里一点底都没有。

即将赴任的前夕,小 M 和老 Q 找到 CEO,说了自己的担忧。两人觉得自己好像刚从一条崎岖的小路上蹒跚穿过,好不容易看清了爬过的山坡是什么样子,但马上又要翻一座高山了。

为了让他们放松心情,CEO 开玩笑地说:"应用产品部比你们现在管理的部门大了近 10 倍,理论上只要找到 10 个你们自己这样的人就没问题了。"确实,管好新部门第一个关键任务是建立高效的"管理团队",因此 CEO 的玩笑可以说是认真的。

小 M 说,以前做项目时交付目标明确,制订计划之后基本是见招拆招、不断解决问题,好像在解决问题的过程中就完成了项目。这次去管理一个部门,没有了交付目标,有的只是业绩目标,该如何确定策略、制订计划,思路一下还转不过来。

CEO 说,没有什么策略和计划是凭空制订的。你们现在还不了解应用产品部的情况,不必急于考虑未来。倒是可以先回顾过去,看看你们是怎么走过来的?是怎么管理一个交付组织的?遇到过哪些问题,又是怎么解决的?过去的这些经验教训可能是你们应对未来挑战的宝贵财富。

按照 CEO 的指导,小 M 和老 Q 回顾了以往经历。刚刚接手项目群的时候,也是从手忙脚乱、不知所措开始的。为了管理众多的项目、应对纷乱的局面，首先建立了管理机构 PMO，以确保管理举措能够被执行下去。PMO 成立之后从组织层面推出了以下几项关键举措。

第一，两头说清、中间透明。"两头说清"是指立项时说清目标，结项时说清是否做到。"中间透明"是指在里程碑节点进行中间检查，每周通过周报跟踪项目的进展、问题和风险。刚开始只抓这些关键点而不是项目内的细节，逐步看清项目的执行状态。

第二，过程审计和偏差控制。在看清了项目的执行状态之后，开始干预项目的内部管理。要求也只有两个：一是项目必须按照组织的过程规范执行项目；二是项目的运行偏差超过设定阈值的时候，PMO 介入项目内部进行必要的干预，避免造成无法挽回的损失。

第三，项目经理任命。因为项目经理对项目的成败影响重大，为了避免出现中间换人的尴尬局面，所以在任命项目经理之前进行评估，判断其是否胜任。PMO 对于项目经理的长处和不足心里有底，有利于对项目风险进行重点把控。

第四，项目管理信息系统。伴随着项目数量的增加和复杂度的上升，建立了项目管理信息系统从组织层面集中管理项目相关的信息和数据，提升了管理效率和透明度。

第五，集中的配置管理系统。这个系统不仅能管理项目交付物，还是组织资产的管理平台。组织资产包括交付物、流程、规范、模板、指南和样例等，集中管理能挖掘其知识共享、数据积累和统计分析等价值。

为了确保组织层面的这些举措能在项目组内部确实落地，在项目层面推进了以下几项关键措施。

第一，《项目经理手册》。手册从使用者的视角整理了组织的过程规范，在管理体系和个人工作之间架起了一座桥梁，让项目经理知道每天应该具体做些什么。

第二，三层计划方法。为了将里程碑计划层层落实到每人每天做什么，执行了三层计划方法，规范了每层计划的颗粒度和可以自行调节的范围。

第三，过程审计和过程透明。为了配合组织级的"中间透明"的要求，对项目组中过程规范的执行情况进行定期审计，确保项目的过程可控和信息透明。

项目中所有任务的最终执行者是"人"。为了确保项目的顺利进行，在人员层面完成了以下关键措施。

第一,报派工系统。该系统建立了各个项目的人力资源计划与部门整体人力资源规划的关联。基于报派工系统的人力需求预测数据,部门层面可以提前规划和寻找人力资源,解决了多项目争夺人力和调配困难等问题。

第二,项目经理社区。项目经理除了培训之外,还需要有教练的指导、经验交流的机会才能有效提升管理经验和实践技能。因此,建立了项目经理社区,并将其发展成培养项目经理的摇篮。

小 M 和老 Q 边说边画,总结了组织级项目管理的体系结构。这个体系包括"组织级""项目级"和"人员级"三个层次,不同层级上实施了针对性关键举措,建立了支撑运行的信息系统,各层之间通过信息传递和管理措施管理了起来,如图 11-1 所示。

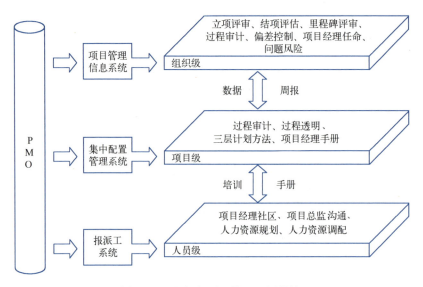

图 11-1 组织级项目管理三层结构

CEO 看着这张图对小 M 和老 Q 说:"你们以前可能是在解决问题的过程中,无意识地建立了一个体系结果,掌握了如何管理一个组织的'套路'!虽然这张图不能解决你们未来遇到的所有问题,但可以帮你们系统地思考和解决问题。放心去上任吧!"

得到了 CEO 的认可,小 M 和老 Q 踏实多了。虽然想到马上将要担负的重任依然没有丝毫的轻松,但是两人的心里已经不再惴惴不安了。带着 CEO 的信任和期待,两人一起到应用产品部上任了。

11.2 敏捷开发——让产品"随需而动"

小 M 和老 Q 刚到应用产品部没多久,就发现部门内部的矛盾不断。应用产品部包括多条产品线,虽然每条产品线的人数有多有少,但是组织结构都差不多,基本包括了三个部分:产品经理负责产品定义和需求界定,开发团队负责产品开发,服务团队负责产品实施和售后服务。

产品线与项目组最大的不同点是要自负盈亏。也就是说,产品经理不但要负责开发产品,还要负责将产品卖出去,因此肩上背负着业绩指标的产品经理,经常会和开发团队发生摩擦。

例如,产品经理在市场上发现一个新需求,于是要求开发团队以最快的速度拿出个"靶子"来,好跟客户讨论以抓住商机。但是,开发团队却要求必须有明确的需求才能开工。这让产品经理非常恼火,因为很多产品创意最初只是一些"想法",就连客户自己都没完全想清楚,产品经理怎么可能写出需求规格?

还有,已经上市的产品需要持续进行升级和优化。产品经理遇到比较急迫的需求时会要求开发团队优先开发。但是,开发团队要么说会打乱计划,要么说人力资源不足,实在推不掉了就要求产品经理走变更流程。变更需要好几个角色审批,兜兜转转了好几天,产品经理发现开发团队竟然还没动手,气得直跳脚。

在客户现场负责实施的服务团队对于各种复杂流程和文档要求也很不理解。有的客户只需要在屏幕上加一个字段,本来分分钟就能完成的事,但开发团队也要提需求规格、做详细设计,写一堆只有他们自己才看的"文档"后才会动手。等服务团队收到新版本的时候可能已经是两三天之后了,期间都只能干等,客户怨气自然会发到服务团队身上。

每当产品经理与开发团队交涉这些问题的时候,开发团队总是理直气壮地说:公司的过程规范就是如此,谁也不能随便修改。产品经理顶着客户的不满、业绩的压力,根本无法接受这样的解释,更不能忍受这样的效率。

其实,有些开发团队本身对于这些"僵化"的过程规范也颇有不满,有些团队已经"偷偷"采用敏捷开发的方法,违反规定不写文档,等到完工或遇到检查时才会想办法补齐，并将自己称为"敏捷派"，将恪守过程规范的人员称为"保守党"。

小 M 发现，在过程规范和业务需求之间出现的这对矛盾，不仅造成了内部人员的对立，而且直接影响到了业务开展。

11.2.1 当"僵化"面对"变化"

小 M 自己也背负着业绩指标，觉得应该以业务为重，改变现在僵化的体系。于是找到老 Q，商量是否能够"适当放松"对于过程和文档的要求，先满足业务需求。但是，老 Q 觉得"适当放松"就是放松，一旦放松就会导致混乱，建议还是逐步进行调整和优化。

听到这话小 M 有点生气，说话就比较难听："再好的过程规范，如果不能满足业务的需求就只能是业务的累赘，会使我们越来越'僵化'！"

听到小 M 这么说老 Q 又气愤又憋屈：以前过程规范缺失的时候，开发乱得一团糟，大家说影响了业务的正常开展；现在，过程规范完备起来了，小 M 又说这是业务的累赘。想到这里老 Q 也没客气，直接回怼小 M："你不能一个萝卜两头切，觉得乱就要规范，觉得慢又要放开！在两头跳来跳去早晚要掉下去！"

眼看着要吵起来了，小 M 马上缓和了下来。想想老 Q 的话虽然冲，但是话糙理不糙，是这么个道理。于是对老 Q 说："我们能否不要跳来跳去，而是找到一种新的方法，既能快速响应需求，又不至于引起混乱？"

老 Q 也平静了，说："咱们不要在这里胡思乱想了。没有调查就没有发言权，还是到一线去了解一下实际情况，再具体问题具体分析，一起想办法。"小 M 也觉得只有"听得到炮声"才能做出正确决策，于是立刻召集了产品经理、开发团队和服务团队等各方面的骨干人员一起商量。

参会人员中有些相互之间有过摩擦，还存在对立情绪。"敏捷派"和"保守党"之间还有点势不两立。感受到这不太和谐的气氛，小 M 赶紧诚恳地表示今天是来"倾听"的，希望大家能各抒己见一起寻找答案，因为大家的目标是一致的。

一听是可以各抒己见，产品经理们最先开始倾倒"苦水"，反映了开头提到的问题。开发团队刚开始比较抵触，但听到一个个具体的案例，逐渐地也能设身处地地理解产品经理的难处了。于是参会人员纷纷打开了话匣子，讨论很快聚焦到了几个关键点上。

公司以前以大型定制项目为主，项目规模大、关联性强，动辄几十、上百人同时开发，因此多采用瀑布模型；各部必须严格遵照计划、按部就班地工作，这样才能确保按预期的时间、质量和成本交付成果。此时项目的管理重点是可控性，为了整齐划一、必须牺牲一些个性，也就是"先僵化，再优化"。

但是，现在产品开发的项目规模小了很多，一般都是几个人到十几人的规模。产品之间关联性不强，需求差异非常大，没有必要整齐划一。现在，管理重点应该是迅速响应客户需求和市场变化，整齐划一只会让每个项目都觉得难受，还不能做任何改变，于是就变得越来越"僵化"了。

做个形象的比喻，以前的项目类似于水、电、煤等基建，或者大楼主体建设，必须按照严格流程和统一的规范进行。现在的项目相当于独立小楼和大楼内的装修，对这些项目做统一要求不仅没有必要，还会造成低效和僵化。

大家一针见血的反馈，给了小 M 和老 Q 很大的触动。确实，场景变了，需求变了，如果仍然"刻舟求剑"式地沿用固有思维，"僵化"和"变化"之间的矛盾就无法解决。

针对上述问题，小 M 希望大家给出一些具体的改进意见。参会人员从不同角度给出了很多中肯的建议。

第一，定制项目和产品项目有很大不同。定制项目的客户需求和交付时间确定，需要集权管理、按合同交付。产品项目的客户需求一直在变化，但发布时间可以调整，因此可以充分放权，让产品经理与开发团队自行确定产品需求和开发进度，不必再对产品项目进行统一管理。

第二，定制项目的设计、开发通常是由不同人完成的，因此需要文档在不同角色之间传递信息，便于动态配置资源。产品项目的团队成员较少，工作场所相对集中，设计和开发大多是同一人完成。这时，很多文档是"自己写给自己看"的，反而成了"累赘"。特别是需求不确定时，一旦有变化文档就要改一遍，M 种文档修改 N 遍的工作量就是 M×N，对开发效率影响很大。因此，中间过程文档可以尽量删减实现"轻文档"化；逻辑不复杂时，代码注释更简单明了，逻辑复杂时再增加必要文档就可以大大提高效率。

第三，"产品"常常开始只是一个"想法"，根据想法开发一个雏形，然后不断进行改进和完善。"一步到位"式瀑布模型显然与这样的规律不相符，敏捷开发的迭代模式更适合产品开发的规律。因此，开发团队建议尝试敏捷开发,激进的"敏捷派"甚至希望彻底抛弃现有的"僵化"体系、从零开始全面拥抱敏捷。

老 Q 对于"权力下放""轻文档""敏捷开发"这三个建议都基本认同,但对于抛掉一切的全面"敏捷"则持保留意见。虽然个别团队采用敏捷开发的效果不错,但是这些项目规模都很小,产品功能也相对简单,不能据此判断敏捷开发适合所有项目。其次,尽管现有的开发方法被认为是"僵化"的象征,但毕竟保证了项目有序进行;一旦被彻底抛弃,混乱的局面可能会重现。老 Q 觉得,"好不容易从坑里爬出来,就不要自己再跳回去了",因此建议先做敏捷试点,然后再评估和改进,有把握之后再全面推广。"敏捷派"对于老 Q 的说法不以为然,呼吁不破不立,不抛弃现有的"僵化"体系就无法做到真正的"敏捷"。两种意见比较对立,大家都看向小 M,希望他能定夺。

小 M 心里明白,对于这么大的一个组织,即使真要实现全面敏捷,也必须有经过实践检验过的过程规范、人才储备和经验积累,逐步推进更加稳妥;但是,"敏捷派"说得也有一定道理,改良的做法可能催生一个"四不像",达不到预期效果。现在双方的分歧很大,很难马上谈出个结果来,不如先采用"缓兵之计"。于是小 M 建议说:"我们都不是敏捷专家。想要敏捷必须先熟悉敏捷。不如请老 Q 组织个培训,我们一起认真地学习一下什么是敏捷。"

老 Q 明白小 M 的用意:通过培训既能统一大家的认识,也可以缓和一下不同人员之间的对立情绪,让所有人用同样的语言谈同样的问题。

11.2.2 激情澎湃话"敏捷"

尽管应用产品部就有一些熟悉敏捷开发的高手,老 Q 还是从外面请了一位资深且有实战经验的敏捷教练来做培训。俗话说,外来的和尚好念经,培训师观点相对客观公正;内部的"敏捷派"有"带节奏"的风险。

培训讲师是技术出身,这自然拉近了与大家的距离,并很快对传统开发方法的问题产生了共鸣。

瀑布模型中从需求分析到上线部署按照固定顺序分阶段进行,阶段之间通过文档传递信息。顺序执行的一个基本的假设就是输入的需求明确且稳定;否则,进入后续阶段再发生需求变化、就要回头重复前面所有的阶段;如果需求频繁变化,就要反复做大量重复工作,极大地增大项目成本和风险。

敏捷开发（Agile Development）则一改传统方法中文档驱动的繁重流程，将开发变成了以人为核心、循序渐进的迭代过程。敏捷开发不要求项目开始时就有明确的需求，而是强调快速、频繁地交付可工作的软件，不断获得反馈和拥抱变化。这种思想体现在"敏捷宣言"的"四个核心价值"和"十二条原则"中。

四个核心价值是：

1）个人和互动胜过流程和工具。

2）可工作的软件胜过详尽的文档。

3）客户协作胜过合同协商。

4）响应变化胜过遵循计划。

十二条原则是：

1）我们的首要任务是尽早并持续地交付有价值的软件以满足客户的需求。

2）即使在开发后期也欣然接受需求变化；敏捷过程能够驾驭变化以帮助客户保持竞争优势。

3）频繁地交付可工作的软件，从数周到数月，交付的周期越短越好。

4）面对面的交谈是开发团队内外成员之间最有效率、最有效果的沟通方式。

5）整个项目过程中业务人员和开发人员必须每天都在一起工作。

6）围绕士气高昂的个体构建项目，为他们提供所需要的环境和支持，并相信他们能够完成任务。

7）可以工作的软件是衡量进度的首要标准。

8）敏捷过程提倡可持续开发。出资人、开发人员和用户应该一直保持不变的节奏。

9）坚持不懈地通过追求卓越的技术和良好的设计来增强敏捷性。

10）简单是至关重要的最大可能减少不必要工作的艺术。

11）最好的架构、需求和设计都来自于自我组织的团队。

12）团队定期总结如何提升效率，然后据此调整自己的行为。

提到敏捷开发，许多人自然而然地想到 Scrum，但 Scrum 和敏捷开发并不是一回事。其实，敏捷开发是指导原则，Scrum 是一种实现方法，实践中有多种敏捷开发的实现方法。例如，极限编程（XP）、Kanban、FDD（Feature Driven Development，特征驱动开发）、TDD（Test Driven Development，测试驱动开发）等。当然，最常用也是影响最大的一种敏捷开发方法就是 Scrum。

"Scrum"英文原意是橄榄球运动中的一个专业术语,是指"争球"的动作。把一个开发流程的名字取名为 Scrum,体现了所崇尚的、蕴含在橄榄球运动中的"速度""激情"和"团队"精神。

Scrum 的核心是"Sprint",Sprint 原意是指冲刺或短跑,在 Scrum 中指迭代。开发团队在每个迭代中都要快速完成一定的工作,因此每个 Sprint 就像是一次"冲刺"。因为迭代没法表达"冲刺"的激情,所以大家习惯于沿用其英文"Sprint"以表达那种为目标而奋战的"冲刺"精神。

一次次"争球",一次次"冲刺",这些热血词语让现场人员瞬间感觉自己从一个刻板的"码农"变成了赛场上的"斗士",每个人都觉得激情澎湃,气氛一下子活跃了起来。

1. Scrum 的角色和流程

在大家的期待中,培训师讲解了 Scrum 的基本角色和开发流程。Scrum 中主要有三大角色(当然也可以根据需要配置其他角色)。

- 产品负责人(Product Owner):主要负责确定产品定义和功能需求,确定软件的发布日期和交付的内容,决定接受或拒绝开发团队的交付成果。
- 敏捷教练(Scrum Master):主要负责在项目中的顺利实施和执行 Scrum 流程,解决客户和开发团队的沟通障碍,确保客户需求可以直接驱动开发。
- 开发团队(Scrum Team):按照 Scrum 流程进行开发,通常人数控制在 5~10 人。每个成员可能负责不同方面的工作,但都要求具备很强的自我管理能力、沟通表达能力。最重要的是,团队成员还要具备工作激情,勇于尝试不同方法去达成 Sprint 的目标。

以开发一个新产品为例,Scrum 开发流程如图 11-2 所示。

- 收集用户需求:产品经理提出最初产品创意并将需求整理成"产品待办清单"(Product Backlog),并根据客户反馈和市场需求不断往里添加新内容。一般会用用户故事(User Story)描述需求,用故事点(User Story Point)描述用户故事的规模和复杂度。
- 制订迭代计划(Sprint Planning):每次迭代开始之前,产品负责人和开发团队一起召开迭代计划会议,决定下一个 Sprint 中需要完成的工作;Sprint 时长通常为 1~4 周。

第 11 章 组织级敏捷项目管理

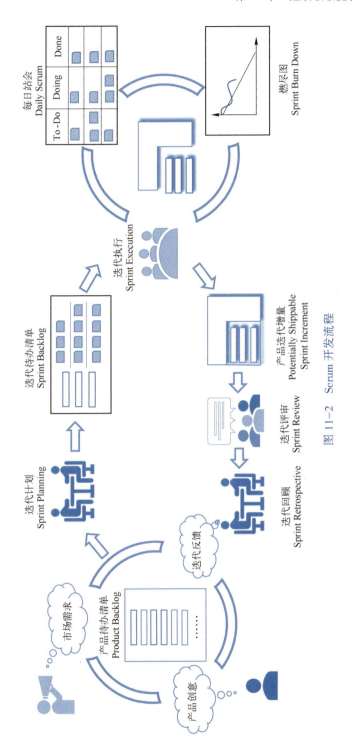

图 11-2 Scrum 开发流程

- 确定迭代待办清单（Sprint Backlog）：迭代计划会议的结果是迭代待办清单；开发团队将迭代待办清单进行细化，分解为更小任务（Task），通常要求每个任务应该在两天以内完成，否则需要继续进行细化。
- 迭代执行（Sprint Execution）：团队成员紧密协作，完成 Sprint Backlog 中的开发、测试、集成等任务。
- 每日站会（Daily Scrum）：迭代中团队成员每天一起开会沟通进展。会议控制在 15 分钟左右，每个成员都必须发言，内容是"昨天完成了什么""今天要完成什么""有什么需要解决的问题"。发言之后更新燃尽图（Sprint Burn Down）。
- 发布产品迭代增量（Potentially Shippable Sprint Increment）：发布 Sprint 完成的工作成果；如果有可能，过程中应尽可能频繁地发布可执行版本。
- 迭代评审（Sprint Review）：迭代待办清单的任务完成后，召开迭代评审会议，向产品负责人、客户等相关利益人演示已经完成的产品功能并获得反馈。
- 迭代回顾（Sprint Retrospective）：在迭代评审完成后，召开迭代回顾会议（也称为总结会议），总结 Sprint 的过程，识别改进机会，确定下一轮迭代中可做的调整和改进。

对于 Scrum 流程中出现的用户故事、故事点、燃尽图等大家比较陌生的内容，培训师接下来进行了简要的说明。

2. 用户故事（User Story）

用户故事简单说就是"用户"加"故事"，它从用户视角描述一个人因为什么原因要做什么事，是敏捷开发过程中常用的需求表达形式。一个完整的用户故事至少包含三个要素：Who——用户角色、What——完成活动、Value——实现价值。

传统的用户故事都手写在纸质卡片上，因此使用时要遵循 3C 原则：卡片（Card）、对话（Conversation）和确认（Confirmation）。

- 卡片：记录故事的简单描述、规则和完成标准等内容。
- 对话：通过与相关干系人的直接交流来确定用户故事的细节，确保各方对用户故事的理解一致和正确。
- 确认：验证用户故事被完整、正确地完成了。

现在基本都使用电子文档或 IT 系统记录用户故事,"卡片"内容可以包括故事标题、故事描述、实现规则、验收标准、文档附件和检查清单等信息,如图 11-3 所示。

```
标题:<故事标题>

描述:作为<用户角色>,我想要<完成活动>,这样我就可以<实现价值>
规则:
1. <规则描述1>
2. <规则描述2>
3. ……

确认:
1. Given <前置条件> When <执行操作> Then <预期结果>
2. Given <前置条件> When <执行操作> Then <预期结果>
3. ……

文档附件:
1. <文档链接1>
2. <文档链接2>
3. ……

检查清单:
1. <检查项1>
2. <检查项2>
3. ……
```

图 11-3　用户故事卡片

好的用户故事应该满足 6 个要求,也就是通常所说的 INVEST 原则。

- 独立的(Independent):一个用户故事应该独立于其他用户故事,并有其独立的业务价值;用户故事间的相互依赖,会导致优先级排序困难。
- 可讨论的(Negotiable):用户故事不是合同,而是可以进行讨论的。开始时可以是简短描述,具体细节通过与客户的讨论逐步丰富完善。
- 有价值的(Valuable):每个用户故事必须对用户具有价值,应该站在用户角度进行编写,避免那些只对开发团队有价值的用户故事。
- 可估计的(Estimable):可以对用户故事进行估算以确定其工作量,用户故事不可估计的原因可能是缺少领域知识和技术知识,获得的故事太大了等。
- 小的(Small):用户故事要短小,至少确保能在一个迭代中完成。用户故事越大,在工作量估算、制订计划等方面的风险就会越大。

- 可测试的（Testable）：用户故事应该是具体并且能够被测试的，测试通过才可以确认用户故事被正确地实现。

用户故事用于描述需求有以下优点：

- 用户故事的场景性强，容易理解，便于不同角色之间进行沟通交流，能够将需求、开发、测试有机串联起来。
- 通过用户故事进行沟通的效率高、反馈速度快，易于传递细节和隐性知识，避免文字歧义。
- 用户故事的颗粒度利于客户或业务人员理解，易于做出优先级排序，便于制订开发和测试计划。
- 用户故事关注的是使用效果和个体感受，不需要关注操作细节；随着开发的进行而不断细化，能够支持需求变化。

为了结构化地分层描述一个软件的需求，除了故事点以外还会用到史诗（Epic）、特性（Feature）。史诗是指一个大型项目或产品的高层次粗略描述，通常需要多个迭代周期才能完成。特性是指某个功能或服务，具有一定独立性和完整性，可以在单个迭代周期内完成。从层次关系上看，从上到下的顺序是：史诗→特性→用户故事→任务。

3. 故事点（Story Point）

故事点是一种抽象的度量单位，用于描述用户故事的复杂度。复杂度包括功能的难度、风险和工作量。

虽然故事点也代表实现一个用户故事的工作量，但是不能直接与"人/天"这样的工作量单位等同。因为同样复杂度的用户故事即使采用相同的编程语言、由不同的人执行所需的时间也是不同的。

故事点与传统估算方法中的"功能点"（Function Point）相似，但不像功能点那样有相对明确的基准和计算方法。为了让所有人员对同一个用户故事的复杂度有相同的认知，开发团队可以找一个基准的用户故事 S_0 并将其复杂度定义为1个故事点。基准故事不一定是最小的，但一定是团队成员都熟悉且有共识的。

以 S_0 为基准，当估算一个新的用户故事 S_n 时，如果大家认为 S_n 的复杂度是 S_0 的2倍，那么 S_n 的故事点就应该为2。随着时间的推移会有越来越多的基准故事，故事点可能是1，也可能是2或者5，这会使得故事点的估算越来越准确。

理论上，不同的人可以对 S_n 的故事点给出任何估值。但为了避免结果发散，实践中估算结果只能选取故事点"纸牌"中的某一张。故事点"纸牌"的取值遵循斐波那契数列（1，2，3，5，8，13，21，34……），但为了方便起见，经常将 21 替换为 20，34 替换成 40 等，不同的纸牌表示的意思如下：

- 数字——根据和基准故事对比得出的结论。
- "?"——表示复杂度未知，需要对用户故事进行讨论或者拆分。
- "0"——表示分分钟就能完成。
- 咖啡——估算时间太长了，需要休息一下。

如图 11-4 所示，一般的故事点估算过程如下：

1) 所有人先不说自己的估算结果，而是将对应的"纸牌"扣在桌子上。
2) 当所有人都已经出牌之后，大家一起翻开自己的"纸牌"。
3) 请估算差异最大的两位成员发言，说明给出当前估算结果的原因。
4) 所有人收回纸牌，重复步骤 1）~4）。直到所有人的估算一致为止。

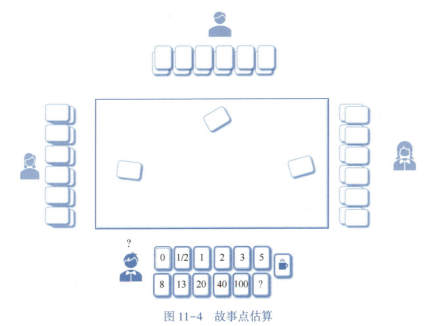

图 11-4　故事点估算

使用纸牌进行故事点估算的趣味性比较强，也有以下优点：

- 由于每人情况不同、思考角度不同会造成估算的差异，但正是差异的讨论过程会使团队考虑的因素越来越全面，越来越接近真实情况。

- 最终结果必须一致，确保了团队对同一个用户故事的故事点必须达成共识。将来，无论谁来负责完成这个用户故事，都会认可这个故事点数并努力完成，避免了不同人负责时带来的执行差异。
- 因为要讨论差异，每个人都必须认真分析和深入理解用户故事。如果敷衍了事可能给出非常"不靠谱"的故事点，而且无法对团队做出合理的解释。

但是，上述估算流程的最大弊端就是非常耗时。实战中熟悉此过程的团队可以不借助"纸牌"，而是直接讨论并得出相对正确的故事点。

以故事点为基本单位，一个团队开发速度怎么估算呢？实践是检验真理的唯一标准。如果一个迭代为 10 人天，团队发现一个迭代完成 20 个故事点比较有把握，那么团队开发速度即为 20 个故事点/10 人天。通过磨合团队的速度也可以不断提高，下一个迭代开发团队可以尝试挑战 25 故事点/10 人天，或者在迭代中插入一定比例其他任务。

基于故事点设定迭代目标，可以量化团队开发速度，量化改进效果，从而不断增强团队的信心。

4. 燃尽图（Burndown Chart）

故事点量化了迭代的目标，而燃尽图则可直观表示执行的过程、预测的完工时间。

在一个 X-Y 坐标系中，如果以 X 轴代表时间（天），Y 轴代表剩余的工作量就得到了燃尽图。如果每天每人都按时完成任务，剩余工作量应该随着时间推进而不断减少，因此理想情况下燃尽图中显示的应该是一条斜向右下延伸的直线。但是实际上，工作中有各种不确定性，估算也有偏差，实际上燃尽图中的真实曲线是弯弯曲曲的，如图 11-5 所示。其中，实线为理想曲线，虚线为实际曲线。

燃尽图的绘制方法如下：
- 开发团队在做任务分解时，预估任务的工作量，单位可以是"人天"或"人时"（实际工作中常简称"天""小时"），根据实际情况选择一致的单位即可。所有任务的工作量相加就是总工作量。
- 将任务的状态分成三类：To-Do 是待完成的，Doing 是进行中的，Done 是已经完成的。
- 每日站会时，团队成员根据完成情况把最新完成的任务放在"Done"格

第 11 章 组织级敏捷项目管理

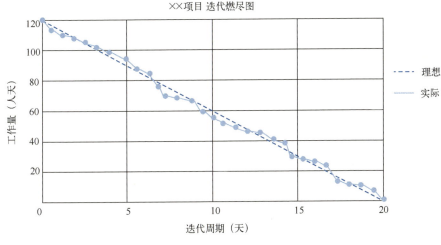

图 11-5　迭代燃尽图

子中。注意，只有 100% 完成的任务才能放在"Done"中，一个任务无论是做了 10% 还是 90%，都只能放在"Doing"。

- 计算剩余工作量，剩余工作量 = 总工作量 − Done 中的工作量。

下面以图 11-6 为例说明更新燃尽图时的工作量计算方法，这里单位用的是"小时"。

第 0 天：4+8+8+6+8+6=40

第 1 天：40−6=34

第 2 天：34−4=30

第 3 天：30−8=22

实际工作中可能发生两种情况：第一种，因工作调整减少了某个任务，或者重估任务时发现工作量比预期要少，都造成剩余工作量直接减少；第二种，因不断有新需求或新任务加入，或者重估任务时发现工作量比预期增加，造成剩余工作量直接加大，这种"上天"的曲线意味着工作永远做不完，是项目失控的危险信号，需要重新检视和调整计划。

燃尽图不仅直观地展示了迭代的整体进展，还非常透明地显示了所有人工作情况，对开发团队有自我激励的作用，这比 PM 直接委派任务的指令式管理方式好得多。

在讲解所有内容之后，培训讲师又对大家提出的一些问题给予了详细的解答。参训人员对敏捷开发都有了客观认识和完整了解，培训完全达到了预期效果。

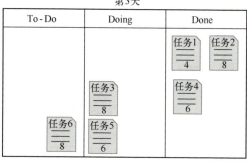
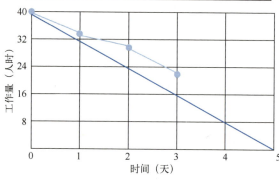

图 11-6　更新燃尽图

11.2.3 "敏捷"如何落地开花

1. 敏捷开发的实施思路

培训结束之后,老 Q 马上请大家谈谈培训的收获和心得。

在场多数人认为,原先觉得传统开发模式和敏捷开发有点水火不相容的味道。但通过培训发现"敏捷"其实借鉴了大量"非敏捷"的方法。例如,在敏捷开发中扮演了重要角色的"迭代",其实是在任何一本软件工程教材中都会被提到的成熟方法;迭代过程中的具体开发方法,也可以看到瀑布模型与快速原型的影子。

另外,大家也发现敏捷开发的一些特定流程和方法,有一些限定条件和适用场景。比如,面对面沟通需要团队集中工作,人数不能过多,人员需要专注。"轻文档"只限定于内部过程文档,外部交付文档肯定不能省;同步地开发规范中对代码注释的要求必须提高。因此,用对场景、满足条件才能发挥优势。

有效地达成基本共识之后,小 M 首先肯定了敏捷开发对解决"僵化"问题的作用,因此可以将其应用到合适的产品项目中,或者用在大项目的不同层次上。鉴于敏捷开发与传统开发的关联性,可以继承现有体系中的很多"素材",不必抛弃一切、从头再来。最后,现有的成熟的开发和测试工具、配置管理平台、测试管理平台等基础设施,不仅可以继续支撑敏捷开发的任务执行过程,而且可以更好地发挥其效能。

因此,总体的实施思路就是:以现有组织资产为"素材",按照敏捷的指导原则构建一个"随需而动"的开发体系,以快速响应客户需求和市场变化。

2. 实施组织和工作计划

老 Q 立刻成立"敏捷推进小组",着手进行敏捷开发的落地工作。推进小组首先制订了推进计划,共分成五个步骤:

第一步,明确目标范围。明确引进敏捷开发的目标,确定敏捷开发的适用范围和判断依据。

第二步,建立敏捷体系。整理敏捷方法的过程规范、工具方法和最佳实践,并对作为"种子"的敏捷教练和产品经理进行培训。

第三步,实施试点项目。选择最具有代表性的项目进行试点。实施中持续收集开发团队的反馈意见,评估执行效果,不断进行改进和优化敏捷体系。

第四步，优化改进体系。根据试点反馈优化流程，升级体系文件；整理敏捷流程、工具方法、实践技能的培训课件；开发"敏捷管理平台"，支撑敏捷开发过程、管理敏捷项目的信息和数据。

第五步，全面实施推广：分阶段地进行人员培训和项目落地；培养更多"种子"敏捷教练和产品经理，以"种子"为核心推进敏捷开发的实施推广；通过"敏捷管理平台"规范项目组中的敏捷开发过程，并积累信息和数据。

小 M 对计划没有意见，只是询问了计划中提到的"敏捷管理平台"需要多大投入、能发挥什么作用。

老 Q 说，从以往组织级体系的实施经验看，以平台为依托推进敏捷开发能够降低落地难度，提升执行效率，提高信息透明度。未来基于平台上积累的数据，可以给出估算基准、量化开发效率、评估提升效果。总之投入不大，好处多多。小 M 觉得投入产出合理，完全同意老 Q 的建议。

3. 实施目标和范围

推进敏捷开发的目标非常明确——构建一个"随需而动"的开发体系，以便快速响应客户需求和市场变化。推进小组与各个开发团队讨论下来，认为有两类项目比较适合采用敏捷开发。

第一类是中小型产品的早期研发。首先，这些项目开始时需要尽快完成一个可运行的"雏形"验证产品经理的创意和听取用户的反馈。其次，试点客户可以接受产品的不完善，有机会通过持续迭代不断优化产品。第三，开发团队小而精，能做到在一段时间内集中、专注地工作。最后，产品发布时需要交付《用户操作手册》《开发者指南》等文档，能够满足后续升级维护的要求，"轻文档"不会造成知识转移风险。

第二类是中大型产品的增量开发。首先，增量开发往往是业务驱动，需要多批次地完成新增需求。其次，此类项目大多与客户一起工作，沟通方便、反馈及时。再次，开发成员基本都是既熟悉客户业务又熟悉产品的老手。最后，增量开发结果一般都会回收到产品中，后续会整理相关文档满足运维的需要。

而对于大型定制系统、底层基础平台、系统整体升级等项目，则不建议采用敏捷方法。因为，拆分和迭代会造成整体管理难度上升，协调不利时出现衔接问题概率较大，所以虽然局部看速度快了，但整体看进度反而不可控。而瀑布模型方法成熟、各阶段工作明确且有规范的模板，对需求、设计、编码和测试有共同指导，对于这些需求明确的项目既能确保进度可控，又能保证交付质量，完善的文档还能将"知识"永久地保留下来。

对于适合采用敏捷开发的项目，推进小组还与产品经理、开发团队进行了讨论，总结出了几个适用场景作为选用的判断依据：

- 需要快速看到样品并进行体验，通过"小步快跑"方式逐步完善产品。
- 需求不明或可能持续变化，需要通过频繁交付和不断反馈调整开发方向。
- 产品本身风险较高，需要频繁地检视成果和收集问题，判断是继续还是终止项目。
- 项目的规模合适，最好是 3~10 人团队持续迭代 3 次以上的工作量。
- 团队个体素质高，能独当一面；彼此间配合默契，人员稳定且集中。

开发团队可以根据上面的指导原则自行判断是否采用敏捷方法。

4. 建立敏捷体系

推进小组选择以 Scrum 为基础建立敏捷开发体系。通过与现有开发流程的比对发现，其实最大的不同点是"迭代"模式和"轻文档"化；需要增加的是用户故事、故事点、估算"纸牌"、燃尽图等具有特色方法和工具；还有一些过程在现有流程基础上进行必要调整就可以使用。梳理下来，建立 Scrum 体系的主要工作任务包括：

- 使用产品待办清单（Product Backlog）代替《需求说明书》。
- 使用用户故事描述需求，并制订相应的模板、样例和指导文件。
- 故事点估算过程与现有的专家估算法的流程基本一致，但增加故事点"纸牌"规范估算结果。
- 为了避免基准故事的选择太过个性化，推进小组收集一批"基准故事"提供给项目组作为参考。
- 制订迭代计划（Sprint Planning）和确定迭代待办清单（Sprint Backlog）的过程，给予产品经理和开发团队充分的自主权，但是建议"底层计划"要求（参见 4.3.2 小节），将任务的最大颗粒度定为 1 天的工作量。
- 迭代执行（Sprint Excution）过程中，在满足交付要求的前提下可以对过程文档进行最大程度的裁剪；同时增加代码注释要求。
- 每日站会（Daily Scrum Meeting）与现有的"晨会"流程（参见 4.3.3 小节）基本一致。但是按照敏捷开发的要求改变了白板内容，将任务按照"To-Do""Doing""Done"三栏进行分类。

- 每日更新燃尽图。因为燃尽图比挣值分析（参见 4.4.2 小节）简单直观，开发团队更加容易理解掌握。
- 使用现有配置管理系统进行自动构建和发布（参见 9.1.2 小节），满足频繁发布产品迭代增量的要求。
- 迭代评审（Sprint Review）的流程参考《项目经理手册》（参见 8.2.3 小节）中项目验收会议的流程进行了简化，将重点放在演示和收集反馈信息上。
- 迭代回顾（Sprint Retrospective）的流程参考《项目经理手册》（参见 8.2.3 小节）中项目总结会的流程进行了调整，要求增加迭代改进计划。

以现有过程规范中的"素材"为基础，推进小组很快就完成了敏捷开发的 Scrum 体系文件。然后对产品经理、开发团队骨干和候选敏捷教练进行了培训。培训的重点放在实操技能上。例如，如何使用用户故事描述需求，如何进行故事点估算，如何制订一个迭代计划，如何规范代码注释等。

正因为很多"素材"取自现有过程规范，大家很熟悉，所以都能很快理解和掌握。编码和测试活动，则大量使用现有的开发和测试工具、配置管理平台、测试管理平台等基础设施，大大降低了实施工作量。

5. 实施试点项目

大家正在考虑如何选择第一个试点项目时，某位产品经理提出了一个有趣的想法：既然要开发"敏捷管理平台"，为什么不直接将这个平台作为第一个试点项目？

原因有三：一来开发团队打造的是自己使用的工具，自己就是自己的客户，有最直接需求和体验。二来这个平台不仅可以自己使用，将来也可以作为产品销售给客户，实际上已经有多个客户提出过类似需求。三来自己使用平台的过程中会积累丰富的实践经验，这些一手最佳实践是该产品最大的竞争力，正所谓"卖我所用，用我所卖"。

这个想法得到了小 M 和老 Q 的一致认可！决定先开发一个内部使用版本，然后通过迭代升级为一个可售的产品。因此，第一试点项目定为"敏捷管理平台"，提议的产品经理理所应当地成为这个项目的 PO（产品负责人）。

如图 11-7 所示，敏捷管理平台包括系统管理、需求管理、迭代管理、任务管理等特征。开发小组按照 Scrum 的流程，通过几个迭代就完成了开发任务，迭代过程不做赘述。

第 11 章 组织级敏捷项目管理

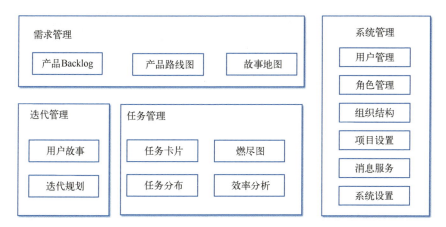

图 11-7 敏捷管理平台架构

开发结果如图 11-8~图 11-13 所示。

图 11-8 系统管理

图 11-9 需求管理

图 11-10　迭代管理

图 11-11　卡片管理

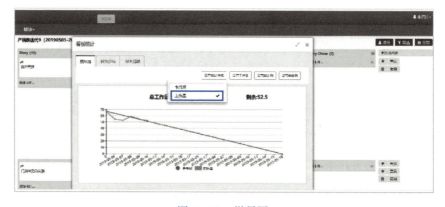

图 11-12　燃尽图

试点项目之后，推进小组总结了实施效果：第一，以产品待办清单为基础不断加入需求的做法非常适合动态管理新产品需求；第二，随时看到中间结果非常有效，可以快速体验和反馈意见，灵活调整需求和迭代计划；第三，轻文档化能节省大量时间，大幅提升开发效率。总体上，敏捷开发在试点项目中效果显著，取得了成功。

图 11-13　项目看板

6. 体系的融合与优化

试点项目的成功增加了小 M 和老 Q 的信心，希望尽快推广。但是，公司的 SEPG（过程推进小组）却提出了一个新问题。

按照 CMMI 的要求公司到了复审的时间，而且复审要按照最新的 2.0 版本进行。新增的敏捷开发体系是否符合 CMMI 要求，"轻文档"是否会影响复审通过大家心里都没底。

小 M 一听也觉得"头大"，赶紧问老 Q 对策。这个问题老 Q 倒是提前想到了，还仔细地研究了新发布的 CMMI 2.0 版本。对于 SEPG 提出的问题已经有了一些想法。

首先，老 Q 觉得 2.0 版比以前版本的文字浅显易懂多了，自己确实看懂了。其次，能够明确地看出 CMMI 正在拥抱敏捷。例如，新版主动支持了多种方法论，与敏捷、精益等体系进行了融合；明确否认了"CMMI 是重型管理体系，与敏捷不相容"的观点。最后，新版强调效能优先，客户可以根据自身要求进行裁剪。还有，强调体系应与业务需求相结合来降低成本、提高产出。这些，都与我们引进敏捷开发的初衷一致。

同时，从敏捷角度看，与 CMMI 的很多理念也非常一致：敏捷倡导的迭代开发和持续改进；CMMI 则提倡适应变化、持续优化以保证最终交付质量。敏捷强调通过客户协作，获得客户反馈，满足客户需求；CMMI 则要求有效管理客户需求，重视客户满意度。敏捷强调在整个开发过程中识别和降低风险，与 CMMI 对风险管理的关注也完全一致。

因此可以得出结论，体系层面 CMMI 应该完全支持敏捷，理念层面二者思路日趋靠拢，不用担心因为推广敏捷开发影响 CMMI 复审。

有了老 Q 的这个解释，小 M 和 SEPG 都轻松了很多。对于如何将敏捷融入现有体系和轻文档是否满足复审的需要，老 Q 给出了自己的想法：

第一，敏捷开发作为一种开发"方法论"增加到 CMMI 体系文件中，这符合新版的要求。

第二，对照 CMMI 要求，对敏捷项目的文档进行检查，满足最低交付要求。

第三，规范敏捷项目代码的注释要求，弥补"轻文档"带来的影响。

这样既可实现敏捷与 CMMI 的融合，又避免了"轻文档"变成"没文档"。

7. 全面实施推广

为了确保敏捷开发的体系的顺利推进，推进小组借鉴组织级项目管理三层体系结构，将推广工作从组织级、项目级、人员级三个层面做了任务细分，确保"一贯到底"。

组织级推广工作由推广小组负责，主要任务是：
- 建立和持续改进敏捷开发体系，不断收集最佳实践指导敏捷团队。
- 提供配置管理平台、测试管理平台、敏捷管理平台等基础环境。
- 建立培训机制，重点培训产品经理、敏捷教练和技术骨干，通过这些"种子"指导敏捷在项目中实施。
- 通过敏捷管理平台规范开发过程，收集项目数据和信息，增加项目的透明度。

项目级的推广工作主要由"种子"产品经理、敏捷教练和技术骨干负责：
- 产品经理应正确使用用户故事描述需求，制订迭代计划，验收开发团队的成果。
- 敏捷教练负责实施 Scrum 流程，指导开发团队正确使用工具和方法，组织评审和回顾会议，解决团队内外的沟通问题，反馈过程改进建议。

- 技术骨干除了是过程规范执行样板，还应打造直面挑战、紧密合作、积极沟通、持续改进的团队氛围。

合格的开发团队成员事关重大，试点项目的人员培训和选拔工作由推进小组和人力资源负责落实：
- 确保团队成员的技术能力成熟，能够独当一面。
- 团队成员要求具备自我管理和沟通表达能力。
- 团队成员通过敏捷的培训和考核，平时由敏捷教练进行指导。
- 成员遵从敏捷开发流程，规范使用敏捷管理平台。

将推广任务分解之后，每层的目标和任务都很明确并能层层落实到个人。

第一批推广项目确定了几个符合条件的对敏捷"呼声"最高的项目。在第一批项目积累经验并培养了更多"种子"之后，第二批的推广项目放大了范围。然后，逐渐地将敏捷开发推广到了所有适合的项目中去。

推广中，敏捷管理平台起到重要作用：有效规范了敏捷流程，提高了项目的透明度，积累了最佳实践案例。通过数据分析还能评估开发效率的变化和过程改进效果。一个非常重要的附带效益是，很多客户参观公司时均对敏捷管理平台产生很大的兴趣。公司就是最好的应用案例，有的客户不仅会采购敏捷管理平台，还会请老 Q 的团队提供方案咨询服务，这个平台真的成了公司的一个畅销产品。

11.2.4　敏捷的优势和不足

通过项目实践和总结，敏捷开发相较于瀑布模型有一些突出优点：

第一，"迭代"模式频繁交付可运行中间产品，客户有机会随时看到效果；瀑布模型每个阶段只能交付不可运行的半成品，客户开盲盒式地看结果增加了项目风险。

第二，敏捷开发不仅每次迭代之前需求都可以变更，之前迭代的结果也可以修改。瀑布模型确定需求之后需要严格控制变更，对于快速变化的场景适应性较弱。

第三，敏捷倡导面对面沟通，效率高、误解少，仅保留核心的、有价值的文档。瀑布模型则要求将文档作为不同角色之间的沟通媒介，效率低、工作量大，容易产生歧义，开发效率明显较低，需求反复变化时情况更突出。

第四，敏捷开发赋予团队更大自主权，赋予团队更大的灵活性。瀑布模型自上而下的管理方式"强制"要求团队在规定时间内完成规定的任务，不利于持续改进、主动应变。

第五，敏捷开发信息透明、自我激励、不断挑战的理念可调动个体积极性，发挥每人的优势。瀑布模型按部就班、遵循规范的要求对团队工作热情和创造力有一定压制。

但凡事都有两面性，任何一种开发方法也不例外。敏捷方法在具有上述优点的同时，也几乎有同样多的问题。

第一，敏捷开发遇到大项目就需要拆分成多个子项目或多个迭代分别开发，然后再集成和运行。虽然据说管理难度下降、开发效率提升，但整体看协调多个同步或异步执行的子项目的管理难度增加、复杂度上升。

第二，敏捷开发积极拥抱变化，但我们没法定义一个不需要变化的"终极产品"；如果没有客观目标，敏捷项目可能没有终点地一直进行下去，甚至会出现团队为了自己的生存而不断"创造"需求的情况。

第三，敏捷开发"轻文档"对于人员稳定性要求高，如果人员变动大或变动频繁造成信息丢失，会很大程度迟滞项目的进程。

第四，敏捷开发对个体成员的要求较高，因此人力配置要求会相对提高，"优质"和"增容"是普遍要求。从组织层面上看对人力资源整体要求就大大地提高了。

第五，敏捷倡导自我管理、自我激励和持续改进，但如果没有历史数据参考，则无法确定明确的效率目标。附带效应是如果人员的主动性不够，敏捷反而成了低效工作的挡箭牌。

有趣的是，上述五个优点的受益者是公司和个人，但五个不足的承担者都是公司。也正因为如此，从开发者角度更多看到的是敏捷的优点，于是乐于大力倡导敏捷并一定程度上弱化了其带来的问题。而从公司角度反而能更全面地看到敏捷的优势和不足，因此会评估它能否解决主要问题，组织能否接受其带来的新问题。在实施中，选择合适的场景、满足必要条件才能充分发挥敏捷的优势。

11.2.5 经验与教训

敏捷开发具有快速响应、适应变化、效率较高和降低风险的特点，在需求不明或经常变化的情况下比较适合。

敏捷与传统的开发方法有着密切的联系，可以充分利用现有过程规范、组织资产和基础设施建立敏捷开发体系。

敏捷的推进中重视对于人员的培训，特别是应重视产品经理和敏捷教练"种子人才"的培养，人才是稳步推进敏捷方法的基础。

敏捷管理平台能够有效帮助敏捷方法落地，有效规范流程、降低实施难度；平台可以提高项目透明度、积累数据、量化评估开发效率和改进效果。

将敏捷开发作为一种开发方法论易于融入其他体系，并从其他体系的视角对敏捷方法进行必要检视，有利于更好发挥其效能。

敏捷开发有优势，也有不足，选择敏捷方法应考虑应用场景和前提条件，预知和防范它可能带来的问题，最大限度地发挥其优势。

11.3 TMMi——基于风险的敏捷测试

应用产品部实施了敏捷开发之后交付效率显著提升，业务拓展的速度也明显加快，但是，小 M 却越来越担忧了。

对于套装软件来说，只要有一个缺陷没有被测出来就意味着 N 个使用中的客户有隐患。以前产品的推出速度慢，新产品上市早期"N"相对较小，出现问题时开发团队能够应付。但目前开发和业务节奏都加快了，短时间内"N"的数量就很可观。如果这时有隐藏缺陷暴露出来，影响面可能很大，会造成业务风险。

小 M 的担忧不是空穴来风，已经有"暴雷"的情况发生了。小 M 对于产品是否还有其他隐患？测试是否有漏洞？开发的质量到底如何？心里都非常没底，万一哪天整体"暴雷"……想到这里小 M 惊出了一身冷汗，赶紧找到老 Q 商量对策。

老 Q 进行了实际调研之后，找到小 M 汇报解决方案。他慢条斯理地打开电脑，对着一张图（见图 11-14）开始了说明："为了增强产品质量、降低业务风险和提升测试效能，需要充分发挥测试价值。有三个具体措施：第一，实施 TMMi 改进测试流程；第二，自动化测试提升效率；第三，培养专业化的测试团队……"

还没等老 Q 说完小 M 就急了，说道："每次要你解决个问题，都要先整个长篇大论，然后要钱要人！这次要钱要人还不算，咋还弄出来个'MM'来呢？这个 TMMi 是什么？"

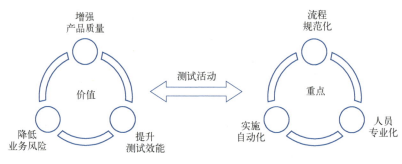

图 11-14 测试活动的价值

11.3.1 什么是 TMMi

老 Q 理解小 M 的心情。应用产品部的经营压力大，公司还要求降本增效，小 M 肯定是担心认证又要花钱。于是对小 M 说："你先别急……我只是希望用 TMMi 体系指导改进测试流程。实际上，我自己就是 TMMi 主任评估师，带着团队推进工作就可以了，不需要认证费用。当然了，如果你愿意付我点咨询费我也没什么意见。"

一听不用花钱认证，小 M 态度顿时缓和了很多，但不理解 CMMI 里就有测试相关过程，为什么还要推出 TMMi，这两者之间有什么关系。

老 Q 介绍说，推出 TMMi 主要有两个原因：第一，随着对产品质量的要求不断提高，测试的重要性日益凸显，测试费用已经占到总开发成本的 30%～40%；但是，CMMI 中却只有两个过程域与测试相关，这与测试的重要性和工作量严重不匹配。第二，测试的专业性越来越强，需要更专业、更全面的体系指导测试管理。因此，一些测试行业的资深专家成立了一个基金会，并建立测试能力成熟度模型——TMMi（Test Maturity Model Integration，测试成熟度模型集成），目的是帮助软件组织提升测试能力和产品质量。TMMi 推出后应用效果良好，在测试领域的影响力不断提升。

TMMi 参考了 CMMI 的模型结构和 ISTQB（国际软件测试资质认证）的知识，简单说就是 CMMI 的"骨架"加上 ISTQB 的"肉"，因此与 CMMI 既有联系，也有区别，见表 11-1。

TMMi 模型与 CMMI 模型一样，将测试能力成熟度划分为五个级别，如图 11-15 所示。

第 11 章　组织级敏捷项目管理

表 11-1　CMMI 和 TMMi

		TMMi	CMMI
相同点		通过改进过程提升质量 均为五个成熟度等级 过程域的结构类似	
不同点	关注点不同	关注测试全生命周期过程	关注软件开发全生命周期过程；只有"验证"和"确认"两个过程域与测试相关
	过程域不同	围绕测试的 16 个过程域	围绕软件开发的 19 个实践域
	相互独立	TMMi 可以单独使用	CMMI 可以单独使用
关联性		TMMi 的通用目标和通用实践主要来自 CMMI	TMMi 支持 CMMI 测试相关的过程域

TMMi 测试能力成熟度模型

- 五个等级、16 个过程域
- 50 个特殊目标 SG
- 32 个通用目标 GG　从项目级提升到组织级
- 173 个特殊实践 SP
- 192 个通用实践 GP

持续积累形成组织级量化测试资产

从量化度量到缺陷预防

SG:18 / GG:10
- PA2.1 测试方针与策略
- PA2.2 测试计划
- PA2.3 测试监督与控制
- PA2.4 测试设计与执行
- PA2.5 测试环境

SG:17 / GG:10
- PA3.1 测试组织
- PA3.2 测试培训方案
- PA3.3 测试生命周期与集成
- PA3.4 非功能测试
- PA3.5 同行评审

SG:7 / GG:6
- PA4.1 测试测量
- PA4.2 产品质量评估
- PA4.3 高级评审

SG:8 / GG:6
- PA5.1 缺陷预防
- PA5.2 质量控制
- PA5.3 测试过程优化

2 级初始级	2 级已管理	3 级已定义	4 级已测量	5 级优化
• 测试是混沌、不明确的过程 • 依靠个人能力 • 质量风险不可见	• 实现项目级别的测试策略和测试管理 • 测试被认为是编码之后的一个阶段	• 测试完全被集成到软件开发全生命周期 • 建立组织级测试流程和实践 • 成立专业测试团队	• 测试过程可量化 • 组织层建立量化性能基线 • 产品质量可量化评估	• 基于统计控制的量化管理 • 具备持续改进能力 • 关注缺陷预防

图 11-15　TMMi 测试能力成熟度模型

1. TMMi L1（初始级）

- 测试是一个混沌、不明确的过程，通常被认为是调试的一部分。
- 组织一般不提供稳定的环境支持软件测试工作。
- 组织中测试是在编码完成后自发开展的活动，测试和调试交错进行以消除系统的缺陷。

- 项目的成功依赖于组织中人员的能力和"英雄"主义而不是经过验证的过程。
- 组织在产品发布时对质量和风险没有足够的可预见性，产品往往不能满足需求，或者不稳定，或者运行太慢。
- 测试部门缺少测试资源、测试工具以及受过良好培训的测试工程师。

2. TMMi L2（已管理）

- 有良好的测试计划，测试活动受到监督和控制，发生偏差时可以采取措施。
- 测试工作中的产品状态和测试进展对管理人员是可见的。
- 每个项目根据实际情况选择测试技术、生成测试用例。
- 测试分为多个级别，包括组件、集成、系统和验收测试等级别。
- 在组织或项目范围的测试策略中，为每个测试级别定义了特定的测试目标。
- 测试仍然被很多项目干系人认为是编码之后的一个阶段。

3. TMMi L3（已定义）

- 测试不再是编码之后的一个阶段，而是被集成到了开发生命周期和各相关阶段里。
- 在项目前期就要完成主测试计划；组织级有标准测试流程，各项目测试需求分析、测试设计、测试执行和测试总结等活动高度一致。
- 组织级拥有独立的测试部门或团队，并且有专门针对测试的培训方案，测试工程师也被视为组织内的专门岗位。
- 组织层面认识到评审在质量控制中的重要性，有专业的测试人员参与需求规格和设计规格的评审。
- 测试设计和测试技术扩大到非功能测试领域。

4. TMMi L4（已测量）

- 已实现 TMMi L2 和 L3 的目标，全面建立了软件测试的流程、技术、人力资源和组织结构，为测试流程的改进奠定了基础。
- 软件测试过程被完全定义并且可度量；可以制订软件测试计划的量化目标。
- 在组织范围内实施测试度量方案并将度量指标纳入度量库。
- 可使用测试度量指标量化评估测试过程的质量、产品质量和生产率，以支持软件质量方面的决策。

- 可使用软件质量模型（例如 Rayleigh 模型和指数模型等）分析"评审缺陷"与"测试缺陷"的量化关系，并将两者作为测试度量方案的重要组成部分统一处理。

5. TMMi L5（优化管理）
- 可用量化的数据正确地分析问题原因并制订有效的改进计划；通过试点使之成为新标准，从而提高组织级的管理水平。
- 组织层面能够通过信息手段与数字化手段实施管理体系，能够充分利用信息和数据对项目过程中可能出现的缺陷予以预防。
- 能够主动运用新技术，持续地改进和优化流程。

11.3.2　为什么用 TMMi

听了老 Q 的解释，小 M 对于 TMMi 有了基本的了解。但是，仍然关心为什么需要实施 TMMi 才能解决现有问题。

老 Q 问小 M："你最担忧的是不是产品中存在没有测出来的质量隐患，客户使用的时候一旦暴露就会影响业务的正常进行？"

小 M 回答说："对啊！所以才希望你们加强测试啊！你们多测测，就能多发现一些问题，这样给客户的时候我就能放心一点。"

老 Q 接着问："多发现缺陷了你就能放心了？你难道不应该担心是开发的质量不行，可能还有更多缺陷没有被测出来吗？"

这话说到小 M 心眼里去了，叹着气说："是啊！现在是测不出问题担心测试力度不够，测出的问题多担心开发质量不行，可能还有更多的问题……左右都是担心啊！"

老 Q 说："嗯嗯，这是因为你不知道问题在哪里，风险在哪里。TMMi 是基于风险的测试，能很大程度上解决你所说的左右为难的问题。"

"基于风险的测试？"小 M 还是第一次听说，于是赶紧让老 Q 解释一下。

老 Q 说："TMMi 认为控制风险才是测试工作的最终目标，发现缺陷只是降低风险的一种手段。项目的时间和资源有限，测试不能无限制地做下去；所以，必须最大可能地将测试资源集中在降低风险这个目标上，并相应地制订测试策略、测试计划，实施测试行动，这就是基于风险的测试理念。"

基于风险的测试是 TMMi 的一个重要理念，主要关注点是产品风险和项目风险，如图 11-16 所示。其中产品风险是指与测试对象直接相关的风险，主要影响的是产品质量。项目风险是指与测试项目管理和控制相关的风险，主要影响的是项目成功。

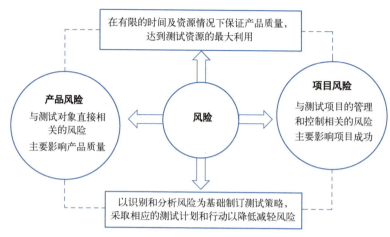

图 11-16　基于风险的测试

为了控制产品风险，在测试开始之前就应该对产品进行风险评估。产品风险评估模型里设有多个风险因子，每个风险因子都有对应的风险评级。评估时，分别对风险因子打分，最后再根据各因子的权重汇总分数。总分显示的是产品整体风险的大小，风险因子显示的是风险的主要来源。产品整体风险得分5.6，属于中风险；最高风险因子来源于业务重要性，因此应将测试重点放在业务数据的正确性上，见表 11-2。以此类推，如果高风险因子是"使用频率和响应时间"，则测试重点就要放在性能测试上；如果高风险因子是"可靠性要求"，则要增加容错测试和恢复测试。这样，随着测试一轮一轮地进行，关键风险因子会越来越可控，对产品质量也越来越放心，直接体现测试的价值。

表 11-2　产品风险评估模型示例

序号	风险因子	风险因子说明	风险因子等级	评分标准	权重	得分
1	系统重要性	系统在客户信息系统中的定位	1级：主营业务系统、基础设施 2级：业务支持系统、内部管理系统 3级：业务辅助系统、内部支持系统 4级：辅助管理系统 5级：辅助工具和展示系统	1级：10 2级：6 3级：3 4级：2 5级：1	20%	1.2
2	业务重要性	系统功能在客户业务中担负的角色，取最高值功能得分	1级：账务数据、批量处理 2级：非账务数据和流程管理、在线服务 3级：数据查询、内部信息交互 4级：辅助分析和管理、数据展示 5级：其他内部非实时工具	1级：10 2级：6 3级：3 4级：2 5级：1	20%	2.0

(续)

序号	风险因子	风险因子说明	风险因子等级	评分标准	权重	得分
3	用户影响面	工作时段和可能影响到的用户范围	1级：7×24 全部客户 2级：7×24 部分客户 5×8 全部客户 3级：5×8 部分客户 4级：内部全范围系统；不影响外部客户 5级：内部部分员工使用系统	1级：10 2级：6 3级：3 4级：2 5级：1	20%	0.4
4	可靠性要求	工作时段内的最低要求	1级：7×24 内不间断工作 2级：5×8 内不间断工作 3级：非实时系统，允许离线和间断停机	1级：10 2级：5 3级：1	20%	1.0
5	使用频率和响应时间	系统的使用频率和响应要求	1级：高频使用，有明确响应时间要求 2级：中频使用，接受在线等待/重试 3级：低频使用，接受离线等待/重试	1级：10 2级：5 3级：1	20%	1.0
6	总分	根据总分判定整体风险等级	高风险：总分>7.0 中风险：总分 5.0~7.0 低风险：总分<5.0	中风险		5.6

为了控制项目风险，需要把风险管理贯穿于整个测试管理流程。如图 11-17 所示，在需求阶段进行风险识别和产品风险评估，在计划阶段针对已识别风险制订测试策略，在设计阶段根据风险的优先级确定测试用例的优先级，在执行阶段每完成一轮测试都要重新进行风险评估。项目完成以后，将识别出来的风险加入风险库，作为组织资产指导以后的项目。

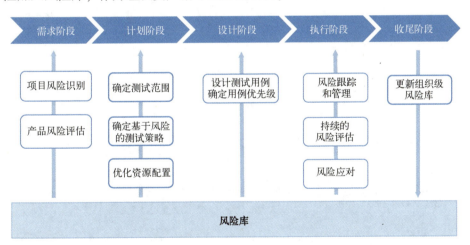

图 11-17　项目全周期风险管理

接着老 Q 讲了 TMMi 的第二个重要价值——"缺陷预防"。原来测试活动中发现缺陷之后，最关注的是立刻修复缺陷；而"缺陷预防"则要求除了修复缺陷以外，还要对缺陷进行分析，一步一步追踪问题根本：发生了什么？为什么会发生？发生的根本原因是什么？通过识别和分析整个开发生命周期中的缺陷原因，制订对应的预防和改进措施，防止类似缺陷今后再次发生。这是提高产品质量的一个治本方案。

老 Q 接着又说明了 TMMi 的中第三个重要价值。目前公司的测试流程基本都基于瀑布模型（如图 11-18 所示），按照从前到后顺序、一步一步地从单元测试、集成测试、系统测试到用户验收测试，测试管理主要关注点是评审、用例设计与测试执行等环节。但现在采用了敏捷开发，应该配套敏捷测试方法才合理，例如测试驱动开发、探索性测试等新实践；测试管理主要关注点也应该调整为迭代模式下测试计划的制订和执行，这样才能满足敏捷开发的速度和质量。在这方面，TMMi 从建立之初就考虑了如何在敏捷模式下进行测试，还有专门的《敏捷世界中的 TMMi》指导文件，可以系统地指导如何建立敏捷测试体系，这正是当前最好的"实战手册"了。

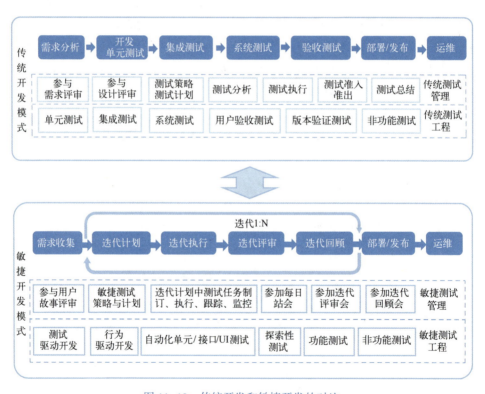

图 11-18　传统开发和敏捷开发的对比

听到这里，小 M 已经基本理解了 TMMi 对公司的几个重要价值。简单说"基于风险的测试"就是解答问题最可能出在哪里，集中资源对这些地方进行测试。"缺陷预防"就是找到问题的原因、治标又治本。敏捷开发应该配套敏捷测试，而 TMMi 是建立"敏捷测试"体系的最佳指导手册。

看来 TMMi 确实是解决当下问题的一剂良药。

11.3.3 TMMi 能带来什么

即使不需要认证费用，实施 TMMi 也需要动用大量组织资源。因此，小 M 想知道实施 TMMi 之后到底能带来哪些好处？老 Q 想了一下，明确说了几点：

- 提升测试效率：不增加测试人员，而是通过优化测试过程、提升自动化测试比例、提高测试资产复用率等措施提升测试效率。
- 减少缺陷产生：实现从"发现缺陷"到"缺陷预防"的转变，从根本上提高产品质量。
- 量化质量控制：量化评估测试效率和产品质量；结果可预测并稳定在可接受范围内。

小 M 觉得老 Q 思路既清晰又务实，正要夸夸老 Q 功力深厚。老 Q 却笑着说："不是我的功力深，其实前面说的三点就是 TMMi5 的三个过程域，每个过程域都有明确的目标和措施，参考进行推广就可以了。"（如图 11-19 所示）

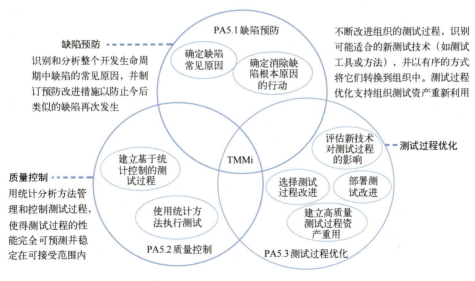

图 11-19　TMMi5 过程域

原来如此！老 Q 接着说，以前实施体系后只留下一大堆文件、表格什么的，这次改变策略，将重点放在"软件工具"和"人才培养"上，用"看得见、摸得着"的成果把体系固化下来。

第一，测试过程的改进以新平台和新工具为基础。这样做好处很多：采用测试工具可以直接提升测试效率；用测试软件管理案例库，可以实现测试资产的复用；利用信息系统管理缺陷，可以对缺陷数据进行分析和改进，实现缺陷预防和风险防控。另外，开发团队虽然对"繁文缛节"很抵触，但对于学习新平台、新工具有很高积极性，这既能降低推广难度，又能确保流程落地。

第二，培养专业化的测试人才，并将其作为组织的核心资产。人才是提高测试能力的关键要素，体系的推进需要专业人才，测试工具发挥价值需要专业人才，测试过程的改进和优化更需要专业的人员。通过培训和考核，将测试人员的能力整体提上一个新的台阶。

这下小 M 觉得踏实了。其实，小 M 不怕花钱，而是怕花冤枉钱，只要投入产出合理就值得去做。现在小 M 不仅对老 Q 的方案满意，对老 Q 思考问题的系统性更是心悦诚服。于是同意了老 Q 的方案，并将项目命名为"TMMi 敏捷测试实施项目"。

11.3.4 TMMi 如何落地

老 Q 马上启动了 TMMi 的实施工作，立刻成立了 TMMi 敏捷项目的实施团队。实施工作是个大工程，涉及各个层面的工作。为了确保工作有序推进、层层落实，实施团队制订了实施工作计划，包括 6 个步骤和 3 个层面。

如图 11-20 所示的 6 个工作步骤如下。

1）项目启动：进行现状调查和差距分析，确定 TMMi 推广目标、工作计划和资源需求。

2）建立体系：根据 TMMi 原则和方法论，建立 TMMi 体系文件，包括过程文档、测试计划、测试用例等，为测试工作提供指导和支持。

3）人员培训：进行 TMMi 体系的相关培训，包括 TMMi 原则、方法论、最佳实践、规范等，提高团队对 TMMi 体系的认识和技能水平。

4）试点项目：选择一些具有代表性的项目作为试点，实施 TMMi 体系，并对其进行持续跟踪和评估，根据评估结果对 TMMi 体系进行调整和优化。

5）全面推广：在试点项目取得成功后，将 TMMi 体系推广到公司其他项目。过程中关注团队和项目的反馈并调整和改进体系。

6）持续改进：全面推广完成后持续改进和优化，包括更新 TMMi 体系文件、升级工具平台和进一步提升人员技能等。

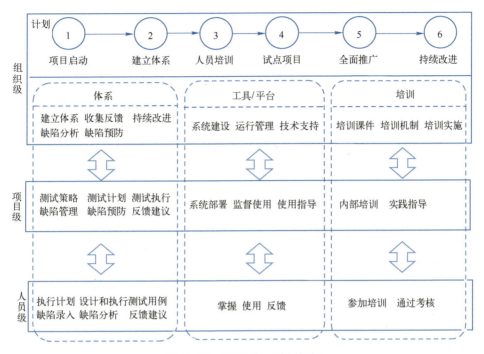

图 11-20　TMMi 实施计划框架

如图 11-20 所示，三个层面是组织级、项目级和人员级。

组织级由 TMMi 实施团队负责，分为计划、体系、工具/平台和培训四大类任务：

- 制订和执行 TMMi 实施计划。
- 建立 TMMi 体系和反馈机制，持续地评估和改进体系；建立组织级缺陷分析团队，执行缺陷预防流程。
- 建立和管理测试相关的工具、平台和基础设施，并提供支持。
- 建立培训课件、培训机制并实施培训，提高测试人员理论和技能水平。

项目级由开发团队负责人（或敏捷教练）和测试工程师负责，具体实施工作包括：

- 根据 TMMi 体系文件和最佳实践，制订测试策略，制订并执行测试计划。
- 进行缺陷跟踪和管理，配合组织级缺陷预防工作，降低项目的缺陷产出。
- 负责并指导团队使用测试相关的工具和平台，提高测试效率。

- 指导成员执行 TMMil 流程，反馈对 TMMi 体系的改进建议。

人员级则是对项目中的每个人员都提出了具体的要求，并设定了考核指标，具体要求如下：

- 按照 TMMi 的要求执行测试计划，设计和执行测试用例。
- 参加缺陷预防相关工作并提出具体建议。
- 掌握并使用测试相关的工具和平台。
- 参与 TMMi 培训并通过考核，掌握 TMMi 体系和相关的知识、技能。
- 积极反馈 TMMi 的问题和建议，帮助组织级持续优化和改进体系。

通过这样三级的分解之后，各层级工作内容和目标明确，任务落实到人。之后 TMMi 实施工作就开始了。

11.3.5 测试建模和手自一体

小 M 一直关注着 TMMi 项目的进展，几个星期之后老 Q 神神秘秘地把小 M 带到了一个项目组中，让他看看现在测试工作是怎么做的。

小 M 很惊讶地看到，好多测试人员都在电脑上画着一个个流程图（图 11-21），这和他原来印象中测试人员要么对着表格写案例，要么敲着键盘输入数据的情况大相径庭！于是问老 Q 这是怎么回事。

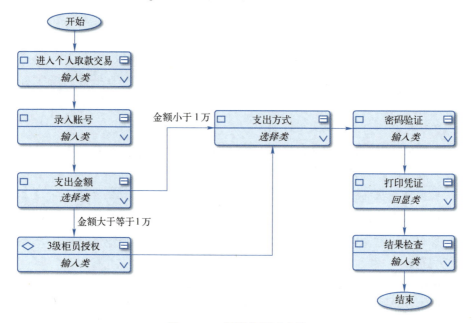

图 11-21　图形化测试建模

老 Q 介绍说:"这是测试建模,测试人员用建模工具画出业务流程图,然后在流程图的节点上设置条件就能自动生成测试用例。"

小 M 问:"这样不会增加测试的工作量吗?"

老 Q 说:"初看起来是这样,但其实不会。我问问你,面对一个有几万个测试用例的案例库,你愿意去看文字,还是看图形?如果能复用,你是希望直接修改文字,还是愿意修改模型?当然是图形对吧!图形化建模简单直观,模型在项目不同阶段或不同的项目中都可以使用,因此能大幅提高测试用例的复用率,节省了大量用例设计和评审时间。"

老 Q 接着介绍了图形化建模的另一个好处:"实际上,只要将建模工具生成的测试用例转化成脚本,再使用自动化造数工具生成数据,就可以直接生成自动化测试脚本了。这样一来,基于同一个图形化测试模型生成的测试用例,既可以手工执行,又可以自动执行,这就是'手自一体'的测试模式。"

小 M 听了之后笑了起来:"嚯,说着测试呢,你怎么还开上车了……"

老 Q 一本正经地解释道:"确实有点像开车。汽车上'手自一体'就是根据需要灵活选择自动挡和手动挡。测试中'手自一体'是指在不同开发阶段根据需要灵活地切换手工测试和自动化测试,以应对不同场景的需要。"

如图 11-22 所示,在开发阶段的前期,当产品不成熟时用手动模式,后期当产品逐步成熟时多采用自动模式;等产品发布之后,回归测试就可以全自动进行了;全自动的回归测试能够频繁进行,充分的回归。

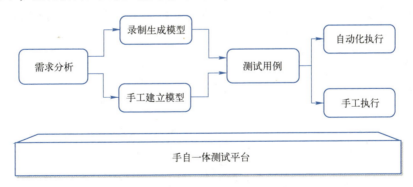

图 11-22　手自一体测试流程

老 Q 补充道,"手自一体"不仅能够提升测试效率,还能复用测试人员,不用再分手工测试工程师和自动化测试工程师。

小 M 实际观摩了从图形化测试建模到生成自动化测试脚本的全过程,看到了手自一体的测试流程，确实感受到了效率提升和资产复用效果，对老Q的项目进展非常满意，也希望老Q能继续设计出点新花样来。

11.3.6 缺陷预防——"多发现"到"少产生"

小M听说测试团队已经在搞"缺陷预防"了，就想去看看到底是怎么执行的。结果看到老Q带着业务、开发、运维等各路人马在开会，面对着一个缺陷清单做"根因分析"。

见老Q和大家讨论得起劲，所以不便不打扰，就站在后面听了一会儿。等中间休息时小M赶紧拦住老Q问："缺陷预防需要这么多人开会讨论吗？这么大投入是否值得？"

老Q解释说，缺陷预防一个重要的转变是从检测为重点到以预防为重点。首先要做的就是对具有代表性的"典型缺陷"进行"根因分析"。"典型缺陷"清单是老Q和测试团队事前精心筛选的，主要有两类缺陷：一是后果严重的缺陷，此类缺陷一旦发生会对客户造成严重的危害；二是增值价值大的缺陷，包括比较难测出来，或者修复比较耗时的缺陷。减少这些典型缺陷的发生，就能事半功倍地提高产品质量和交付效率。

"根因分析"的目的是对缺陷的内容信息进行深度提取和利用，追溯引发缺陷的根本原因，采取对策防止类似缺陷将来再次发生。针对根因的改进措施会前移到整个开发过程的每个阶段，所以根因分析会议协调了业务、开发、测试和运维等各类人员一起寻找合适的对策。如图11-23所示，根因分析有规范的流程，对于每个缺陷都会讨论以下问题。

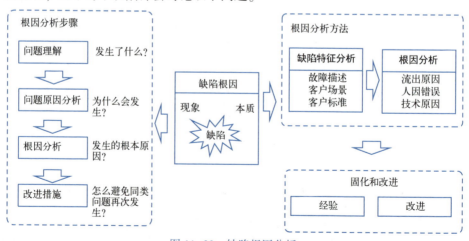

图11-23 缺陷根因分析

- 问题理解：发生了什么？
- 问题原因分析：为什么会发生？
- 根因分析：发生的根本原因？透过现象看本质，是人的因素、技术因素，还是过程存在问题？
- 改进措施：怎么避免同类问题再次发生？有哪些好的经验可以固化，哪些不好的做法需要改进？

小 M 感觉这样的做法和过去大有不同，如果能从根本上减少典型缺陷的产生，开这样的会议确实值得。老 Q 接着说，根因分析只是"缺陷预防"的一个环节，完整的流程一般分成 5 个步骤（见图 11-24）。

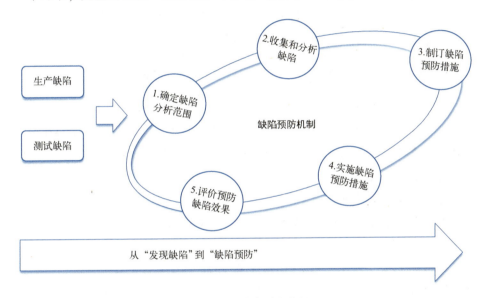

图 11-24　缺陷预防流程

1. 确定缺陷分析范围。组织级建立缺陷分析团队，确定缺陷分析范围。一般会把测试中发现的典型缺陷以及使用中发现的生产缺陷纳入缺陷分析范围。

2. 收集和分析缺陷。缺陷分析团队在项目实施过程、测试过程和运维活动中有计划地收集各个阶段的缺陷，并与相关人员进行根因分析。因为缺陷可能分布在不同项目和不同阶段中，所以缺陷分析可能需要跨组织协调多方人员共同参与。

3. 制订缺陷预防措施。分析出原因后，缺陷分析团队会同相关人员向上回溯到需求、设计和开发阶段等各个阶段，制订具体改进及预防措施。

4. 实施缺陷预防措施。缺陷分析团队指导项目组成员实施具体的改进和预防措施。

5. 评价预防缺陷效果。缺陷分析团队评价改进后效果，记录缺陷的改进和预防的执行情况。"

上述机制力求尽可能地在软件开发生命周期的早期就降低缺陷的产生，从根本上提高软件质量和测试效率。小 M 听了之后笑着说："如果说以前的做法是'知错就改、善莫大焉'，现在做法就是'一针见血，杜绝屡教不改'。这个过程力气虽然看起来耗时，但是能从根本上解决问题，有着事半功倍的效果。不过，最终能达到什么实际效果，还是要等你的最后的结果。"

老 Q 说，虽然需要一点时间的积累，但一定会给小 M 一个交代。

11.3.7 质量控制量化——看得见的效率和质量

在 TMMi 敏捷测试项目即将告一段落之前，老 Q 邀请小 M 去参观他们 TMMi 实施团队的作战室。一进作战室，小 M 就看到几块屏幕上显示的各种数据和各种曲线，还真有点现代作战指挥室的意思。于是赶紧请老 Q 解释解释显示的都是什么内容。

老 Q 颇为自豪地说："这些屏幕上显示的是我们的管理理念和流程数据。大家天天看到，就会形成一种量化习惯，一种数字文化。这个就是所谓的流程上墙、文化落地。"

小 M 听到很感兴趣，问道："我最关心的是测试效率的提升情况，哪些指标能反映出来？"老 Q 说："你先别急，等我把这些屏幕上的量化指标体系介绍完，你自然就知道了。整体上指标分成四大类：测试效率、测试质量、产品质量和测试能力，每个维度下再设定细分的量化指标。"（见表 11-3）

表 11-3 测试度量指标

类别	指标名称	单位	计算公式	说明
测试效率	测试用例设计效率	个/小时	Σ[单位时间内设计测试用例数]/[总投入工作量]	反映测试人员设计测试用例的平均效率
	测试用例执行效率	个/小时	Σ[单位时间内完成测试用例数]/[总投入工作量]	反映测试人员执行测试用例的平均效率
	测试缺陷修复率	%	[已修复缺陷数]/[已发现缺陷总数]	反映缺陷修复工作的效率和质量；评估测试活动的闭环执行能力

(续)

类别	指标名称	单位	计算公式	说明
测试质量	测试需求覆盖率	%	[已测试需求数]/[总需求数]	反映测试用例对需求的覆盖程度，评估测试的充分性和完整性
	测试缺陷发现率	%	[测试发现的缺陷数]/[总缺陷数]	评估测试活动的质量和有效性。总缺陷数包含评审缺陷、测试缺陷以及发布后泄露的缺陷
	测试用例执行率	%	[已执行测试用例数]/[总测试用例数]	反映测试团队或个体对测试计划的执行能力
产品质量	缺陷密度	个/FP 个/UP 个/KLoc	[总缺陷数]/[产品规模] 产品规模可用代码行、功能点或故事点等单位	评估软件质量的最重要指标之一。高缺陷密度意味着软件存在较多的缺陷，需要更高的测试强度
	测试用例执行通过率	%	[通过的测试用例数]/[执行的测试用例总数]	评估软件质量的重要指标，特别是在自动化测试中能快速对产品质量做出基本判断
	投产缺陷泄漏率	%	[发布后发现缺陷数]/[发布前缺陷总数]	反映发布后的最终产品质量，评估测试的充分性和有效性，以及相关质量控制活动的有效性
测试能力	自动化测试比率	%	[自动测试用例数]/[总测试用例数]	反映测试的自动化水平。自动化测试在回归测试、接口测试等场景中能大幅提高效率
	测试用例复用率	%	[复用的测试用例数]/[总测试用例数]	反映测试用例的复用率；也可评估案例的可重用性
	测试过程符合率	%	[过程审计符合项数]/[总审计项数]	测试团队或个人在测试过程中执行计划和过程规范的程度，评估测试活动的可靠性和有效性，降低漏测和误测等过程风险

老 Q 接着说道："其实，设定这些指标不难，难的是收集参数和计算这些指标。首先，需要保证在信息系统中有测试数据、测试记录和项目相关数据的原始数据源。其次，在测试全生命周期活动中，要不断收集这些基础数据并分类整理成数据集。再次，将数据集进行数据处理后加入度量指标库。最后，你才能看到从度量指标库中产生分析报告，显示各项度量指标的状态和变化情况。"（如图 11-25 所示）

在度量指标库中的数据可以分成三大类。

- 历史数据：分类汇总和存储不同时期历史数据，反映组织内度量指标变化情况。

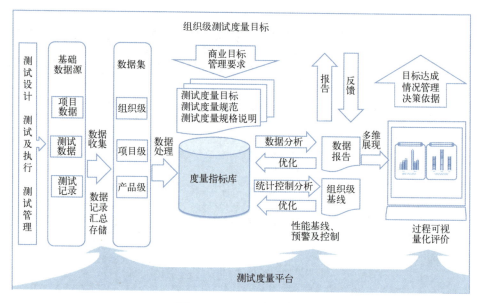

图 11-25 测试度量体系

- 参考数据：收集同类指标在行业内参考标准，参考标定组织在行业内的能力水平。
- 执行状态：记录过程运行状态的最新数据，基于这些数据对过程进行预警和控制。

因为度量指标库中历史数据和行业参考数据非常宝贵，一是基于这些指标确定组织基线和管理目标才是合理的和可行的；二是能从纵向和横向两个方向分析组织的现状和变化趋势。

小 M 看着这些屏幕上的各种指标说："这些度量指标非常好，但是确实有点多啊！能不能只给我看我关注的指标啊？"

老 Q 说："这个问题想到了。度量平台对数据进行处理后会形成多个视图，分别提供给不同层级和不同岗位的人，这样他们可以直接看到最关心指标。"（见表 11-4）

表 11-4 不同角色度量指标视图

类别	度量指标	管理层视图	团队主管视图	测试经理视图
测试效率	测试用例设计效率	●	○	◎
	测试用例执行效率	●	○	◎
	测试缺陷修复率		○	◎

（续）

类别	度量指标	管理层视图	团队主管视图	测试经理视图
测试质量	测试需求覆盖率		◎	◎
	测试缺陷发现率	●	○	◎
	测试用例执行率		○	◎
产品质量	缺陷密度	●	○	◎
	测试用例执行通过率		○	◎
	投产缺陷泄漏率	●	●	●
测试能力	自动化测试比率	●	○	◎
	测试用例复用率		○	◎
	测试过程符合率	●	○	◎

注：●—月报；◎—周报；○—日报。

说到这里，老 Q 调出了管理层视图，对小 M 说："这就是我一直说要给你的交代。"管理层视图包括部门整体和主要产品的测试效率、测试质量、产品质量、测试能力和缺陷原因分析等度量指标的图表（如图 11-26～图 11-31 所示），清晰显示了这些指标的现状和变化趋势。恍惚间小 M 感觉自己是在看应用产品部的体检报告。对测试效率、测试质量、产品质量和测试能力有了纵向

图 11-26　测试效率示例

和横向的全面了解。现在不用老 Q 做任何解释，小 M 就已经对 TMMi 敏捷项目的效果一目了然了。

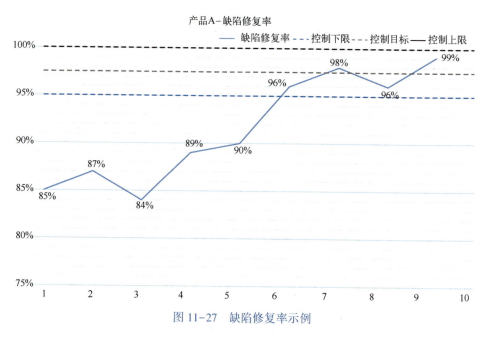

图 11-27　缺陷修复率示例

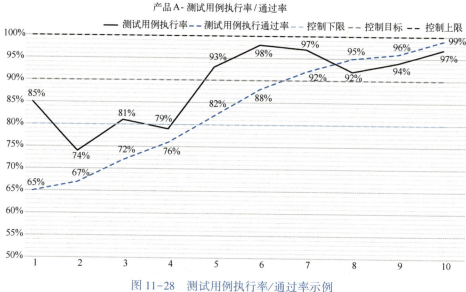

图 11-28　测试用例执行率/通过率示例

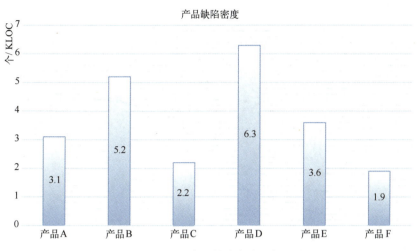

图 11-29　产品缺陷密度示例

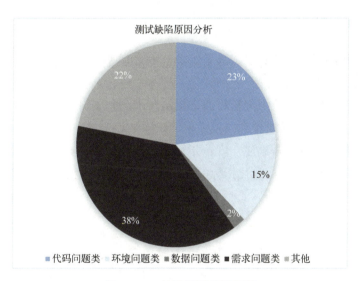

图 11-30　缺陷原因分析示例

11.3.8　经验与教训

1）TMMi 是基于风险的测试，通过事前的产品风险评估、项目中风险分析和测试后的缺陷预防等措施降低产品和项目风险，确保产品质量。

2）敏捷开发应配套敏捷测试，TMMi 对敏捷测试有重要指导价值。

3）TMMi 的实施中关注两个重点：自动化测试工具和测试人员专业技能。

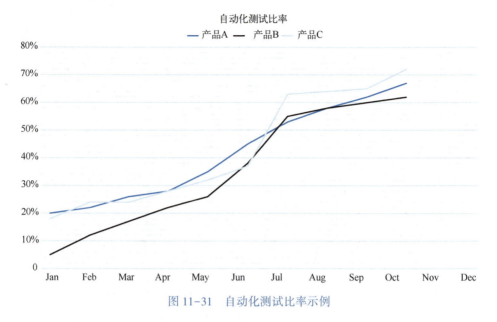

图 11-31　自动化测试比率示例

4）使用测试建模工具可提高组织资产的复用率，"手自一体"模式灵活适用不同场景的测试需求。

5）缺陷预防通过根因分析将改进措施扩展到整个开发过程，从根本上减少缺陷发生，提升产品质量和开发效率。

6）以信息系统为基础建立度量指标库是量化管理基础。量化指标为不同人员提供不同视图；通过量化指标的纵向和横向比较，能看到改进效果、指导改进方向。

第12章

面向未来——可见的项目管理发展趋势

随着云计算、物联网、区块链、人工智能（AI）和 AR（虚拟现实）/VR（增强现实）等新技术的发展，给 IT 行业带来很多新影响，同时也对项目管理的发展带来新变化，对项目管理人才提出了新的要求。

12.1 新技术对软件行业的影响

我们不讨论这些新技术本身，而是谈谈它们的主要特点和带来的影响。

云计算的兴起改变了软件的使用方式，云服务大多数情况下比购买和私有部署软件更便宜、更灵活、更快捷，服务也能全天候运行而不发生故障，更加安全可靠。对企业来说将数据存储在云空间更加安全，且几乎可以使用无限的空间。很多企业不但将私有软件部署在云端，开发环境也使用云空间；特别是对中小企业来说，使用云平台开发和部署应用软件更加灵活快捷，也为远程开发和维护带来很大便利。

物联网的出现将软件系统的输入源和控制端扩展到了物理设备。在智能手机、电脑、家电和汽车等设备中嵌入传感器，将数据通过无线或有线方式接入网络和软件平台，实现设备之间互通互联、远程监控和远程操作。同时，也对设备的"身份"识别、网络安全、设备管理等方面提出了新的要求。

Web 3.0 的出现改变平台的治理结构。Web 1.0 是第一代静态互联网，用户只可读、不可写，内容完全由平台创造和控制。典型例子是各种网站。Web 2.0 是第二代交互式互联网，用户可读、可写、可互动、可生产内容；中心化平台拥有用户数据，可分析用户行为，并能控制信息渠道并从中获利。典型例子是社交平台。Web 3.0 是第三代去中心化的价值互联网，用户能直接控制自己的数据，可生成并拥有内容，以及通过协议分配利益。因为 Web 3.0 平台上的原创知识产权和个人隐私能被有效保护，利益分配公平合理，从而激发出大量的原创作者去创作更多的内容。

区块链（Blockchain Technology，BT）本质上是一个去中心化数据库，包括分布式数据存储、点对点传输、共识机制和加密算法等技术的应用，是去中心化的关键技术。基于区块链的分布式身份（Decentralized Identifier，DID）具有全局唯一性，并拥有可解析、可加密、可验证等特性。DID 用来标识人员、组织、设备和事物能确保数据安全和隐私保护，并能建立不同 DID 之间的安全通信信道。区块链技术可以防止物联网设备被假冒，确保"一手"数据加密传送且无法篡改。在业务场景涉及多个平等主体时，利用区块链去中心化特性交换信息并形成共识可消除虚假信息、明确责任主体。区块链通过智能合约控制交易过程，可避免人为干预和欺诈产生。

VR/AR 的出现带来了全新的人机交互方式。VR 使用电脑生成虚拟环境，人们通过穿戴设备可以身临其境地与之互动。而 AR 则使用各种设备（如智能手机）等在物质世界的基础上叠加数字信息。VR/AR 在实践培训、手术计划、自动驾驶等场景中有巨大应用空间，甚至可能改变企业的运营方式；同时，VR/AR 也是元宇宙的关键技术之一，可以连通真实和虚拟两个世界。

方兴未艾并引起持续关注的无疑是 AI。AI 发展迅速、容易获取且成本不断降低，不仅能够完成图像识别、自然语言处理和翻译等非传统计算任务，还能完成许多人工无法完成的复杂任务。机器学习进一步提高了 AI 能力，通过训练可以用全新方式分析复杂数据，发现人类无法识别的趋势和规律。生成式 AI 能够根据需要生成文字、程序、图像、视频和音乐等原型，帮助人类完成创意任务。具备理解能力的聊天机器人成为每个人的高效助手，用对话方式完成从搜索到创建等各种任务。AI 应用能帮助企业降低成本、提高效率，节约大量脑力劳动力，让人类有机会充分发挥创造力、想象力，从事更高级别的工作。

12.2 项目管理的变化和趋势

新技术的不断涌现和快速发展，一方面对于 IT 项目管理提出了新的课题和新的挑战，推动项目管理体系不断变化并持续发展。另一方面，项目管理领域也在使用这些新技术提高工作效率和工作质量。

1. 项目管理体系面向效能、融合和信息化

项目管理体系发展的一个明显变化是越来越关注实际效能。以前体系的基

本理念是一个好的过程就能导致一个好的结果,企业按照流程的指导运行就能产生预期结果。但是,这种普适性原则对于最终能否达到预期效能却没有明确的指导。

这就好比在田径场上,管理体系的主要职责是画好跑道,让每个运动员有序地顺着跑道跑动,既不会影响他人,也不会被他人撞到。这样肯定比大家都乱跑的效率高,但不能确保这就是跑得最快的方式。

现在体系更加关注效能了,不仅要保证运动员在正确的跑道上赛跑,更要对运动员的姿态、节奏进行详细的分析和指导,比照最佳实践来真正提升运动员的速度,这样整个赛场上所有人的跑圈速度才能提高。

产生这个变化的一个重要原因是企业关注点的变化。以前企业认证体系往往是为了企业形象和商业资质,而现在则是为了获得实际效能的提升,这也是推动体系发展的动力之一。

第二个变化是体系之间不断融合。因为企业更加务实了,不会只绑定一个体系,或者迷信某个体系能够解决所有问题。一般会以某一个体系为基础建立管理流程,然后再参考其他体系,取其所长、为我所用,这导致的实际结果就是体系在实践中被融合了。例如,CMMI、PMBOK 与敏捷都在企业的不同层面、不同领域相互融合了。

另外,伴随新技术、新模式的快速发展,出现了很多管理体系所没有考虑到的场景。例如,远程开发、开源社区等新模式中企业是实践的先驱者,探索出的最佳实践可能被各种体系所吸收。

其实,IT 项目管理本身就是一个有机整体,各种体系可能视角不同、理念有差异,但最终都将回归其为业务目标服务的本质。对于企业来说,则要对体系的引进、继承和发展并重。这就好比一个人最初不会武功的时候肯定要先学习一种武功,然后以此为基础博采众长、融会贯通、发展创新,最后才能形成自己的绝招。

第三个变化是企业越来越多地通过 IT 技术实现体系的落地。原来印象中的体系就是各种文件、表格,各种会议、评审,现在实施则不再依靠大量文件,取而代之的是普遍以信息系统、软件工具和管理平台为载体,将体系的过程规范融合到 IT 系统中。同时,对过程的管理也不再依靠质量经理等角色的人工推动,而是通过 IT 系统的普及化来实现。这样不仅落地难度降低,而且能积累数据、评估效果、不断优化并持续改进。例如,企业中普遍大量采用缺陷追踪、配置管理、项目管理信息系统、工作流平台等进行过程管理,采用开发工具和自动化测试工具提高开发效率；再例如，通过敏捷开发、自动化测试和DevOps能更加快速地进行迭代和交付。随着大数据和AI技术的发展，自动化生成工具、智能化管理工具也发挥出了越来越大的价值。

2. DevOps 和过程整合

DevOps 是 Development 和 Operations 的组合词，指统一软件开发和运行过程。通过开发、运行等团队的合作整合软件交付过程，使得构建、测试、发布软件过程更加便捷、快速和可靠。DevOps 能够更快地实现迭代循环，更快地发现问题并快速完成修复。

DevOps 是产品经理快速交付低成本、高质量、高可靠性产品的好方法。对于需要快速响应需求的组织而言，DevOps 变得越来越重要，也成为开发人员必备的一项关键技能。

DevOps 还可以与项目管理、质量管理、开发过程和测试过程有机融合，形成一体化的开发平台。典型的例子就是项目管理平台和 DevOps 工具进行整合所形成的一体化研发管理平台，图 12-1 就是某平台的示例。

一体化研发管理平台覆盖了软件开发的全生命周期，统一了全部管理过程，能够带来以下优点：

- DevOps 工具链能够自动化执行过程和实现标准化管理，团队可以更加快速地完成开发任务，减少人工错误和不必要的重复工作，显著提高开发效率。
- 平台提供的开发和测试的融合执行功能可以帮助团队快速发现和修复缺陷，从而更加有效地发挥 DevOps 持续集成和持续部署的功能，确保软件的质量和稳定性。
- 平台的一体化管理可以更好地分配资源、优化工作流程，从而降低开发成本。
- 平台可以有效地积累和管理知识，便于团队使用知识；经过整理的最佳实践、代码库和经验教训可以帮助团队更快地学习和成长。
- 平台的量化分析数据和报表可以帮助团队做出更好的决策。项目进度、质量情况和测试结果等实时数据可以帮助团队及时调整方向和策略，提高整体表现。

可以看到，通过各类软件开发支持系统的不断整合，将让软件开发过程有机联接为一个整体，大大提高开发的效率和质量。

第 12 章　面向未来——可见的项目管理发展趋势

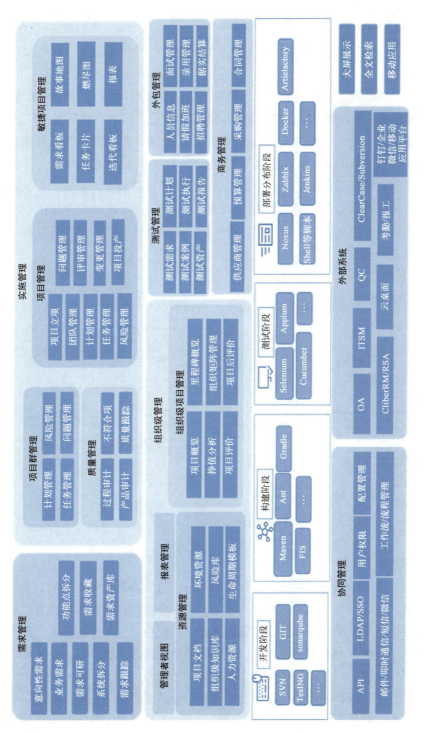

图 12-1　一体化开发管理平台示例

3. 大数据和 AI 的价值逐步显现

生成式人工智能将 AI 应用推上了一个新高度，在软件企业中带来很多新应用场景。

首先，对软件企业来说最有效、最有前景的应用场景是"代码生成"：人工只需描述需要实现的功能，AI 就能自动生成相应的代码和测试用例，图 12-2 是笔者使用 ChatGPT 实现的 Python 代码实例，可以看到代码的逻辑清晰、实现高效，而且没有 Bug，可以直接运行。借助 AI 的代码生成，开发人员的学习成本可以大幅降低，编程效率可以成倍提升，编程质量极大提高，测试用例也可以直接执行。AI 完全可以胜任将需求"翻译"成代码的程序化工作，未来开发人员的价值可能主要聚焦在架构设计、流程优化、算法设计等这些需要抽象、想象和创造性的工作任务上。

图 12-2　AI 自动生成程序和测试用例

其次，组织中原来积累了大量数据和知识，但大多数企业对这些知识源用得都不太好。其中一个原因是交互不方便，另一个原因是这些信息没有经过处理和挖掘，使用者很容易淹没在信息的海洋中。现在，"聊天机器人"改变了交互方式，可能成为员工必备助手，帮助员工搜索信息、提供建议，从而提升员工的工作效率。

例如，项目经理培训比较枯燥，需要死记硬背太多条条框框的内容，范例也只是一个大概的模糊的说明，真正理解和掌握需要通过实践；而等到实践中遇到这种情况的时候，培训的内容可能早已经忘记了。这时，聊天机器人可以扮演专家角色，随时回答项目经理的提问，并指导其解决问题。反过来，可以由机器人扮演面试官向项目经理进行提问，根据项目经理的回答判断其对知识和技能的掌握水平，在初步筛选时会节省大量人力并保证评价的客观性。另外，还可以使用 AI 系统按照项目全过程模拟各种应用场景，让项目经理像玩情景游戏一样进行应对，机器人在整个过程中对项目经理给予提示、点评和指导，让项目经理尽快熟悉实际工作流程和场景。

第三，很多企业已经积累了大量的历史数据，如果不对这些知识源进行有效的分析和整理，实际发挥出的价值不会很理想。如果基于内部知识源自定义模型，利用历史数据进行训练，建立的生成式知识库就可以根据数据生成新的知识和见解。

例如，缺陷预防工作需要对大量缺陷数据进行分析，确定典型缺陷、进行根因分析、讨论改进措施……人工执行起来是一项耗时耗力的工作。如果使用大量历史缺陷数据对 AI 模型进行训练、建立缺陷知识库，就可以根据输入系统特征给出缺陷预防的建议报告，也可以根据输入缺陷的特征给出缺陷根本原因并推荐改进措施建议。

同样道理，利用组织积累的风险数据库对 AI 模型进行训练，可以帮助项目管理人员进行风险识别和风险分析。例如，项目开始时输入项目特征，可以给出项目风险等级、主要风险因子，提示常见风险事项并提供应对建议。在实施过程中，利用专家机器人自动分析项目的运行数据、缺陷数据，及时发现潜在风险并发出警报，实现项目的智能监控和风险预警。项目结束后，持续更新知识库确保内容的准确性和完整性。

4. 远程开发模式普及

远程工作在特殊时期开始广泛使用，到现在依然有增无减，还有可能进一步普及。越来越多的组织意识到远程工作的益处，并发现远程工作同样能开发出一流的软件产品。

远程工作能够降低劳动力成本、减少花在通勤和工作流程上的时间，有更多时间提高质量和进行创新，帮助企业提高竞争力。

远程工作也能提高优秀人才的使用率，企业都想拥有最优秀的人才，但可能无法负担这些人才的高成本。远程开发既可以最大限度地在组织内复用优秀人才，还可以通过短期用工或者基于任务的方式获得优质人才的帮助。

远程开发也会带来一些管理方式上的变化。比如，敏捷开发模式要求团队高效沟通，但如果远程工作则只能通过视频、电话、聊天系统进行沟通，这时会遇到不少沟通问题。例如，当一个团队在一个群里进行沟通时，群里信息繁杂、几条线索并行、问答还有时差；有时瞬间群里就有几百条信息，开发者不看的话担心遗漏重要信息，全看的话又会浪费大量时间。而且，开发者可能同时开着好几个这样的聊天窗口……远程沟通问题可能直接影响敏捷开发的效率。实践中，很多开发团队重新重视文档的作用，并总结出了一些有效的沟通方式。比如，使用协同工作系统，通过共享文档同步信息，使用电子白板进行远程讨论等，这些实践都取得了较好的效果。

5. "安全"贯穿到开发和管理过程

云服务带来便利的同时将访问入口开放到了互联网，物联网连接着越来越多的传感器、穿戴设备、接入终端等硬件设备，防范网络威胁的需求越来越大。"安全"不再是系统使用过程中的问题，还要贯穿到开发和管理的全过程中去。

例如，在系统设计中，尽可能采用生物识别、区块链等新技术防范网络威胁。在测试过程中，增加对系统的安全漏洞扫描，进行防攻击测试，评估系统遭到外部攻击时的安全性。在生产发布过程中，不断更新补丁，避免黑客利用漏洞进行攻击。现有证据表明自动安全补丁可以成功地将黑客入侵次数减少90%。在系统运行管理中，也必须建立安全体系，安装防病毒程序，加装防火墙，加密敏感数据，监控网络流量。提前防范的投入要比攻击发生后修复损失的成本低得多。

12.3 人才的专业化和复合化

项目管理的这些变化，对项目管理者提出了越来越高的要求。项目管理不再是平面管理框架和流程，而是多维和立体的知识体系。项目管理者不仅要熟悉管理体系，还要熟悉相关管理信息系统和软件工具，借助 IT 技术提升管理效能；不仅要熟悉客户的业务特点，还要了解系统的技术架构，了解云计算、物联网、区块链、VR/AR、人工智能、网络安全这些新技术新知识。将来，项目管理者的专业也许只是基础，对工具的掌握、对业务的理解、对新技术的熟悉程度都可能成为必备的工作技能，项目经理核心价值体现在必须成为一个高度复合的高级人才。

质量管理人员的技能也在复合化。质量经理不仅需要学会敏捷模式下的质量管理方法，可能还要充当开发团队的敏捷教练。不但要熟悉管理过程，还要使用质量模型进行数据分析，判断项目质量状况、引导项目成员达成质量标准。不仅要理解各种量化指标的含义，还要掌握数据采集和分析的方法，通过量化分析设定目标和改进过程。不仅自己要熟悉各种开发和测试工具，还要引导开发成员有效使用这些工具提高效率。总之，质量经理的主要工作绝对不再是检查流程、填写表格，专业能力、分析能力和技术能力都需要高度复合。

开发和测试人员将更加直接地面对新技术的挑战，一方面需要不断提升自己的专业技能，另外也面临着技能的复合化挑战。就拿测试人才来说，可能面临以下几个方向选择。

- 测试技术专家，一方面要专注于测试技术的深入研究和发展，另一方面要专注于如何应用 AI 和 DevOps 等新技术来进行更精准、高效的测试，保持自己在测试领域的领先地位。同时，面对区块链、Web 3.0 等新技术和新场景，也必须探索新的测试方法和技术。
- 产品测试专家则要专注于特定产品或领域内的专业测试，如软件、硬件、医疗器械等。随着产品复杂性的增加，这类测试人员需要深入了解产品的性能、功能、安全性等方面的要求，并能够根据产品的特点制订相应的测试方案和标准。除了丰富的产品知识和测试技能，还应该具备良好的沟通和协调能力，才能与开发团队、产品经理等各方人员进行有效的协作。
- 测试开发工程师则要同时具备测试技术和编程能力，才能开发自动化测试工具和测试系统。他们需要不断学习和掌握新的编程语言、测试框架和工具，以适应不断变化的测试需求。同时，还需要具备良好的团队协作能力，才能在测试团队中发挥更大的作用。随着软件测试的自动化程度越来越高，测试开发人员的需求也越来越大。

总之，项目管理者、质量管理者和开发/测试人员，都要在原来的专业基础上不断学习，掌握新技能和新工具，学习新知识和新技术，成为复合型人才，方能在持续变化的软件行业内自由驰骋。

附录

IT 项目管理工具索引

关注机械工业出版社计算机分社官方微信号——IT 有得聊，回复 75303，即可获取电子版 IT 项目管理工具箱下载链接，并可获得更多增值服务和最新资讯。

1. 项目启动工具

序　号	模板名称	书中编号	书中名称
1	启动工作计划	表 3-1	启动工作计划
2	职责分工表	表 3-2	职责分工表
3	项目范围	表 3-3	项目范围
4	培训计划	表 3-4	培训计划
5	启动工作流程	图 3-2	启动工作流程
6	项目管理计划	图 3-3	项目管理计划
7	项目组织结构	图 3-4	项目组织结构
8	启动会议流程	3.2.4	项目启动会

2. 项目计划工具

序　号	模板名称	书中编号	书中名称
1	范围说明书	图 4-1	范围说明书
2	需求矩阵	表 4-1	需求矩阵
3	集成计划工具	表 4-2	活动清单
		表 4-3	进度计划
		表 4-4	资源配置表
		表 4-5	分类资源表
		表 4-6	调整后的进度计划
		表 4-7	调整后的分类资源表
4	成本预算表	表 4-8	成本预算表

（续）

序　号	模板名称	书中编号	书中名称
5	绩效分析表	表 4-9	时间-投入情况表
		表 4-13	挣值分析表
		表 4-14	项目目前的 CPI 和 SPI
		表 4-15	预计完工成本
		图 4-6	人力成本 S 曲线
		图 4-8	挣值分析和绩效指标
6	网络图	图 4-4	网络图
		图 4-5	调整之后的网络图
7	人力成本	4.2.5	项目预算
8	需求参数表	4.2.1	计划的"计划"

3. 风险管理工具

序　号	模板名称	书中编号	书中名称
1	风险评估表	表 4-16	风险评估表
		表 4-17	风险评估得分表
2	基本参数表	表 4-18	风险可能性等级
		表 4-19	风险影响等级
		表 4-20	风险等级
		表 4-21	风险应对策略选择指导
3	风险管理流程	图 4-15	风险管理流程
4	风险登记表	4.5.1	风险管理流程
5	风险应对计划	4.5.4	风险计划

4. 变更管理工具

序　号	模板名称	书中编号	书中名称
1	变更申请表	表 4-22	变更申请表
2	变更控制流程	图 4-16	变更控制流程
3	变更登记表	4.6.3	变更控制的流程

5. 沟通管理工具

序　号	模板名称	书中编号	书中名称
1	沟通矩阵	表 5-1	沟通矩阵
2	书面沟通计划	表 5-2	书面沟通计划
3	会议沟通计划	表 5-3	会议沟通计划
4	业务联系书	表 5-4	业务联系书
5	个人周报	表 4-11	个人周报
6	项目周报	表 4-12	项目周报
7	项目里程碑报告	表 8-3	里程碑报告
8	项目干系人	图 5-1	项目中的干系人
		图 5-2	项目的角色和信息

6. 质量管理工具

序　号	模板名称	书中编号	书中名称
1	配置管理计划	表 6-1	配置管理计划
2	环境配置清单	表 6-2	环境配置清单
3	评审意见反馈表	表 6-3	评审意见反馈表
4	测试的主要角色和职责	表 6-4	测试的主要角色和职责
5	测试缺陷记录表	表 6-6	测试缺陷记录表
6	评审报告	6.3.3	一次有效的评审
7	测试计划	6.4.3	如何组织测试活动
8	测试缺陷跟踪表	6.5.3	使用缺陷跟踪工具

7. 项目监控工具

序　号	模板名称	书中编号	书中名称
1	项目状态报表	表 8-1	项目状态报表
2	项目经理活动一览表（部分）	表 8-2	项目经理活动一览表（部分）
3	高层计划	表 8-4	高层计划表
4	中层计划	8.3.3	三层计划的制订过程
5	底层计划	表 4-10	小组的底层计划

(续)

序 号	模板名称	书中编号	书中名称
6	项目控制面板	图 8-3	项目控制面板
7	三层计划管理流程	图 8-9	三层计划的结构
8	问题跟踪表	5.2.1	项目沟通计划
9	问题报告单	5.2.1	项目沟通计划

8. 项目结束工具

序 号	模板名称	书中编号	书中名称
1	验收计划	6.2.4	项目结束时的配置管理工作
2	验收清单	6.2.4	项目结束时的配置管理工作
3	文档清单	6.2.4	项目结束时的配置管理工作
4	源代码清单	6.2.4	项目结束时的配置管理工作
5	结项报告	8.1.3（1）	第一把火：两头说清，过程透明

9. 组织级监控工具

序 号	模板名称	书中编号	书中名称
1	重大问题报表	8.1.3（1）	第一把火：两头说清，过程透明
2	重大风险报表	8.1.3（1）	第一把火：两头说清，过程透明
3	项目状态报表	8.1.3（2）	第二把火：过程审计和偏差控制
4	项目经理任命书	图 8-4	项目经理任命书
5	项目经理述职提纲	8.1.3（3）	第三把火：项目经理任命

10. 项目审计工具

序 号	模板名称	书中编号	书中名称
1	项目审计报告	表 9-1	项目审计报告
2	过程审计表（例）	表 9-2	过程审计表（例）
3	重大问题汇报机制	表 9-3	重大问题升级机制
4	多层沟通机制	表 9-4	多层沟通机制

参 考 文 献

[1] 王如龙，邓子云，罗铁清. IT 项目管理：从理论到实践 [M]. 北京：清华大学出版社，2008.

[2] 蒋国瑞，等. IT 项目管理 [M]. 2 版. 北京：电子工业出版社，2011.

[3] 中国（双法）项目管理研究委员会. 中国项目管理知识体系（C-PMBOK 2006）[M]. 修订版. 北京：电子工业出版社，2008.

[4] 美国项目管理协会. 项目管理知识体系指南 [M]. 5 版. 许江林，等译. 北京：电子工业出版社，2013.

[5] 杰克·吉多，等. 成功的项目管理 [M]. 张金成，译. 北京：电子工业出版社，2007.

[6] 哈罗德·科兹纳. 项目管理最佳实践方法 [M]. 2 版. 宋迪帆，黄诗雨，译. 北京：电子工业出版社，2011.

[7] 杰弗里 K·宾图. 项目管理 [M]. 2 版. 鲁耀斌，赵玲，译. 北京：机械工业出版社，2010.

[8] 凯西·施瓦尔贝. IT 项目管理 [M]. 2 版. 邓世忠，等译. 北京：机械工业出版社，2004.

[9] 骆珣. 项目管理教程 [M]. 北京：机械工业出版社，2003.

[10] 乔东. 写给管理者的项目管理书 [M]. 北京：人民邮电出版社，2009.

[11] CMU/SEI. SEI Technical Report, CMMI for Development [S]. Version 1.3. Pittsburgh：2010.